回歸後的
香港政治

劉兆佳 著

商務印書館

回歸後的香港政治

作　　者：劉兆佳
責任編輯：韓　佳
封面設計：楊啟業
出　　版：商務印書館（香港）有限公司
香港筲箕灣耀興道 3 號東滙廣場 8 樓
http://www.commercialpress.com.hk
發　　行：香港聯合書刊物流有限公司
香港新界大埔汀麗路 36 號中華商務印刷大廈 3 字樓
印　　刷：陽光印刷製本廠有限公司
香港柴灣安業街3號新藝工業大廈6字樓G及H座
版　　次：2013年 7 月第 1 版第 1 次印刷

ISBN 978 962 07 6522 3
Printed in Hong Kong

目　錄

第三部分　對港式民主的思考

前言　回歸後的香港政治概論

幾乎沒有人在回歸前能夠大致上預見到香港在回歸後的政治格局和變遷。反對派人士沒有想到香港在回歸後所享有的政治自由和其他自由比“殖民地”時期尤有過之，因此讓他們有頗大的空間挑戰中央、制衡特區政府、動員群眾及爭取民主改革。同樣地，支持中央的人也沒有想到香港在回歸後的政治和管治情況會那麼困難和混亂。幾乎所有人都沒有估計到回歸後香港的經濟情況會經受那麼嚴峻的挑戰。回歸前香港的社會和民生問題雖然眾所周知，但香港的各類社會矛盾在回歸後迅速尖銳化、嚴峻化和政治化卻是大多數人意料之外。事實上，從“事後孔明”的角度看，香港在回歸後的政治動盪和管治維艱在回歸前已有跡可尋。回歸前的房地產泡沫及其所支撐的經濟繁榮遲早都有破滅之日，亞洲金融風暴只不過令其更早爆破而已。回歸前香港的貧富懸殊的情況已經相當突出，而且衍生了不少社會衝突，但在備受關注的“九七”問題的籠罩下卻並沒有在社會上得到應有的關注。民主派和愛國愛港力量、愛國愛港力量和“親英”勢力之間的鬥爭在回歸前已經甚為熾烈，不可能期望他們會在回歸後不久便化干戈為玉帛，反而更有可能的是繼續綿延和惡化下去。儘管中央和廣大港人都誠心希望香港在回歸後得以享有繁榮與穩定，不要為國家添煩添亂，但那畢竟是良好意願而已。我們也不能夠確定香港回歸後的亂局是否英國人所樂見，但部分政治和管治的難題確實和“香港模式非殖民化”有關，而英國人在回歸前過渡時期內的所作所為也與此有相當關係。

隨着香港前途的安排塵埃落定，香港的“深層次”經濟、社會和民生問題陸續浮現。亞洲金融危機、禽流感、非典疫病、全球金融海嘯接踵來犯，讓香港雪上加霜，疲於奔命。貧富懸殊情況不斷惡化，產業結構過於單調，國際經濟競爭力下降，內地經濟的崛起在促進香港經濟增長之同時又為香港帶來新的挑戰，中產階層內部出現兩極分化，部分中產人士的生存和發展條件每下愈況，中產階層趨於不安不穩，貧窮現象越趨尖鋭，人口高齡化趨勢突出，年輕人的個人事業發展前景黯淡，不同世代的人在文化和觀念上的猛烈碰撞等都嚴重深化香港的政治和社會矛盾，引發大量的衝突、鬥爭和公共政策共識的崩壞。香港在回歸前開始進行的政治制度民主化改革讓各種矛盾和衝突可以通過越來越多的選舉和其他政治參與渠道在政治舞台公開與劇烈呈現出來。政治衝突反過來又進一步擴大和激化社會矛盾，形成一個難以破解的惡性循環，其中一個明顯的後果是圍繞着政制改革議題的無窮盡且越趨激烈的政治爭鬥。儘管香港在回歸後仍能在國際金融動盪的大環境下保持一定的繁榮、穩定和發展，但在不少港人的眼中，香港社會在回歸後內耗不止，民情躁動不安，特區管治艱難，發展速度緩慢，社會問題惡化，階級摩擦上升等“亂象”叢生才是回歸後最觸目的現象。令絕大多數中國人感到難堪的，是一些港人在回歸後美化和緬懷“殖民地”時期的“風光”、對種種“分離”或“本土”意識與主張的同情和認同以至對內地同胞的抵觸情緒。

幾乎所有前殖民地在獨立後都出現過不同嚴重程度的政治動盪或動亂，不少地方的政局在軍人政權、強人統治或一黨專制建立後才恢復“穩定”。香港的“非殖化”過程極為獨特，因為它並非走向獨立，而是轉化為中國的一個特別行政區，而中國式的特別行政區也是歷史上罕見的現象。與其他英屬殖民地一樣，香港在“殖民地”時期的政治格局一方面受到英國人的“分而治之”的權術運用所塑造，另一方面則與香港人的反共心態和情緒有關。英國人通過與支持殖民管治的華人“同路人”精英合作，對所有不認同殖民管治的人特別是擁護中國共產黨的力量進行壓制和打擊。然而，在1980年代中期香港前途塵埃落定之後，英國人則刻意通過開放政治體制以培植反共民主派勢力，藉以平衡那些不可靠的建制精英，制衡日益龐大的愛國力量，和約束北京政府。與此同時，中國政府一方面竭力壯大愛國勢力，但另方面則仍然倚重殖民時期的建制精英為回歸後特區政府的股肱之臣。回歸前香港各方政治勢力陸續湧現，彼此之間的矛盾難以化解，並在中、英雙方的鬥爭和動員下越演越烈。不過，在中、英政府的主導和控制下，並在英國人的約束下，香港內部的政治摩擦仍不算過分嚴重。然而，當英國人下旗歸國後，中央則在回歸後幾乎對香港事務不予介入，香港各股政治勢力在來自“上面”的制約消失後，彼此間的關係急速惡化，形成水火不容之勢。以民主派為骨幹的反對勢力與愛國愛港力量的鬥爭越趨白熱化，反對派基本上不承認中共政權和內地的憲制架構，也不願意接受基本法所定下來的特區政治體制。回歸後所謂建制派進行了重塑，由原來支持殖民統治的精英為核心的“舊”建制勢力和原來在殖民時期受到英國人和“舊”勢力排斥和壓迫的、以左派勢力為主的愛國力量(“新”建制勢力）共同組成了香港特區的建制派。儘管“舊”和“新”建制勢力都擁護中央，但彼此的宿怨和利益分歧卻難以化解，並經常反映在人與人之間的恩怨情仇之上。在回歸後的十五年，“舊”建制勢力乃特區管治的主力，“新”建制勢力因為只能以“小夥伴”的身份“襄助”管治而心懷怨憤。在2012年的行政長官選舉中，“舊”建制勢力支持的唐英年“意外”落敗，反而事前不被看好，但得到“新”建制勢力垂青的梁振英則“意外”當選。不過，無論是反對派或“舊”建制派都不願意接受梁振英為特首，除了因為梁振英與中國共產黨的密切關係外，也因為彼此在過去長時間的恩恩怨怨和嚴重政治分歧所致。2012 年以後，香港的政治格局比以前更為複雜，政治衝突更為激烈，而管治困難更為深重。梁振英和“新”建制勢力缺乏管治經驗、政治能力不強、政治人才匱乏和港人對“新”建制勢力的疑慮和恐懼都令香港的政治困局亂局更形嚴峻，更難破解。

迄今為止，回歸後香港政治局勢的最突出的特徵是新的政治秩序尚未建立，不同的政治勢力仍在竭力按照自己的政治理念、價值觀、實質利益和政策綱領去塑造它們心儀的新政治秩序。[1] 然而，反對派與中央和建制派對新政治秩序的構思和要求卻南轅北轍，各自立足於截然不同的價值觀和利益觀，彼此之間的思想鴻溝無法彌縫，遂使它們之間的政治鬥爭帶有“零和遊戲”的性質。由於中央在回歸後儘量避免插手香港事務，反對派得到難得的壯大和發展機會。他們倡議的新政治秩序在話語權方面又獲得了優勢，但實際上獲得的成果卻不多，起碼特區政權仍然掌握在建制派手中，即便建制派的不團結導致他們未能把手上的權力用好並達致有效管治之境。

無疑成熟和穩定的新政治秩序需要一段長時間才可以建立，而從歷史發展的角度看香港回歸祖國的時間尚短，新政治秩序還在

1 過去我曾經對香港的“新政治秩序”問題進行探討，見 Lau Siu-kai, “In Search of a New Political Order,” in Yue-man Yeung (ed.) ,*The First Decade: The Hong Kong SAR in Retrospective and Introspective Perspectives* (Hong Kong: The Chinese University Press, 2007), pp. 139-159. 我在文章中試圖勾畫回歸後香港“新政治秩序”的輪廓，但認為“新政治秩序”還沒有建立起來。

建構過程之中可以理解。不過，既然反對派在根本上對香港回歸有抵觸情緒，又懷有強烈的反共意識，同時意圖將香港轉化為一個架空國家主權的"獨立政治實體"，而且他們在社會上享有的群眾支持不少，所以香港的新政治秩序的形成過程必然是坎坷和充斥着激烈鬥爭的。過去、現在以至將來新政治秩序爭議的焦點肯定是行政長官和立法會的選舉特別是普選的辦法，因為它們關係到特區政權誰屬的核心問題，所以是兵家必爭之地，也是回歸後香港長時期陷入政治內耗而無法自拔的根源。

簡單來説，成熟和穩定的新政治秩序必然是在制度化、程序化、認受性、持續性、可操作性和適應能力等方面都達到較高水平的政治體系。更重要的，是新政治秩序有利於有效管治、長治久安、政局穩定、民眾福祉和社會與經濟發展。具體到香港的情況，新政治秩序必須體現國家的"一國兩制"方針，實現其核心目標，符合內地與香港的根本利益，並與基本法相契合。此外，雖然説是香港的新政治秩序，但"一國"層面不單涵蓋其中，而且至為重要，因為國家主權、國家憲法、中央權力和內地同胞的權利和利益都直接或間接存在於香港的新政治秩序之中。中央的對港政策，香港在國家發展中的角色和作用更會有力地影響到香港的新政治秩序的內涵。

合乎"一國兩制"方針的香港新政治秩序有幾個重要的組成部分。第一，中國憲法和基本法準確在香港特區貫徹，並受到普遍認同和尊重。第二，中央的權力、立場和利益得到理解和重視。第三，中央所定義的"一國兩制"方針和基本法的內容得到共同的認識和接受。第四，各方政治勢力都服膺於同一套政治"遊戲規則"。第五，特區政權擁有明確的、建基於"一國兩制"方針的政治主張，能夠好好駕馭行政機關，在立法會獲得大多數議員的支持，受到一個有廣泛代表性的管治聯盟的擁護，並且享有較廣闊的社會支援基礎。第六，不同政黨願意在基本法定下的政治體制內運作，主要的反對派政黨都是“忠誠的反對派”（loyal opposition）。第七，政府的施政路向獲得大多數港人的認可，人們在公共政策上的分歧不大，政策共識越來越明顯。第八，社會上的政治矛盾主要涉及到比較容易協調的物質和實際利益，不可調和的意氣之爭和理念之爭相對較少或逐漸減少，香港的政治逐步從“非常態”走向“常態”。第九，中央與港人的關係處於良好狀態。港人縱然仍對中國共產黨有疑慮，但不存對抗之心，也不支持與中共為敵的政治勢力。越來越多的港人甚至願意主動照顧中央和內地的利益和立場。第十，港人不允許各方敵對勢力將香港轉化為蓄意顛覆中央和內地社會主義體制的反共基地。顯而易見，在回歸十六年後，香港目前的政治格局離新政治秩序的境界還遠得很。

此外，隨着香港與內地的不斷變遷，加上兩地在各方面的互動與合作越來越密切，從靜態視角來認知“一國兩制”早已不合時宜，因為在“一國兩制”下香港在國家發展過程中所發揮的作用正在急速調整，而內地對香港的影響正在向廣度和深度迅速強化。因此，從動態角度探討“一國兩制”的演化，無論在理論上或在實際上的意義越趨重要。也就是説，在“一國兩制”的基本框架內可以允許越來越豐富，但過去卻又設想不到的新內容。簡單言之，從動態視角出發，更能夠感受到“一國兩制”的生命力和發展空間。

我在回歸後撰寫的一批論文，在不同程度和不同方面都曾就上述新政治秩序的構建做論述，也是我對一些回歸後的香港政治現象的思考心得。部分文章曾在國務院發展研究中心港澳研究所主編的《港澳研究》季刊上發表，部分文章則首次收錄在本書之中。我在這裏感謝港澳研究所准許我將我在《港澳研究》發表的文章收錄在本書，當然我對那些文章也稍微做了修訂，讓一些觀點可以表達得清晰一些，但基本內容則保持不變。大部分文章都是分析性的學術或半學術論文，但亦有兩篇與建構政治主張和管治聯盟有關的文章則是我對於建立新政治秩序的建議。

基本上，本書所收錄的文章大概涵蓋了回歸後香港的主要政治現象和發展趨勢。自然地，香港的政治格局還在瞬息萬變之中，書中的論文只是代表我對過去的體會和研究，將來還要繼續進行追蹤觀察。然而，我相信這些文章作為香港回歸祖國後的歷史記錄對了解和分析香港過去與將來的發展應該有一定的參考價值。

和我的前一本書（《回歸十五年以來香港特區管治及新政權建設》）一樣，我誠摯地把這本書獻給全體中國人。

第一部分

中央與香港

第一章　回歸後中央政府對香港政策的發展

中華人民共和國於 1949 年建國之前夕，中國共產黨領導的中央人民政府大體上已經擬就了一項用以處理香港問題的基本政策。[2] 該政策的核心原則和目標無論在香港回歸前或回歸後頗為一致，儘管具體安排和部署可以因應現實環境的變化而不斷調整。無疑，這項政策在實施超過半個世紀的漫長過程中有時會受到質疑，並在落實上出現困難，比如在文化大革命時期來自"極左"勢力的干擾，[3] 但總的來説中國政府能夠長期地和忠實地貫徹這項基本國策。

這項對香港的政策具有幾個明顯特點。首先，它代表着理性、務實、靈活和高瞻遠矚的政治智慧。其次，它着眼於國家根本和長遠利益的需要。對中國共產黨而言，國家利益與中共的利益密不可分，因此對國家有利的對港政策肯定對中共也有利。從這個角度看，中國政府希望香港能夠為國家的發展與安全服務，同時亦為

---

2 見Lau Siu-kai, "The Hong Kong Policy of the People's Republic of China, 1949-1997," *Journal of Contemporary China,* Vol. 9, No. 23 (March 2000), pp. 77-93. 另外，有兩條材料可以參考。(1) 毛澤東於 1946 年 12 月 9 日"同三位原西方記者的談話"。"哈默問：在香港問題上中共的態度如何？答：我們現在不提出立即歸還的要求，祖國那麼大，許多地方都沒有管理好，先急於要這塊小地方幹嗎？將來可按協商辦法解決。"（毛澤東，《毛澤東文集》第四卷［北京：人民出版社，1996 年］，第 207 頁）。(2)1949 年 1 月 31 日，蘇聯斯大林派遣的蘇共中央政治局委員米高揚到達平山縣西柏坡中共中央所在地，逗留了一週，期間與毛澤東會晤。師哲憶述毛澤東説："目前，還有一半的領土尚未解放。大陸上的事情比較好辦，把軍隊開去就行了。海島上的事情比較複雜，須要採取另一種較靈活的方式去解決，或者採用和平過渡的方式，這就要花較多的時間了。在這種情況下，急於解決香港、澳門的問題，也就沒有多大意義了。相反，恐怕利用這兩地的原來地位，特別是香港，對我們發展海外關係、進出口貿易更為有利些。總之，要看形勢的發展再作最後決定。"（師哲回憶，李敏整理，《在歷史巨人身邊：師哲回憶錄》［北京：中央文獻出版社，1991］，第 380 頁）。

3 "極左"勢力在香港發動"反英抗暴"鬥爭，焚燒在北京的英國駐華領事館，在香港與內地"邊境"地區襲擊香港警署，並揚言要"解放"香港。

中共政權服務。第三，它充分考慮到中國與西方國家的關係。雖然這項政策在中共處於反帝國主義和反殖民主義的革命高潮時醞釀，但中共在處理香港問題時不但刻意避免讓香港成為中西方對抗的“磨心”，反而刻意利用香港來突破西方國家對中國的“圍堵”。換句話說，中共期盼香港能夠擔當某種連接中、西方的橋樑角色，而這個角色會為中國帶來經濟、外交甚至在一定程度上國防的好處。第四，中國政府鋭意維護和促進香港的繁榮與穩定。只有一個繁榮和穩定的香港才能長期對國家的發展作出貢獻，否則便會成為國家的負累。第五，中國政府不允許香港成為對中共政權的任何威脅。香港不單不能走向獨立，而且不能成為“反共基地”(不能讓本地或外部〔國〕勢力利用香港顛覆中共政權和推翻內地的社會主義體制)。

總言之，無論是回歸前的“長期打算、充分利用”方針，還是回歸後的“一國兩制”方針(後者實際上是前者的延伸)，中國政府的對港政策有着高度的穩定性和連貫性，背後的總攬全局和高瞻遠矚的戰略思維頗為突出。

1980年代初期，中國政府提出以“一國兩制”方針解決香港前途問題時，它甚至希望“一國兩制”在香港的成功實施會有助於兩岸的統一。這裏有兩層含義。一是讓台灣人民較為願意接受“一國兩制”方針作為解決台灣回歸祖國的安排。二是讓西方國家認識到中國政府遵守國際協定的決心，從而較願意相信“一國兩制”乃對台灣最為有利的安排，減少它們對台灣人民反對回歸立場的同情與支持。

中國政府對港政策的核心，是要通過儘量保持香港的“現狀”來維持香港對國家的經濟價值及防範香港在政治上對中共政權的威脅、讓香港可以繼續獲得西方的支持及維繫港人特別是投資者對香港前途的信心。中央強調：儘管它的對港政策給予港人相對於內地同胞更多的權利、權力與優惠，但考慮到香港對國家發展的重要貢獻，中央期望內地同胞諒解和支持“一國兩制”，並嚴格遵守基本法。

所謂“一國兩制”方針，基本法起草委員會主任姬鵬飛闡述得很清楚：“‘一個國家，兩種制度’是我國政府為實現祖國統一提出的基本國策。按照這一基本國策，我國政府制定了對香港的一系列方針、政策，主要是國家在對香港恢復行使主權時，設立特別行政區，直轄於中央人民政府，除國防、外交由中央負責管理外，香港特別行政區實行高度自治；在香港特別行政區不實行社會主義制度和政策，原有的資本主義社會、經濟制度不變，生活方式不變，法律基本不變；保持香港的國際金融中心和自由港的地位；並照顧英國和其他國家在香港的經濟利益。我國政府將上述方針政策載入了和英國政府共同簽署的關於香港問題的聯合聲明，並宣佈國家對香港的各項方針政策五十年不變，以基本法加以規定。‘一國兩制’的構想及在其基礎上產生的對香港的各項方針政策，是實現國家對香港恢復行使主權，同時保持香港的穩定繁榮的根本保證，是符合我國人民，特別是香港同胞的根本利益的。”[4]

當然，儘量保持香港的“現狀”不等如説一切不變，因為這是不可能的。香港從英國的“殖民地”變成中國的特別行政區本身已經是巨變，肯定會帶來香港內部不同政治勢力的消長和它們之間關係的轉變，其對香港政治格局和生態造成的震盪是不言而喻的。即

4 “關於《中華人民共和國香港特別行政區基本法（草案）》及其有關文件的説明”（1990 年 3 月 28 日在第七屆全國人民代表大會第三次會議上）。

便從制度設計的角度看，有幾方面的變化對香港日後政治局面的衝擊尤其突出。[5] 它們包括立法機關完全獨立於行政機關、司法機關被賦予終審權力、包含政治體制與詳細“具體”政策於一身的成文“憲法”（即基本法）在香港的首次應用、香港要循序漸進推行“民主”改革等。此外，香港本身是一個急劇變動的現代化社會，新問題、新挑戰、新力量和新利益頻密出現，實際上要維持“現狀”五十年不變極為困難。

回歸以來，特區內部求變的力量與保守的力量不斷交鋒。保守的力量不時藉助“五十年不變”的承諾反對變革，而求變的力量則堅持拓寬甚至扭曲基本法和中央對港政策的空間來實現改革。兩派的政治摩擦不可避免引發出無窮無盡的政治震盪，並導致中央與部分港人的持續衝突。

雖然中央在上世紀八零年代初以“一國兩制”方針處理香港前途問題基本上正確（其實現實上也沒有更好的安排），但頭腦清醒的中央領導人和官員卻並非相信香港在回歸後便萬事大吉，中央因此無須操心，更沒有介入香港事務的需要，起碼鄧小平便多次提醒各方面當香港出現動亂或特區政府無法控制的情況時，中央“出手”便不可避免，甚至必須。[6] 然而，總體來說，中央對香港回歸後將會出現甚麼情況只可能有模糊的認識，難以作詳細的預測與評估。事實上，港人中的有識之士也不可能預知未來，然而反對派人士卻傾向從悲觀和負面角度估算香港在回歸後的境況，並以此嚇唬

5　部分變化其實在回歸前已經發生，主要源於英國人在撤退前夕所引進的一系列“代議政制”的政治改革，其總體效果是削弱行政機關的權力、地位和權威，並釋放出大量反共和反建制勢力。見劉兆佳，《回歸十五年香港特區管治及新政權建設》（香港：商務印書館，2012）。

6　鄧小平的言論散見於他對香港問題的多次論述。見《鄧小平論“一國兩制”》（香港：三聯書店，2004）。也可參考齊鵬飛，《鄧小平與香港回歸》（北京：華夏出版社，2004）。

港人，為自己爭取政治資本。

不過，我的感覺是在回歸前中央領導人和官員大體上以樂觀和正面的態度看待香港回歸後的狀況。他們是基於以下的“假設”：第一，香港既然已經回到了國家的懷抱，就算香港出現這樣或那樣的問題，中央總會有能力去應對和解決。第二，既然“一國兩制”方針適合香港，對香港有利，也得到大部分港人的支持或起碼接受，則香港在回歸後出現重大問題的機會應該不大。第三，香港的經濟情況良好，每年的增長會維持不錯的勢頭。第四，香港的產業結構即便不算多元化，但仍然適合香港的客觀條件，因此具有相當的國際競爭力。第五，香港的貧富差距雖然明顯，但應該不至於造成嚴重社會矛盾，民怨不應該太深。第六，英國人下旗歸國後，過去依附殖民統治者的建制勢力應該會改轅易轍，轉而投靠中央，並與愛國力量連成一線。第七，各類反對勢力（民主派、反共派、壓力團體、反共媒體）在政權轉移後會知所行止，言行會有所收斂，並會因為失去了英國人的庇蔭而走向式微，不會對特區政府和中央構成政治挑戰。第八，媒體會因為擔心遇到“壓迫”而自我約束，減少對特區政府和中央的敵視態度。第九，既然基本法授予行政長官相當大的權力，他應該可以有效運用那些權力進行強勢管治。第十，由英國人一手培訓出來的公務員隊伍即使仍存有反共情緒，但他們“尊重和服從權威”的傳統和慣性應該促使他們在回歸後轉以特首和中央為“效忠”對象。第十一，由於基本法制定的立法會的選舉辦法允許建制力量可以控制立法會超過一半的議席，特區政府應該可以在立法會內順利通過政府提出的法案和財政預算案，至少在回歸後頭十年應該能夠實現行政和立法之間的合作關係。第十二，司法機關應該會一如既往地低調、務實運作，維持香港的法治傳統，不會"干預"特區政府的施政，不會出現行政司法的矛盾。第十三，"人心回歸"雖然不能一蹴而就，但港人在"恐共"和"疑共"仍然揮之不去的陰霾下應該不願意採取敵對或挑釁的態度對付中央。[7] 第十四，外部敵對勢力在香港回歸後應該會有所收斂，減少在香港或利用香港從事對中央與內地不利的勾當。

回歸前夕，中央領導人和官員給我的感覺是他們對香港回歸後持基本樂觀態度，當然在樂觀的背後也不無一些掛慮，但那些掛慮卻頗為模糊。他們顯然不會相信回歸後的香港會事事如意，一帆風順，但他們卻無法説出問題會出在哪裏。在這種心態下，自然地最好的處理方法是儘量恪守"不過問"、"不出頭"和"不干預"的原則。在回歸之初，當港人和國際社會對香港前景的信心還是相當脆弱時，任何損害各方面對中央落實"一國兩制"、"港人治港"、"高度自治"的誠意與決心的事都應該儘量避免，不可授人以柄。從另外一個角度來看，我的理解是中央壓根兒沒有對中央在香港回歸後的角色作嚴肅和認真的研究與思考。比較清楚的是，在"不干預"的大前提下，除非迫不得已，中央絕對不願意插手香港事務。因此，回歸後頭幾年中央領導人、中央和地方官員、內地媒體及專家學者極少就香港事務發言，即便發言，內容也是一些善頌善禱的套話。更嚴重的，是中央主動削弱內地對香港研究和調查的能力。原來本已不多的一些涉及香港研究的機構和人員大幅減少或裁撤，

7　"人心回歸"一詞的內容並不清楚，不同人有不同的理解。它包含愛國思想、國家觀念或民族意識的強化，對國家的認識的增加，對"中國人"的身份認同上升，對中央甚至對中國共產黨擁護和信任，認同中央對"一國兩制"的詮釋，香港本土或地方主義的衰落，對反對勢力的厭惡和離棄，愛國力量的日益壯大，雖然不接受但越來越願意從"理解"或"諒解"的角度對待中央與內地的事物。

使得中央對香港的問題和挑戰更加難以掌握。

回歸前，中央以新華社香港分社為它在香港的“官方”代表，承擔中央交付的若干職能，特別是“統戰”工作。2000年1月15日，中央宣佈新華社香港分社更名為中央人民政府駐香港特別行政區聯絡辦公室（中聯辦）。首位主任姜恩柱表示，更名是因為中國政府已經對香港恢復行使主權，也為了更好地貫徹“一國兩制”、“港人治港”、高度自治的方針和基本法，支持特區政府依照基本法施政，保障中央人民政府駐香港機構按其授權履行職責。中聯辦的職責是：(1) 聯繫外交部駐港特派員公署和解放軍駐港部隊；(2) 聯繫並協助內地有關部門管理在港的中資機構；(3) 促進香港與內地之間的經濟、教育、科學、文化、體育等領域的交流與合作。聯繫香港社會各界人士，增進內地與香港之間的交往。反映香港居民對內地的意見；(4) 處理有關涉台事務；(5) 承辦中央政府交辦的其他事項。1月18日，中聯辦舉行掛牌儀式。姜恩柱進一步指出，中聯辦不干預香港特區自治範圍內的事務，為全面落實“一國兩制”方針，維護香港的長期繁榮穩定作出新的貢獻。

中聯辦的設置和存在，圍繞着它的評論和爭議從未間斷，尤其是來自反對勢力的攻擊。按照中央的考慮，儘管不少人批評中央設立中聯辦的目的是要干預甚至操控香港事務，認為不利於培植各方面對香港的信心，然而中央始終覺得它需要在香港有自己的代表替它做它要做的工作，當然對於中央在香港需要做哪些工作，我的印象是中央自己也沒有全面透徹的了解。顯然，中央對回歸後的香港雖然持樂觀態度，但卻難以完全放心，覺得需要在香港擁有一定的手段和能力去應付不時之需。不過，為了緩解一些人的擔憂，在成立後頭幾年，中聯辦頗為低調，其人員與香港各界人士的接觸雖有所增加，但仍不算多，其領導人也極少對外發言，特別是那些容易引起敏感反應的話。[8]

誠然，香港在回歸後頭半年的局面的確比較平靜。當時我自己也感到後來證明是“過分”的樂觀，並為此撰寫了一篇文章，預言香港會進入一個“非政治化”時期。[9] 往後看來，我承認對形勢判斷不足。實際情況是，香港特區成立伊始，發端於泰國的亞洲金融危機便以迅猛之勢擴大並爆發巨大的破壞力。1997 年年底開始，香港開始急遽地受到亞洲金融危機的衝擊，資產（特別是房地產和股票）價格大幅下降、失業率飆升、經濟活動收縮、政府的財政收入萎縮，社會上瀰漫着憂慮與悲觀情緒。尤有甚者，接踵而來的是歷史上罕見的禽流感疫情，除了造成嚴重的人命損失外，更加劇了人們的恐慌和彷徨。相對於其他階層，中產階層受到的打擊尤大，中產人士的思想心態也因此出現微妙的蛻變。中產階層從一個穩定和滿足的階層快速變成一個不穩和惶恐的階層。[10] 低下階層的困境雖然因為獲得政府的福利援助而得以紓緩，但怨懟與不安之情仍溢於言表。在罕見和漫長的經濟困頓面前，港人一貫的逆境自強和自求多福的精神彷彿一夜之間消失於無形，社會上充斥着怨天尤人和憤憤不平之氣。特首董建華的民望不單一蹶不振，連帶特區政府的威信也拾級而下。各種針對政府的抗爭行動此起彼落，政府的

8　當然也有罕見的例外。2000 年 4 月 12 日，中聯辦副主任王鳳超出席香港新聞工作者聯合主辦的“一個中國原則與台灣問題”講座時表示，香港回歸後，中國的傳媒有責任和義務，維護國家的統一和領土完整，不能散佈、鼓吹“兩國論”和“台獨”的言論。在這個關乎國家統一的大是大非問題上，大家的看法應該是一致的。這個問題與“新聞自由”無關。王鳳超的言論，馬上便受到香港一些人的口誅筆伐，內容不外乎是中央意圖收窄香港的新聞自由。

9　Lau Siu-kai, “The Eclipse of Politics in the Hong Kong Special Adminstrative Region,” *Asian Affairs,* Vol. 25, No. 1 (Spring 1998), pp. 38-46.

10　劉兆佳，“中產階層與回歸後香港政治”《港澳研究》，春季號，2013 年。

行為動輒得咎，重大政策難以出台，管治形勢十分嚴峻，政局頗為動盪。

在兇險的政治環境下，回歸前中央對回歸後香港局勢的部分樂觀“假設”在不同程度上紛紛落空。亞洲金融風暴觸發的經濟危機，暴露了香港經濟體系的諸般結構性問題，包括產業結構狹隘、人才不足、創意能力不強、低學歷勞動力過多、營商成本偏高、競爭力提升緩慢、周邊挑戰嚴峻等。社會上，貧富差距的問題日益嚴重，階級矛盾越加突出，民生問題迫在眉睫。

在政治方面，新政府經驗不足，民望低沉，屢屢犯錯，在施政上力不從心，而領導層與公務員則尚待磨合。建制勢力雖然主導了立法會，但基於其自身的利益和礙於群眾的可能反應不願意給予政府穩定及可靠的支持。反對勢力和媒體在回歸後充分利用香港的種種自由和人權保障，從而大大提升了它們制衡特區政府和塑造公共議程（public agenda）的能力。當特區政府陷入政治困境時，建制勢力對於應否和如何支持政府的態度猶豫，而反對派與大部分媒體則伺機對政府大加撻伐，務求挫傷其威信。香港的法院在捍衛司法獨立、保障人權和秉持公義的大原則下，有意無意間也承擔了制約和監督政府的任務。司法機關對它與中央權力的劃分及對香港居留權的立場又與基本法的立法原意有異，因此引發了對社會造成震撼與分化的憲制爭議。支持特區政府的各種建制勢力則各自為政、利益矛盾、群眾基礎薄弱，在社會上支持度偏低，也缺乏在思想領域發揮主導作用的能力。西方勢力特別是美國或明或暗地扶持與協助反共政客與媒體，更令特區政府的困境雪上加霜。2002 年董建華連任特首後，在政局不穩且非典肆虐之際強推基本法二十三條立法，激發了廣大港人尤其是媒體對言論自由和人身安全的憂慮，

2003月7月1日發生的數十萬人參與的反政府大遊行把香港的政治矛盾推向高峰。雖然特首無倒台之虞，但特區的管治岌岌可危，確是不爭的事。

2003年的大規模示威雖然性質上是自發性行動，是為數眾多的個人行動凝結成的聲勢浩大的政治現象，但它畢竟大大地壯大了反對派的實力、鼓舞了他們的鬥志、也提升了他們的"叫價"。他們一方面把矛頭指向特首董建華，務求催迫他下台；更重要的是另一方面他們提出加快香港民主步伐的要求，並視中央為鬥爭對手。港人對現狀的極度不滿與憂慮在某程度上亦逐漸演化為對中央的怨懟。

然而，儘管在1997-2003年這段時間內香港的局勢和特區的管治困難重重，動盪起伏，但中央的對港政策卻仍然立足於"不干預"、"以不變應萬變"的原則上。就算特區政府就有關特區事務向中央徵詢意見，中央一般會示意特首自行處理。顯然，中央擔心其"介入"行動會引致港人和國際社會的反彈，對鞏固各方面對香港的信心不利。另外一個原因是中央對於應否、如何和何時"介入"香港事務"沒底"。基本中央上對回歸後的香港局勢缺乏深入研究，更缺少擁有相關知識的研究人才，從而難以擬定工作方向。畢竟，當"不干預"已經成為既定的中央對港政策時，要突然改變政策亦非易事。這樣當然不是說中央完全對香港事務撒手不理。在這期間，當中央認為它的權力受到挑戰時，它會毫不猶疑"出手"捍衛自己的權力。最震撼的例子是1999年初中央否定香港的終審法院對人大常委會的決定擁有違憲審查權的論述，迫使它撤回其違反中國憲法和基本法的言論。此外，當特區遇到重大"危機"而特區政府自己無法獨立處理時，中央也會伸出援手，具體例子包括赤赤鱲角機場開幕後的運作混亂、[11] 因終審法院的判決引發的居留權風暴、[12] 港元聯繫匯率與股市受到外來"金融大鱷"的蹂躪、[13] 史上罕見的非典（SARS）疫情爆發等。

然而，上述的中央"介入"香港事務的例子極少，反而從側面印證了"不干預"政策的主導性。其他例子其實更能説明中央的"不干預"政策。其一是中央在政治上沒有與董建華"並肩作戰"，讓董建華在孤立無助下掙扎求全。當董建華面對內外交困之時，中央一般只會作出"口頭上"的支持，或勸諭各方面包容和協助特首。中央鮮有向反對派施加壓力，而動員愛國力量積極擁護特首的動作也不多見。偶爾中央會要求個別人士加強支持董建華或起碼減少對他的批評。[14] 兩方面的舉動實際上成效不彰。其二是在關係到國家安全如此重大事項上，中央的取態有欠積極。2002 年中董建華剛連任行政長官後即迫不及待開展基本法第二十三條立法工作。無論此舉是否來自中央的要求，中央高調和實力支持特區政府的立法工作厥為應有之義。然而，當立法工作從開局之初順利，但旋即遭到社會各界激烈反對時，中央對特區政府的支持也只是停留在口頭上。就算當身兼行政會議成員的自由黨主席田北俊訪京後對外表

11 深圳黃田機場提供設施支援香港機場的原作，特別在貨運方面。

12 1999 年 6 月 26 日人大常委會就基本法第 22 條第 4 款和第 24 條第 2 款第（三）項進行解釋，推翻了終審法院的判決，排除了那些出生時父母都不是香港永久性居民的內地同胞大量湧入香港的可能性。

13 中央支持特區政府動用巨額公帑進入股票市場與國際"大鱷"決戰，確保港元與美元的聯繫匯率安全無恙。

14 最經典的例子發生在 2000 年 9 月 29 日。國務院副總理錢其琛在北京會見訪京的香港特區政務司司長陳方安生時表示，希望陳方安生和特區政府全體公務員一起，更好地支持行政長官的工作，在董建華的帶領下，繼續為香港的繁榮穩定作出貢獻。另外一個例子是 2001 年 9 月 4 日國務院總理朱鎔基在訪問愛爾蘭期間回答香港記者提問時表示："……香港人現時最重要是團結。應該研究一些對策。但是也不能老是'議而不決，決而不行'。確定了以後，大家要全力以赴，團結一致，要向前奔。只要有這種精神，香港沒問題。"

示中央不急於立法後，中央也沒有對此不實之論予以澄清，實際上允許它對董建華的威信施以重擊。可以這樣說，中央對第二十三條立法沒有給予義無反顧的支持，是香港沒有能夠切實履行國家安全立法的原因之一。中央在第二十三條立法過程中的謹小慎微，正好反映"不干預"立場是回歸初期中央對港政策的核心。第三是當境外勢力利用香港宣揚不利於國家主權和安全的事時，中央也儘量避免挺身而出，反而依靠特區政府代為出頭。這在特首董建華嚴厲批評法輪功和來自台灣的"兩國論"這兩宗事件上可見一斑。我們不否認特區政府有責任和義務捍衛國家和中央的權力和利益，但當"拒共"心態在港人中間仍相當普遍的氛圍下，董建華在缺乏中央的堅決支持下強自出頭，反而容易丟失管治威信。

回顧過去，2003 年的中央"不干預"政策對落實"一國兩制"利弊參半。中央在香港事務上的置身事外，甚至是在香港處於風雨飄搖的時候，的確為它贏得了西方國家和不少港人的掌聲，他們幾乎一致讚譽中央恪守承諾，讓"港人治港"得以體現。然而，"不干預"政策也為"一國兩制"的實施和特區的有效管治帶來長遠的困難。首先，中央把詮釋何謂"一國兩制"和基本法的論述權和話語權拱手讓予香港的反對力量、西方勢力和香港法律和司法界的主流人物，但他們的觀點卻往往建基於西方、反共、"兩制先於一國"、香港乃"獨立政治實體"的見解，在本質上有異於中央的立場。結果是：港人對"一國兩制"和基本法的理解出現偏差，對本屬中央的權力缺乏認識和尊重，這不單不利於"一國兩制"的落實，也嚴重限制了中央權力的運用。比如說，大部分港人視人大釋法為破壞香港法治和高度自治之舉，無視人大釋法乃是香港作為中國一部分的憲法體系的重要組成部分。第二，"不干預"政策使得特首董建華陷入孤立無助的險境。愛國力量在中央動員缺位下未能有力和有效地組織和動員起來作為特區政府的強大後盾。部分愛國人士因為怨恨沒有得到董建華重用而不時"搞破壞"或"攪局"，對此中央也沒有嚴加禁止，有意無意間起了縱容和鼓勵的作用。第三，"不干預"政策不利於以愛國力量為主體的建制力量的組織、團結和動員。沒有中央的凝聚和推動，本來已經山頭林立、利益分化和群龍無首的建制力量更陷入一盤散沙的渙散狀態，嚴重缺乏政治話語權和戰鬥力。儘管建制力量擁有龐大政治與經濟資源，但其分化與內耗卻嚴重削弱了其政治能量，既不能給特區政府予大力支持，又不能建構廣闊的群眾基礎，從而加劇了特區管治的困難。第四，中央的"不干預"政策為反對勢力提供了絕佳的機會去擴充規模、招攬人才和擴大影響力。他們不斷轟擊董建華、特區政府和建制勢力，竭力利用特區政府的施政失誤、香港的經濟低迷、民怨民憤來否定香港的政治制度，進而提出加快香港民主化速度的訴求。

基本法第二十三條的立法工作，讓反對派有可乘之機。他們高舉捍衛人權和自由的旗幟，充分利用港人對董建華和特區政府的不滿，策動了香港回歸後最大規模的一次示威遊行。2003 年七月一日的數十萬人的大遊行將香港的政治亂局推向深淵，也同時使反對派的聲勢一時無兩。特區的管治雖不致出現崩潰的"危機"，但香港政治局面極為嚴峻，卻是不爭的事實。

然而，2003 年中的風波卻迫使中央開始重新思考它的對港政策，並對香港問題作出較為全面與深入的研究。由於過去多年中央沒有對香港問題認真對待，因此只有在回歸若干年之後中央才能夠整理出一個新的對港政策的輪廓來。

中央領導人對香港政策的論述

我在上文講過中央領導人為了避免被批評"干預"香港事務，所以很少就香港問題發言，就算發言也大多是表示支持和祝福。[15] 2003 年後，情況開始出現明顯的變化。中央領導人開始對香港的事務表達意見，甚至提出建議，而隱晦或不太隱晦的批評也時有出現。有趣的是，港人對中央領導人的言論頗為受落，不少人甚至認為是切中時弊，對香港的發展有建設性，並敦促特區政府切實執行，特別是牽涉到民生的部分。我們可以這樣理解，港人一般從"功利主義"角度看待領導人的言論。假如他們認為那些批評、意見或建議對香港和自己有利，港人絕不介意中央領導人論述香港事務，反而認為是中央對香港的關愛和支持。港人對中央領導人的言論的正面態度，反過來卻又推動了中央對港政策的調整。

中央對港新政策的正式表述，可以從中國共產黨作為中國的執政黨的文件中看到。在 2005 年 9 月 19 日中國共產黨第十六屆中央委員會第四次全體會議通過的《中央關於加強黨的執政能力建設的決定》中有一段專門針對港澳的話（其中主要與香港有關）："保持香港、澳門長期繁榮穩定是黨在新形勢下治國理政面臨的重大

15　其中一個例子是中華人民共和國主席江澤民在慶祝香港回歸祖國五週年大會暨香港特別行政區第二屆政府就職典禮上的講話（2002 年 7 月 1 日）"這裏，我想提出三點希望。第一，希望香港各界人士更好地適應香港回歸後的發展形勢，當好香港和我們偉大祖國的主人……。廣大香港同胞不僅是香港特別行政區的主人，也是國家的主人，應該不斷增強國家觀念和民族意識，自覺維護祖國的安全和統一，維護祖國和民族的整體利益。實現中華民族的偉大復興，最終完成祖國統一大業，是全體中華兒女的共同心願。包括香港同胞在內的所有中國人，都應該自豪地投身這一偉大事業，努力作出無愧於祖國、無愧於民族、無愧於時代的貢獻。第二，希望香港特別行政區行政、立法、司法機關不斷提高施政和執法水平，更好地為公眾服務……。第三，希望香港特別行政區政府和社會各界人士堅定信心，自強不息，努力開創香港經濟發展的新局面。要始終高度重視香港的經濟發展……。"

課題。我們將堅定不移地貫徹‘一國兩制’、‘港人治港’、‘澳人治澳’、高度自治的方針，嚴格按照特別行政區基本法辦事；全力支持特別行政區政府依法施政，着力發展經濟、改善民生、推進民主；鼓勵香港、澳門各界人士在愛國愛港、愛國愛澳旗幟下和衷共濟，促進社會和睦；加強內地與香港、澳門交流合作，實現優勢互補、共同發展；積極支持香港、澳門開展對外交往，堅決反對外部勢力干預香港、澳門事務。香港同胞、澳門同胞完全有智慧有能力管理好、建設好香港、澳門，香港、澳門已經並將繼續為國家現代化建設發揮重要作用，偉大祖國永遠是香港、澳門繁榮穩定的堅強後盾。”這段話中最堪注意的有兩點。一是中央強調“保持香港長期繁榮穩定是黨在新形勢下治國理政面臨的重大課題。”毫無疑問，這個課題對中國共產黨非常重要，因為中共是全國（包括香港在內）的執政黨，香港能否在“一國兩制”下保持繁榮穩定，是對中共執政能力的重大考驗。[16] 講“嶄新課題”，是因為香港作為享有高度自治權的特別行政區繼續實行原有的資本主義制度，但如何管理好這樣的行政區，在中共領導革命、建設和改革的歷史上是從未有過的，沒有現成經驗可循，必須從實踐中不斷總結和探索規律。此外，香港的發展及其在國家中所擔當的不可取代的角色，亦關係到國家的整體發展和和平統一大業的完成，因此中共在香港事務上不容有失。把香港問題視為“嶄新”問題，意味着中共視之為建設中國特色社會主義的任務的一部分，是一項重大挑戰，而這項挑戰

---

16 前中共總書記江澤民在慶祝中國共產黨成立八十周年（2001 年）大會上曾這樣講述中共立黨八十年來的變化：“我們黨歷經革命、建設和改革，已經從領導人民為奪取全國政權而奮鬥的黨，成為領導人民掌握全國政權並長期執政的黨；已經從受到外部封鎖和實行計劃經濟條件下領導國家建設的黨，成為對外開放和發展社會主義市場經濟條件下領導國家建設的黨。”（見《江澤民文選》[北京：人民出版社，2006]，第三卷，第 536-537 頁。）

不是短時間內可以克服的，因此是中共長期面臨的一項任務，必須要不斷用創新和積極態度應對，不能以為訂立了“一國兩制”大框架後便萬事大吉。換句話説，中央承認中央在香港落實“一國兩制”方針時面對新的困難和挑戰，其中的潛台詞是中央有需要調整它的對港政策以應對形勢的變化。二是中央堅決反對外部勢力干預香港、澳門事務。雖然中央沒有明確指出何謂“外部勢力”，但顯然它相信香港在回歸後出現的各種亂象和管治困難與西方和台灣勢力有關，特別是它們對反對派所給予的支持和鼓勵。之所以要提到“外部勢力”，是要對它們發出警告，並為相關的必須部署提供理據。

中央高度關注其權力在香港是否受到承認和尊重的問題，特別是香港的反對勢力不斷從“兩制”凌駕於“一國”的角度肆意侵犯和“篡奪”中央的憲制權力。全國人大常委會委員長吳邦國為此特別強調説：“……香港特別行政區處於國家的完全主權之下。中央授予香港特別行政區多少權，特別行政區就有多少權，沒有明確的，根據基本法第二十條的規定，中央還可以授予，不存在所謂的‘剩餘權力’問題。”[17] 吳委員長也注意到中央授予行政長官的權力為其他機關（尤其是立法會）所侵奪的現象。他指出：“基本法從香港特別行政區的法律地位和實際情況出發，確立了以行政為主導的政治體制，其中最重要的就是行政長官在特別行政區政權機構的設置和運作中處於主導地位。”

中央領導人對於香港的狀況和未來的發展亦越來越主動代表中央提出意見和建議。中華人民共和國副主席曾慶紅於 2005 年 9 月 11 日在香港特別行政區政府歡迎晚宴上的致辭（題目為《齊心協

17　全國人大常委會委員長吳邦國於 2007 年 6 月 6 日在基本法實施十周年座談會上的講話，題目為《深入實施香港特別行政區基本法　把“一國兩制”偉大實踐推向前進》。

力建設繁榮香港和諧香港》）中，比較具體的提出中央如何在各方面協助香港的發展。他説："鞏固和發展香港政通人和、繁榮穩定的良好局面，是我們大家的共同責任⋯⋯。中央將⋯⋯一如既往地加強和推動內地同香港在經貿、科教、文化、衛生等各個領域的合作，繼續實施內地與香港更緊密經貿關係的安排；一如既往地支持香港鞏固和發展國際金融、貿易、航運中心地位。"曾副主席同時向港人提出兩點希望，"第一，抓住機遇，加快發展⋯⋯。第二，包容共濟，促進和諧⋯⋯。我們提倡求同存異、包容共濟，就是要在堅持'一國兩制'方針和香港基本法的前提下，在愛國愛港的旗幟下，堅持以和諧促繁榮、以和睦促穩定。"曾副主席在致辭中並引用胡錦濤主席在紀念中國人民抗日戰爭暨世界反法西斯戰爭勝利60周年大會上的講話來勉勵港人。[18]

2007年6月30日胡錦濤主席在香港特別行政區政府歡迎晚宴上表示："香港目前的良好局面來之不易，值得香港社會各界人士倍加珍惜。在香港這個多元化的社會，實現社會穩定發展，關鍵是要求同存異、包容共濟、齊心協力。香港市民無論來自甚麼階層、甚麼界別、甚麼團體，也無論信仰甚麼主義、甚麼宗教，都應該在愛國愛港的旗幟下緊密團結起來，在維護國家利益、維護香港整體利益的基礎上共同奮鬥，堅持不懈地維護和促進香港長期繁榮穩定。我想特別強調的是，青少年是香港的未來和希望，也是國家的未來和希望。我們要重視對青少年進行國民教育，加強香港和內地青少年的交流，使香港同胞愛國愛港的光榮傳統薪火相傳。"

---

18 胡主席的講話為："今天，中華民族的發展正面臨着難得的歷史機遇，中華民族偉大復興的光輝前景已經展現在我們面前。包括大陸同胞、港澳同胞、海外僑胞在內的全體中華兒女，都應該為自己是中華民族的成員而感到無比自豪，都應該承擔起實現中華民族偉大復興的歷史責任，都應該以自己的努力為中華民族發展史續寫新的光輝篇章。"

2007 年 7 月 1 日胡錦濤主席在慶祝香港回歸祖國十周年大會暨香港特別行政區第三屆政府就職典禮上發表講話。胡錦濤強調，十年來，我們在實踐中獲得了許多寶貴經驗，其中最重要的是：第一，堅持全面準確地理解和貫徹執行"一國兩制"方針。"一國"就是要維護中央依法享有的權力，維護國家主權、統一、安全。"兩制"就是要保障香港特別行政區依法享有的高度自治權，支持行政長官和特別行政區政府依法施政。第二，堅持嚴格按照基本法辦事。要維護香港特別行政區基本法在香港的最高法律地位，香港特別行政區的行政、立法、司法機關和社會組織，中央政府和內地各部門各地區的各級各類組織，香港居民和內地人民，都必須遵守香港特別行政區基本法，以基本法為行為準則。第三，堅持集中精力發展經濟、改善民生。發展經濟、改善民生是香港最重要的主題，也是廣大香港同胞的共同心願。只有經濟不斷發展，民生才能不斷改善，社會才能保持穩定，適合香港實際情況的民主制度也才能順利發展。第四，堅持維護社會和諧穩定。香港各界人士應該緊密團結起來，積極促進一切有利於香港同胞福祉和國家根本利益的事，堅決反對一切有損於香港同胞福祉和國家根本利益的事。只要香港各界人士秉持講大局、講團結、講包容的社會共識，始終以香港的整體利益和長遠利益為重，以國家利益為重，就一定能夠不斷促進經濟社會發展，共用發展成果。胡主席指出，把"一國兩制"偉大事業繼續推向前進，需要中央政府、香港特別行政區政府和廣大香港同胞共同努力。中央政府將繼續堅定不移地貫徹執行"一國兩制"、"港人治港"、高度自治的方針，嚴格按照香港特別行政區基本法辦事，全力支持香港特別行政區行政長官和政府依法施政，全力支持香港發展經濟、改善民生、推進民主，全力促進內地同香港在經濟、教育、科技、文化、衛生、體育等領域的交流合作，積極支持香港特別行政區開展對外交往。

中央對港的“新”政策的全面表述，則見於胡錦濤主席於 2007 年 10 月 15 日在中國共產黨第十七次全國代表大會上作報告，題目為《高舉中國特色社會主義偉大旗幟　為奪取全面建設小康社會新勝利而奮鬥》(以下簡稱《胡錦濤報告》)。報告中有顯著段落提及香港。胡主席說：“香港、澳門回歸祖國以來，‘一國兩制’實踐日益豐富。‘一國兩制’是完全正確的，具有強大生命力。按照‘一國兩制’實現祖國和平統一，符合中華民族根本利益。”

《胡錦濤報告》中對香港的論述十分重要。它是中央在香港回歸祖國十年後提出的前所未有的對港政策的全面和詳盡的論述，代表着中央新領導集體對香港政策十年來的經驗總結和中央今後的對港方針。報告因此具有重要的指導意義，必須從歷史發展的角度和發展政策的高度去理解。《胡錦濤報告》反映中央對港工作高度重視、思路更清晰、認識更深入、把握規律更全面。對中央而言，“一國兩制”是逐步摸索的過程，看不準的不說，看準後逐步講，最終把立場確定下來。事實上，正如上文引述的一些材料顯示，《胡錦濤報告》中的部分內容，在過去領導人的談話和一些中央文件中已經簡單發表過。

《胡錦濤報告》有關香港部分分為兩方面。第一方面涉及整體方針，第二方面則涉及對港的五大原則。改革開放三十年的整體方針（“加快發展”、“深化改革”和“擴大開放”）沒有改變。香港回歸祖國十年來的主題也沒有改變。中央強調鄧小平提出的“一國兩制”、“港人治港”、“高度自治”和保持香港繁榮穩定的方針維持不變，繼續是中央處理香港事務的基本政策。不過，中央認為保持香港長期繁榮穩定是黨在新形勢下治國理政面臨的重大課題。2004年中共曾説過保持香港長期繁榮穩定是黨在新形勢下治國理政面臨的嶄新課題。2007年的《報告》不再用“嶄新”而用“重大”，原因是此課題提出後已有三年，已非“嶄新”課題。講“重大課題”，是要強調保持香港長期繁榮穩定的重要性和任務的長期性。此外，香港的發展在國家的發展中擔當着不可取代的角色，亦關係到國家的整體發展和和平統一大業的完成，因此中共在香港事務上不容有失。無論是“嶄新課題”或“重大課題”，兩種提法的精神實質是一致的。“重大課題”的表述更突出了香港工作在全黨工作中的全局性和政策性意義，表明中央對香港問題更加重視。十七大黨章修改把“促進香港、澳門長期繁榮穩定”納入，正式從執政目標高度提到全黨面前。

2008年7月7日，中華人民共和國副主席習近平在香港特別行政區政府歡迎晚宴上的致辭中概括了中央對香港發展的總體期望：“今年3月6日，胡錦濤主席在會見港澳全國人大代表和政協委員時，對兩個特別行政區政府和社會各界人士提出了四句話的總要求，這就是：集中精力發展經濟，切實有效改善民生，循序漸進推進民主，包容共濟促進和諧。這四句話，精闢概括了香港回歸以來實踐‘一國兩制’的成功經驗。集中精力發展經濟，就能使香港更加繁榮，在國家整體發展中扮演更加重要的角色，在國際競爭中佔據更加有利的地位；切實有效改善民生，就能幫助市民大眾提高生活水平，讓他們共用香港繁榮發展的成果；循序漸進推進民主，就能廣泛凝聚共識，穩步推進香港的民主進程；包容共濟促進和諧，就能在擁護‘一國兩制’方針和基本法的原則基礎上，為建設香港、繁榮香港創造有利的社會環境。”

胡錦濤主席於 2009 年 12 月 20 日在慶祝澳門回歸祖國 10 周年大會暨澳門特別行政區第三屆政府就職典禮上的講話雖然論述的對象是澳門而不是香港，但卻更切合香港的情況。一般的理解甚至認為胡主席的發言其實是刻意針對香港的局勢而來。他說："回顧澳門回歸祖國 10 年來的不平凡歷程，可以得出以下重要啟示。第一，必須全面準確理解和貫徹'一國兩制'方針……。既要維護澳門原有的社會經濟制度、生活方式，又要維護國家主權、統一、安全，尊重國家主體實行的社會主義制度；既要維護澳門特別行政區依法享有的高度自治權，充分保障澳門同胞當家作主的主人翁地位，又要尊重中央政府依法享有的權力，堅決反對任何外部勢力干預澳門事務……。第二，必須嚴格依照澳門基本法辦事……。第三，必須集中精神推動發展……。第四，必須堅持維護社會和諧穩定……。第五，必須着力培養各類人才。"

2012 年 7 月 1 日，胡錦濤主席在慶祝香港回歸祖國十五周年暨香港特別行政區第四屆政府就職典禮上發表講話說："這些年來，中央政府把保持香港長期繁榮穩定作為新時期治國理政的重大課題，鼓勵和支持香港特別行政區政府和社會各界人士集中精力發展經濟、切實有效改善民生、循序漸進推進民主、包容共濟促進和諧，進一步豐富和發展了'一國兩制'理論和實踐。在已經取得成就的基礎上不斷探索，把'一國兩制'事業繼續推向前進，是中央政府、香港特別行政區政府和社會各界人士的共同使命。中央政府對香港的一系列方針政策和重大舉措，根本出發點和落腳點就是維護國家主權、安全、發展利益，保持香港長期繁榮穩定。這是在香港實踐'一國兩制'的核心要求和基本目標。為此，必須堅持全面準確理解和貫徹'一國兩制'方針，嚴格按照基本法辦事，把堅持‘一國’原則和尊重‘兩制’差異、維護中央權力和保障特別行政區高度自治權、維護國家整體利益和保障香港社會各界利益、支持香港積極開展對外交往和反對外部勢力干預香港事務等有機結合起來，任何時候都不能偏廢。”胡主席同時指出：“必須清醒地看到香港社會仍然存在一些深層次矛盾和問題。未來五年對香港長遠發展具有重要影響，是必須緊緊抓住而且可以有所作為的重要機遇期。在這裏，我向香港特別行政區新一屆政府和社會各界提出四點希望。 第一，努力促進社會和諧穩定。和諧穩定是發展之基，改善民生是和諧穩定之本。香港特別行政區新一屆政府要堅持以人為本的施政理念，準確把握社情民意，採取切實有效措施，積極穩妥解決民生問題和其他社會矛盾，更加注重機會公平，更加關注弱勢群體，更加關心年輕一代，使全體市民共用發展成果、提高生活水平。香港社會各階層各界別人士要以大局為重，在愛國愛港旗幟下實現最廣泛的團結，齊心支持新一屆政府依法有效施政，共同增強香港社會凝聚力。第二，努力維護基本法的權威。法治是香港的核心價值。基本法在香港特別行政區具有最高法律地位，是依法治港的基石。要全面落實基本法各項規定，完善與基本法實施相關的制度和機制。香港特別行政區行政、立法、司法機關都要帶頭嚴格遵守基本法，堅決維護基本法，依照基本法規定行使職權。香港回歸祖國以來，政制民主循序漸進，並取得長足進展。要按照基本法和全國人大常委會有關決定的規定，繼續推進香港民主進程。第三，努力提升競爭力。香港要在日益激烈的國際和地區競爭中立於不敗之地，必須在提升自身競爭力上下工夫。要加強香港長遠發展的戰略謀劃，更好發揮政府促進經濟社會發展作用。要更新發展理念，鼓勵和支持各類創新活動，不斷提高服務業水平，培育新的經濟增長點。要把握世界經濟格局的深刻變化，充分發揮香港國際聯繫廣泛等方面優勢，搶佔發展先機。同時，更要善於藉助祖國內地經濟的蓬勃發展，拓展香港與祖國內地交流合作的廣度和深度，促進優勢互補、互利雙贏、共同發展。第四，努力加強人才培養。人才是最重要的戰略資源，當今世界的競爭最核心的是人才競爭。要大力發展教育、科技、文化事業，全方位、多層次培養造就各項事業發展所需要的大量高素質人才。要高度重視愛國愛港人才特別是優秀年輕政治人才培養，為他們增長才幹、脫穎而出提供機會和平台，使愛國愛港傳統薪火相傳、'一國兩制'事業後繼有人。"

胡錦濤主席於 2012 年 11 月 8 日在中國共產黨第十八次全國代表大會上的報告《堅定不移沿着中國特色社會主義道路前進　為全面建成小康社會而奮鬥》中對中央的對港政策有進一步的闡述，內容極為重要。他說："中央政府對香港、澳門實行的各項方針政策，根本宗旨是維護國家主權、安全、發展利益，保持香港、澳門長期繁榮穩定。全面準確落實'一國兩制'、'港人治港'、'澳人治澳'、高度自治的方針，必須把堅持一國原則和尊重兩制差異、維護中央權力和保障特別行政區高度自治權、發揮祖國內地堅強後盾作用和提高港澳自身競爭力有機結合起來，任何時候都不能偏廢。""中央政府將嚴格依照基本法辦事，完善與基本法實施相關的制度和機制，堅定支持特別行政區行政長官和政府依法施政，帶領香港、澳門各界人士集中精力發展經濟、切實有效改善民生、循序漸進推進民主、包容共濟促進和諧，深化內地與香港、澳門經貿關係，推進各領域交流合作，促進香港同胞、澳門同胞在愛國愛港、愛國愛澳旗幟下的大團結，防範和遏制外部勢力干預港澳事務。"

全國人大委員長吳邦國在澳門社會各界紀念澳門基本法頒佈

二十周年啟動大會的講話中特別強調中央的重要性。他說："保持澳門長期繁榮穩定，是澳門同胞的根本利益所在，也是國家的根本利益所在；維護國家主權、安全、發展利益，是國家根本利益所在，也是澳門同胞的根本利益所在。"吳委員長進而談到中央權力的問題："首先，國家對澳門具有主權權力，是中央政府對澳門特別行政區享有管治權的前提，也是授予澳門特別行政區高度自治的前提。其次，澳門特別行政區的高度自治權是中央授予的，澳門特別行政區有多大的高度自治權，應當遵循甚麼程序行使這些權力，都要以基本法規定為依據。……深刻認識中央與澳門特別行政區的權力關係，就是既要維護中央權力，也要保障澳門特別行政區高度自治權，從而使這兩方面都落到實處，以實現澳門的良好管治。"吳邦國這番談話針對性很強。雖然他是講述澳門的情況，但明眼人一看便知他同時是代表中央向港人發出呼籲，表達中央對香港在基本法落實上和"一國兩制"運行上出現的偏差的關注和不滿。

值得專門一提的是溫家寶總理多年來對香港特首的耳提面命，不單表現出溫總理對香港的關愛，也反映了他對香港的局勢和發展的掌握和憂慮。作為國務院的總理和香港特首負責的對象，溫家寶的說話尤其坦率。他早在 2003 年十屆全國人大會議與中外記者會面時就曾說道："毋庸諱言，香港經濟目前確實遇到比較大的困難，主要表現在失業率增高和財政赤字加大。這既有國際經濟形勢變化的影響，也有香港自身經濟結構的問題，但是香港的優勢還在。香港有雄厚的物質基礎，直到目前，香港沒有一筆內債和外債，目前香港的居民儲蓄率還超過 1997 年。香港有完備的法制，有有利的區位優勢，有許多優秀的管理人才。現在需要的是團結和信心……。至於說到中央政府對香港的支持，我想明確表示，我們將一如既往、竭盡全力支援香港的穩定和發展。我們正在抓緊落實內地與香港特別行政區建立更加緊密的經貿關係的各項措施。香港是中國的一顆璀璨的明珠，保持香港的穩定和繁榮是我們堅定不移的目標，也是中央政府義不容辭的責任。”

2003 年至 2005 年，香港正陷於民生（特別是非典疫情）和政治（如基本法第 23 條立法）的爭議，接着是董建華的離任和曾蔭權接任為新特首。溫總理於 2005 年 12 月 28 日接見赴京述職的曾蔭權時，特別強調說“目前香港經濟和社會發展繼續保持良好的態勢，仍有一些深層次的矛盾和問題尚未得到根本解決，希望特區政府與各界人士同心同德，集中精力發展經濟，改善民生，維護社會和諧”，但當時溫總理並無公開界定何謂“深層次矛盾與問題”，此說馬上引起各界不同解讀的爭論。特首曾蔭權於當天傍晚舉行的記者會上回應：“總理所指的完全是經濟問題，與政治無關。”他表示，“由於香港現時的經濟轉型未完成，而地價和租金高企，與成為世界金融中心有矛盾。”2007 年 11 月 23 日，剛連任特首的曾蔭權到北京述職。與他會面的溫家寶特別提到，香港的發展形勢喜人，但面臨的競爭也很強，形勢迫人，而他早前在新加坡訪問的時候，也時常想到如何推動香港的發展，提高香港的國際競爭力，有時還將香港與新加坡對比一下，思考得出四方面的建議。第一是創新，包括體制的創新和科技創新；第二是知識，就是香港全面素質的提高；第三是人才，決定香港未來發展，根本還在於人才，在於人才的數量和人才的品質；第四是環境，不僅要有好的法治環境，還要有好的生態環境，現在外國企業投資很重視這兩個環境。2012 年 12 月 21 日，溫家寶接見首次到北京述職的特首梁振英時，首次具體說明香港有六大民生問題：就業、物價、住房、貧困、環境和老齡化，囑咐梁振英“要特別關注和解決好”這些涉及香港同胞切身利益的民生問題。

綜合國家領導人有關香港問題和政策的談話和論述，中央對港新政策的輪廓已經頗為清晰。簡單來説，新政策有下列主要內容。第一，新政策是在科學發展觀、建構和諧社會和全面建設小康社會的十七大主題下提出的，這也是香港“兩大主題”(“發展經濟”和“促進和諧”）提出的背景。香港的未來設計和努力方向，都應貫徹這一國家發展方針。中央肯定國家在香港今後發展中必須擔負重要的、積極的和主動的角色。中央除了自行發揮其作用外，也會密切與香港進行合作，同時也對香港方面有要求。國家與香港“共同發展”和“共同承擔責任”乃是今後中央對港政策的核心，過去在“不干預”政策下的分割發展已經不復存在。也就是説，香港在國家的總體佈局中有新的定位。中央肯定了“一國兩制”的成功實踐，並表達了信心和承諾。“共同發展”和“共同承擔責任”乃國家與香港關係的核心原則，也是“一國兩制”實踐的基本和重要的經驗概括。中央表明堅定不移地貫徹“一國兩制”、“港人治港”、高度自治的方針，嚴格按照基本法辦事。在這項政策下中央要求港人明白中央對港的方針政策，其提出的歷史和背景，“一國兩制”方針所要達致的目標和“一國兩制”下中央與特區權力的劃分。港人尤須尊重中央的權力和特區的權限。此外，香港也應大力推行普及基本法的教育及國民教育以確保“一國兩制”的準確落實與貫徹，中央會在這方面盡力支持和配合。

第二，全力支持特別行政區政府依法施政，着力發展經濟、改善民生、推進民主。“依法施政”要求切實奉行“行政主導”原則，盡力維護和大膽行使特首和政府的權力和權威，不要讓中央所授予的行政權力為其他機關和組織（尤其是立法會）所侵奪。鼓勵香港各界人士在"愛國愛港"旗幟下和衷共濟，促進社會和睦。這政策要求特區政府大力支持和擴大"愛國愛港"力量，公共資源向它傾斜，並大力培訓"愛國愛港"的政治人才，強化特區政權的建設，為特區政權開拓更廣闊的社會支持基礎。

第三，加強內地與香港交流合作，實現優勢互補、共同發展。中央明白香港的發展，必須建基在好好藉助內地的發展勢頭之上。香港作為國家發展的多個引擎之一，其獨特優勢短時間內是內地城市所無法替代的。特區政府必須充分發揮這一優勢，積極推動兩地交流與合作，為國家的發展發揮獨特和不可取代的作用。"優勢互補、共同發展"是香港未來經濟增長的主要空間，既是香港的發展路向，也是國家發展政策的組成部分。特區政府與內地省市的經濟合作（例如港深經濟融合），肯定會獲得中央的首肯。

第四，積極支持香港開展對外交往，堅決反對外部勢力干預香港事務。"開展對外交往"首次在黨代會報告中出現，這是中央不斷擴展"一國兩制"發揮空間的體現。這實際上是為香港發展提供更多的有利條件，鞏固香港作為國際大都會的地位，對香港和國家都有好處。此外，中央過去主要要求香港做好內地與世界的橋樑角色，使內地通過"引進來"的手段吸收外地有利於國家發展的東西。今後中央會加強香港在協助內地"走出去"的角色，通過香港的專業人才和各類機構廣泛的國際聯繫，推動內地與世界的互動與合作。反對外部勢力干預既是重申的一貫立場，又是對一些外部勢力的嚴正警告。外部勢力包括外國、台灣、宗教組織、國際官方與非政府組織等。中央堅決反對各種外部勢力在香港事務上說三道四、或扶植本地反共力量、或利用香港作為顛覆中央的基地。香港本身也有責任維護國家的安全與領土和主權的完整，基本法第二十三條立法乃應有之義。

第五，中央表現成竹在胸，對香港前景充滿信心，對特區政府的管治充分肯定。中央的信心可從三句話中體現："香港、澳門同胞完全有能力管理好、建設好香港、澳門"；"香港、澳門已經並將繼續為國家現代化建設發揮重要作用"；"偉大祖國永遠是香港、澳門繁榮穩定的堅強後盾"。從這三句話中可以感受到一種振奮、鼓舞、勇往直前的意志。

總的來說，跟十年前比較，中央對港政策在原有的"一國兩制"的基礎上，改變了過去"不干預"便萬事大吉的想法，認真運用"一國兩制"下中央擁有的權力確保"一國兩制"準確落實，積極主動扶持並參與香港的發展，同時承擔香港未來發展的重責。綜觀中央領導人在 2003 年之後的講話，可以見到中央的對港政策越來越全面，也越來越具體。領導人不但談到香港的形勢和挑戰，也提出中央的對策和對香港同胞和特區政府的期望。概括而言，有幾點特別值得重視。

第一，領導人越來越主動提出他們的看法讓港人認真思考，不太介意會否因此引起部分人的敏感反應或批評。領導人的言論較為清晰的表明中央在一些重要事情上的立場，有利於澄清誤解和讓中央在與反對勢力較量時取回一些話語權。總的來說，領導人的說話產生了正面的效果，港人基本上接受領導人對香港問題和應對之道的研判，特別是那些涉及經濟和民生的事情。

第二，領導人的言論反映了中央對香港的一些情況的不滿和憂慮，尤其是關於中央的權力未有得到應有的尊重、"一國兩制"在落實過程中出現的偏差、香港的發展速度與幅度差強人意、香港社會內耗不已、外部力量干擾和特區管治維艱等方面。

第三，領導人的說話明確告訴港人、內地同胞和外部勢力，“一國兩制”是中國的大政方針，關係到國家和香港的根本利益，因此在落實“一國兩制”上中央有權有責，而中央絕對不允許“一國兩制”有任何閃失。只要合乎中央對港政策的原則和精神，中央的對港的政策及舉措乃中央履行它在“一國兩制”下的權責，不存在所謂“干預”香港內政的情況。事實上，2003 年中以後，中央對香港採取了“不干預但有所作為”的立場。

第四，領導人表明中央會全力支持特區政府和特首“依法施政”，而支持不再停留於口頭或形式上的支持，更多的會是實質的和有利於解決香港突出問題的支援，目的在於鞏固和強化特首和特區政府的管治威信，提升社會各界對他們的支持，減少或阻遏反對派對他們的各種攻擊。在某程度上中央準備直接與反對派交鋒和交往。換句話說，反對派今後不能再以特區政府和愛國力量為唯一的對手，而必須考慮到中央的可能反應。

第五，領導人表明願意盡可能回應和滿足港人的合理訴求，特別是與經濟發展和民生改善的訴求，而崛起中的中國則是香港日後持續發展的堅強後盾。至於港人的民主訴求，中央則採取審慎的態度，用委婉和務實的言語解釋當中的困難和障礙，同時希望港人從國際和國家的大局看問題，並以香港的基本利益考慮香港的民主發展的步伐和方式。

第六，領導人努力以國家觀念和民族大義相號召，盼望港人更多從中國人的角度思考香港的處境和出路，與內地同胞一起為中華民族的美好將來而奮鬥，並共同享受作為中國人的尊嚴和榮耀。中央顯然憂慮香港存在的一些“本土意識”、“兩制高於一國”的思維和各式抗拒回歸的心態對落實“一國兩制”的干擾和對“人心回歸”的阻礙。在此領導人對年輕人的思想心態尤其關注。

最後，領導人越來越對外部勢力介入香港事務引以為憂。外部勢力主要指西方反華反共勢力、台灣和各種意圖分裂中國的力量（比如藏獨、疆獨）。中央憂慮外部勢力利用香港在“一國兩制”下享有的各種自由和權利來進行顛覆活動，把香港轉化為“反共基地”。香港內部不穩肯定會為外部力量貽可乘之機，香港的一些反對力量則傾向與部分外部力量聯手對付中央。領導人的言論對外部力量的警惕日甚一日，而態度則越趨強硬。有關言論不僅是說給外部力量聽，也以港人為對象。中央要求港人負起維護國家和中央的安全和利益的呼籲是清楚不過的。

2003 年以來中央的對港政策部署

2003 年以來，中央以“劍及履及”的積極態度，通過一系列的措施、安排和行動來落實其“不干預但有所作為”的對港“新”政策。當然，整套政策還不能說是十分完整和全面，應該說還帶有濃厚的“摸着石頭過河”的色彩。但即便如此，“新”政策的輪廓已經頗為清晰，中央並在不同方面因應領導人的思路和目標而擬定具體對策。不過，我們也必須承認，中央眼中的香港突出問題不少是由歷史或結構性原因造成，不是短期內可以處理好，更遑論解決。此外，一些突出問題比如國家安全立法和民主發展，牽涉到國家的安全和利益與部分港人的訴求之間的嚴重矛盾，所以難以找到讓雙方都能夠接受的處理辦法。因此，縱然中央非常認真、慎重和願意運用一切辦法來爭取港人的好感、支持和愛戴，並不惜引來部分內地同胞抱怨中央過分"厚待"香港，但十年下來，中央的"新"政策雖然在若干方面取得成績，但總體成效仍然難以令中央滿意。實際上，中央還得不斷因應香港、國家和國際形勢的變化調整其"新"政策。[19]

2003 年中基本法第二十三條立法和港人對特區政府的嚴重不滿引發了大規模的反政府示威遊行，導致了國家安全立法的失敗、反對勢力聲威一時無兩、愛國力量在 2003 年底的區議會選舉中嚴重受挫、要求民主改革的聲音高唱入雲，特區的管治局面極其嚴峻。挑戰中央的言行也此起彼落。雖然反對勢力還沒有能力有效和充分利用這個難得機會進一步動員群眾和發動持續和連綿不斷的政治鬥爭行動，製造嚴重的政治動盪和危機，從而大幅改變香港的政治格局和特區與中央的關係，但香港政局的惡化已經足夠讓中央重新思考並調整其對港在"一國兩制"方針下的政策。

可以說，沒有 2003 年的變故，中央可能還會沿用其一貫的對港政策，理由是改變政策會帶來風險和不可知的後果。

2003 年以來，從中央在不同時間採取的大量措施、安排和行動中，我們可以概括出中央對港"新"政策的一系列比較明顯的內容。下面我會就那些內容提綱挈領予以論述。

逐步建立一套由中央最高層直接領導香港事務的機制

為了應對香港這個"嶄新"課題，中央逐步建立了一整套由中央領導人直接過問和 領導，並由相關的黨和政府主要機構組成的專門處理港澳問題的政治、行政和研究體制。在中央高層的領導

---

19 可參考內地法律學者程潔的文章。見 Jie Cheng, "The Story of a New Policy," *Hong Kong Journal* 07/01/2009, pp. 1-5（http://www.hkjournal.org/archive/2009_fall/1.htm.）

和協調下，可以較快和有效地向特區和特區政府提供支持。香港《文匯報》曾經罕有地詳細描述有關情況。我在這裏不能不作大幅引用：

“自十六大以來，中央對香港工作開創出一個嶄新局面。五年來，以胡錦濤為總書記的黨中央對香港事務的管理，在領導思路、領導規格、組織架構以及對港研究等四方面實現一系列重大突破。……首先，中央在領導思路上更加重視香港。具體反映在，十六屆中共中央不僅把香港作為實現‘一國兩制’偉大構思的一部分內容，而且在此基礎上，明確提出要‘把保持香港的繁榮穩定，作為執政黨治國理政的新課題’，這個前所未有的提法，反映對港政策已經上升到全局和政策的高度。其次，對港領導規格大幅提升。……十六屆中共中央成立以來，把對香港工作的組織領導也提升到一個更高層面。新一屆黨中央成立以中央政治局常委、國家副主席曾慶紅為領導的中央港澳工作協調小組。由中央政治局常委、國家副主席親自掛帥領導香港工作，可謂開創先河。與此同時，全國政協副主任廖暉同時擔任港澳辦主任，從而將港澳事務主管官員的位元階，提升到國家領導人行列。全國人大常委會下轄的香港基本法委員會主任，亦是由全國人大常委會副秘書長喬曉陽擔任。分析人士認為，這些人事安排，十分清晰體現中央對港工作的格外重視。第三，對港工作組織架構更為系統完善。在中央層面，十六屆以來黨中央成立了中央對港澳協調小組，除港澳辦、中聯辦等涉港部門外，將多個政府職能部門納入其中。例如，素有‘小國務院’之稱的發改委就在其中。分析人士指出，中央調動位高權重的強力部門首腦參與香港工作，有助於這些部門對香港的認知、重視、支持以及相互配合，從 CEPA 等中央一系列挺港政策可以看出，這一攬子架構是中央支援香港的有力保證。

在部門層面，中央直接涉港事務的港澳辦、中聯辦，在過去五年都在一定程度上發展壯大。港澳辦近年連續引進年富力強的幹部，加強中央涉港工作的活力。而中聯辦一位主任、八位副主任的格局，在內地同級部門中亦是最獨特的，從中不難看出中央對香港工作的重視和關心。據了解，中聯辦近年亦成立警聯部、青年工作部等新部門，將中央與香港的溝通向更為細緻的領域拓展。與此同時，國務院各部委都有專門的涉港工作職能部門。涉港工作一般都有一名副部長分管，一名司長或副司長直接主管。

過去五年，特別是在教育、衛生、食品衛生、警務等民生、安保領域，教育部、衛生部、國家食品藥品監督管理局、公安部門等部委與香港相關部門都建立了直接的溝通機制。……在地方層面，在粵港、深港合作日益緊密化的基礎上，泛珠三角區域合作亦向縱深邁進。以廣東為首的南部九省與香港、澳門成功建立了'9+2'區域合作機制。……

第四，成立專門對港研究機構。……中央重視香港工作還體現在高規格組織專門機構對香港事務進行全面、科學、系統地研究。2003 年 12 月，國務院發展研究中心成立港澳研究所。該所下設政治、經濟等多個研究室，召集國內外享有較高聲望的專家學者，成為國內涉港學術界最權威的研究機構之一，為中央涉港決策提供科學參考。" [20]

當然，多年下來出現了一些人事上、組織上和工作安排上的一些變動，但基本格局卻沒有改變。不過，中央的領導核心逐步加

20 《文匯報》，2007 年 10 月 13 日，頁 A3。

強了對整個涉及到香港事務的系統的駕馭，從而一個由中共總書記到中共中央港澳工作協調小組到國務院港澳辦到中聯辦的垂直領導機制已經成形，使得中央領導人得以更得心應手地制定和貫徹中央對港的政策。[21] 毫無疑問，中央領導和政府花費在香港這塊"小"地方上的人力、資源、時間和精神是不成比例的。這不但反映了香港對國家的重要性，更突出了中央對香港的局勢的擔憂。無論如何，一整套機構設置的建立，的確能讓中央有較大能力去了解和應對香港問題。

維護"一國"原則

中央最不能容忍的是"一國"原則和中央的權力與利益受到侵犯。2003 年以前，怯於港人和國際社會的可能反彈，即便是"一國"原則和中央的權力與利益受損，中央也儘量以"能忍則忍"、"息事寧人"的態度應對，甚少"出手"予以糾正，從而產生一些"積非為是"的不良後果。不少港人因此對"一國"原則和中央的權力與利益不清楚甚至有錯誤理解。[22] 2003 年後，中央對此逐步以較嚴肅和果斷姿態對待，認真行使中央權力以捍衛"一國"和中央的利益，並逐步有計劃地運用中央的權力糾正香港在實施"一國兩制"過程中的偏差，從而讓香港的發展重新回到中央定下的"一國兩制"的軌跡上。這個肯定是非常艱巨的政治工程。

中央領導人和官員多次提醒港人中國是一個單一制的國家，在單一制國家的結構形式下，香港享有的高度自治權來自中央的授

21　2013 年初，原港澳辦副主任張曉明代替彭清華出任中聯辦主任。這意味着統一和垂直領導的體制基本建成。

22　見劉兆佳，"回歸後香港的新政治遊戲規則與特區的管治"，《港澳研究》，春季號，2009 年，第 1-35 頁。

權，基本法乃一部授權法，不存在所謂“剩餘權力”的問題。從中央行使管治權的角度說，授權特別行政區實行高度自治，是中央對特別行政區實施管理的方式，而高度自治不等於完全自治，也就是說，自治權是有限度的。[23]

中央對維護“一國”原則和捍衛中央權力的決心，可以在兩樁事件中看見。其一是中央對香港的公民黨和社民連兩個激進反對黨派在 2010 年策動的“五區公投”行動的堅決反對和打擊，疾言厲色批評此舉悍然挑戰中國憲法、中央和基本法的權威，乃一樁嚴重違法違憲事件。中央的極其強烈的反應引起了港人的警覺和警惕，結果導致那場行動的徹底失敗。其二是中央在香港終審法院還沒有完成剛果（金）案審判前，中國外交部已經明確表明中國政府的嚴正立場，強調不會容忍國家利益受到侵犯，結果終審法院願意在特區政府的“建議”下尋求人大釋法，化解了一場政治和憲制“危機”。

2003 年基本法第二十三條立法失敗，對維護國家安全和利益而言是重大挫折，中央對此耿耿於懷，雖然明知港人對第二十三條立法還是疑慮重重，但中央還堅持不時提醒。近一兩年來，香港出現了一些違反“一國兩制”精神的聲音，特別是那些意圖把香港與內地隔離和對立起來的言論，引起了中央的高度關注。在闡述胡錦濤總書記的中共十八大報告時，國務院港澳辦公室副主任（後來成為中聯辦主任）張曉明對此有所說明：“堅持‘一國’原則，最根本的就是要維護國家主權、安全、發展利益，而不能做有損於國家主權、安全、發展利益的事情。為此，香港基本法和澳門基本法第

23 見張曉明，“豐富‘一國兩制’實踐”，載於本書編寫組編，《十八大報告：輔導讀本》（北京：人民出版社，2012），第 339-347 頁；又見國務院發展研究中心港澳研究所編，《香港基本法讀本》（北京：商務印書館，2009），第 34-68 頁。

二十三條都規定特別行政區應自行立法禁止叛國、分裂國家、煽動叛亂、顛覆中央人民政府及竊取國家機密等危害國家安全的行為。……香港特別行政區政府、社會團體和各界人士應當履行應盡的憲制責任，適時完成這一立法。對於在特別行政區鼓吹'全面公投'、'城邦自治運動'等有違'一國'原則的言論，社會各界人士也應該高度警惕。"

鑒於部分港人傾向把中國和中國人民的利益和中國共產黨的利益對立起來，認為香港的反共勢力更能代表中國人民的訴求，因此有責任利用香港"一制"提供的"方便"推動內地結束"一黨專政"並走向"和平演變"。對此張曉明指出："特別行政區居民要深入了解國情，充分認識到中國共產黨在國家中的領導地位、中國特色社會主義制度的確立，是歷史和人民的選擇；充分認識到中國共產黨有能力領導人民逐步解決國家現存的各種突出問題。我們形象講'井水不犯河水'，就是強調要有這種相互尊重，求'一國'之大同，存'兩制'之大異。這也是內地和特別行政區長期和諧相處之道。"

一直以來，中央對人大釋法作為一種維護國家利益和中央權力的手段了然在胸，但考慮到港人尤其是香港法律界和司法界的大力抗拒，及西方國家的高度關注，中央的立場是除非迫不得已，寧願讓問題懸而不決。[24] 久而久之，香港反對派對人大釋法的負面態度逐漸成為不少港人的看法。張曉明指責香港"某些人以普通法制度下解釋法律由法院負責為由，排斥全國人大常委會解釋基本法的權力，甚至危言聳聽地攻擊全國人大常委會釋法損害香港的司法獨

24　2003 年以前，為了息事寧人，中央傾向坐視不理立法機關和司法機關對基本法的曲解，除了在 1999 年高調批判香港終審法院試圖否定全國人大常委會的權威和權力，從而迫使它改變立場外，人大常委會只曾於 1999 年 6 月 26 日應特區政府的請求，就基本法第二十二條第四款和第二十四條第二款第（三）項有關居留權的條文進行解釋。

立，至今仍在宣稱特別行政區法院有權判決全國人大常委會的有關解釋和決定違法，這恰恰是無視基本法的規定、不尊重中央依法享有的權力的表現。”不過，回歸後四次人大釋法基本上都沒有引起港人的強力反彈（法律界例外）。2003年以來，中央越來越不把人大釋法視為“禁區”。[25] 我的感覺是中央較前願意通過不同管道（官員的說話、學者的論述、基本法委員會委員的說道、“親北京”媒體的報導和評論）來表達中央對涉及到基本法條文的看法，引導港人特別是法律界人士關注和思考，從而對他們造成影響。假如出現與基本法不符合的情況或可能出現那些情況時，我的設想是中央不會再如前般在人大釋法一事上因過於猶豫而趑趄不前。

更多講述中央對“一國兩制”和基本法的立場

更多講述中央對“一國兩制”和基本法的立場的目的是為了糾正港人在認識上的偏差，並爭取重掌話語權。一直以來，無論在回歸前或回歸後，儘管中央領導人和官員不厭其煩的講述“一國兩制”和基本法的意義和內容，但不少港人仍然缺乏正確的理解，甚至有明顯的誤解。部分認識上的偏差源於人們對香港回歸祖國的抵觸情緒，而更大的部分則由於英國人和反對勢力的刻意曲解和有心誤導，把“兩制”凌駕於“一國”，把“高度自治”演繹為“完全自治”。他們的目的是要港人按照他們對“一國兩制”和基本法的定調來對中央提出要求和施加壓力，讓香港在回歸後沿着與國家割離的方向走，並“永遠”依附於西方世界。回歸前，特區政府尚未成

25 2004年後全國人大常委會的釋法和其他決定包括：2004年4月6日就基本法附件一第七條和附件二第三條進行解釋；2004年4月26日就香港特區2007年行政長官和2008年立法會產生辦法作出決定，明確否定2008年雙普選；2005年4月27日就基本法第五十三條第二款進行解釋，闡明行政長官任期問題；2007年底決定2017年可實行行政長官普選，立法會可隨後進行普選。

立，中央作為特區政府的代表有責任和需要不斷駁斥那些歪論，同時闡明國家的立場。可惜的是，在“不干預”的方針下，中央和內地人士紛紛在香港事務上三緘其口，任由西方和反對勢力講述和解釋何謂“一國兩制”和基本法。香港的愛國力量由於仍然不太受港人信任，加上他們缺乏相關的權威和地位，因此難以與對手抗衡。久而久之，有關回歸後的香港應該如何處理與國家和中央的關係、政治體制和民主改革、行政、立法和司法的關係、港人的權利和義務等重大課題的闡述的“話語權”便落在西方和反對派的手上，幾乎已經到了積重難返的地步。最經典的示例是本來目的在於維護國家安全的基本法第 23 條立法工作被重新定義為“捍衛香港的人權與自由”的鬥爭。

2003 年以來，中央陸續採取行動以圖匡正局面。中央領導人、官員和內地的專家學者不時就“一國兩制”和基本法發言。在香港各界熱烈討論政制改革的時候，內地人士的論述尤其踴躍。中央主動積極表明立場，有利於動員愛國人士投身於與反對勢力的論戰之中。目前，不可否認的是話語權仍然掌握在西方和反對派之手，但中央重新投入“戰鬥”也的確帶來了一些積極效果。中共中央政治局常委俞正聲於 2013 年 3 月 6 日與港澳政協委員會晤時，明確表示要“確保愛國愛港、愛國愛澳的力量在香港、澳門的長期執政”，並要求港澳政協委員在面對“歪風邪氣”時要發聲。[26]

另外一項爭奪話語權的舉措是藉助國民教育的推行，讓青少年對“一國兩制”和基本法有正確的理解。中央領導人經常對香港

26　俞正聲指出，香港有的極端化傾向走的太遠，如有人在香港舉英國殖民地旗，稱香港要獨立，雖然是個別的人，但如果對這種行為沒有鮮明的態度，任其發展下去，那後果是不堪設想的。見《大公報》，2013 年 3 月 7 日，頁 A1。

特首諄諄訓誨，要求特區政府着力推行國民教育。不過，特區政府的公務員對此缺乏熱情，而且顧慮多多，但有時又過猶不及，遂使國民教育在學校內推行不順。香港學校對中國歷史和語文科目又重視不足，因此不能好像其他國家般通過那些學科來孕育家國情懷。在難以在學校推展國民教育的情況下，愛國組織在中央駐港機構的支持和特區政府的配合下大力開展香港青少年到內地交流和參觀的活動。當然，跟正規學校教育相比，交流和參觀活動的成效畢竟有限，因為參加的人數以至教育的“強度”和深度都欠理想。

曾蔭權特首在任期屆滿之前“突然”提出在學校引進必修的國民教育科，希望強化學校內的國民教育工作，但在其任期結束前特區政府卻沒有做好適當的“鋪墊”工程，爭取社會各界支援有關政策。畢竟在學校開設國民教育科在政治上本身是十分敏感的事，處理不好的話反而給反對派予攻擊中央和特區政府的可乘之機。梁振英特首上台後，其“紅色”政治背景已經使不少港人對其政治動機產生懷疑，因而為在學校推行國民教育帶來新的難題。更不幸的是個別突發事件的出現（例如被批評為國民教育的“課本”（《中國模式》一書）的出現），讓反對國民教育的力量手握“證據”指責特區政府意圖向中小學學生“洗腦”，讓“無知”的青少年盲目相信和熱愛中國共產黨，從而剝奪香港下一代自由思考的能力。反對勢力非常有效地發起大規模的政治行動，充分利用學生和家長的擔憂、恐懼和揮之不去的“疑共”情緒，要求特區政府“撤回”國民教育科，甚至永久放棄那項工作。在此次圍繞着國民教育的戰鬥中，特區政府進退失據，患得患失，既不能義正詞嚴申述國民教育的大義，又無意和無力動員社會上支持國民教育的力量參與戰鬥，反而迅速退讓，在可預見的將來擱置在學校推行國民教育，並讓學校自行決定是否及如何推行國民教育。特區政府的敗陣，是香港推行國民教育的重大挫敗。國民教育不但從此蒙上“污名”，連帶那些與它有密切關係的內地交流和參觀活動也受到波及，短期而言國民教育在香港難以有效推動。這肯定是“一國兩制”在落實上的一大挫折。

從中央的角度而言，在香港推廣基本法是推動港人正確認識基本法尤其是基本法背後的中央對港政策和思路極為重要的政治工作，更是愛國力量與反對勢力爭奪話語權的重要手段。這項繁重工作主力由特區政府承擔。然而，2003 年以前，特區政府對此工作毫不熱衷。理由之一無疑是特區政府已經要窮於應付各種危機的衝擊，難以把基本法推廣當作優先施政專案。另外一個理由乃是不少高層官員（絕大部分是從殖民政府過渡而來的公務員）對香港回歸祖國仍有抵觸情緒，對推廣那些與他們的政治理念相左的東西老大不願意。由政務司司長陳方安生領導的基本法推廣督導委員會的工作只屬聊備一格，難言成效。2003 年後的推廣力度有所加大，主要還是依靠愛國團體牽頭，通過舉辦一些活動來進行。特區政府也在學校和公務員隊伍內加入學習基本法的元素，甚至把對基本法的認識確定為招聘公務員時考核標準之一。然而，總體努力仍相當不足。更要害的，是基本法的推廣工作比較集中在與港人的權利和生活有關的基本法條文。至於那些至關重要的內容比如中央對港的“一國兩制”方針背後的核心思想、香港高度自治的權力來源、中央與特區的權力關係、政治體制設計背後的原則和目標等卻往往被忽略，而那些內容恰恰就是反對勢力竭力向港人灌輸“不正確”認識的部分。反對派人士尤其利用香港發生政治爭議的機會傾力宣傳他們的一套有異於中央的道理，使得不少港人不但對基本法的理解模糊，更嚴重的是對基本法的中心內容產生錯誤的認識。這種情況肯定對嚴格執行“一國兩制”方針和準確落實基本法不利。我們可以這樣說，回歸以來的基本法推廣工作雖取得一些成果，但卻難以抵消反對勢力在香港造成的負面影響。儘管國家領導人和中央官員不時就基本法的關鍵內容作出闡述，力圖糾正局面，但一來次數有限，二來其論述手法不容易讓港人明白，所以作用也是不大。

中央加強與特區政府的合作關係

中央加強與特區政府的合作關係，可以在適當時候向特區政府提出意見和建議。2003 年以前，為了尊重特區的高度自治和特首的管治自主性，中央儘量放手讓特區政府管理香港，中央領導人和官員甚少就香港的管治和公共政策提出自己的意見。有些時候當特首向中央提出問題和建議，並尋求中央的意見或探求中央的態度時，中央往往不予回應，反而責成特區政府自行處理。當然，這並不表示中央完全不向特區政府提出要求與期望。中央肯定希望特區政府能夠切實維護中央的權力和權威、保衛國家的安全、防範香港出現衝擊中央的行動和事故、防止敵對勢力利用香港為“反共基地”、扶植愛國力量和推行“國民教育”等對促進兩地關係和人心回歸有利的事情。當然，中央也明白在回歸初期，當港人的反共、恐共和疑共心態仍然頗為普遍的環境下，特區政府其實在不少事情上力有不逮，甚至有些時候怯於政治後果不單力不足，心也不足。基本法第二十三條立法不但以失敗告終，而且更助長了反對派的氣焰便是一例。推行“國民教育”遇到頑抗而被迫退卻又是一例。反共勢力和媒體在香港肆無忌憚地攻擊中央和醜化內地同胞是另一例子。體制上屬於特區政府的香港電台不斷對中央作出批評和揶揄又是另一例子。所以，即便中央對特區政府的難處有所理解，但私底下仍難免對特區政府的表現不時流露失望與怨懟之情。

2003年以前，中央傾向視反對勢力為香港政局混亂和管治困難的"罪魁禍首"，因此把精神和資源主要投放在削弱反對力量上，重點對其進行口誅筆伐，並向港人宣傳反對派的主張和行為不符合"一國兩制"，也違背香港的根本利益。然而，一方面由於中央執行相關部署的力度和手法不足，另方面中央亦缺乏有效的懲罰與獎賞手段，因此中央打擊反對派的目標沒有達到，反而反對勢力可以利用中央的打壓爭取港人對受中共"打壓"的"受害者"的同情。慢慢地，中央意識到強化香港的管治力量才是應對問題的關鍵，畢竟"一國兩制"方針落實與否，與特區政府的政治和執行能力有莫大關係，因此越來越重視中央與特區政府的溝通和合作。循着這個思路發展，中央領導人和官員與特區政府尤其是特首的接觸和商談持續增加。通過更頻密的互動，中央希望特首更多了解中央對國際局勢、內地情況、國家的大政方針和香港形勢和挑戰的想法、顧慮和處理的方向與辦法。由於中央加強了對香港情勢和問題的研究，領導人和官員越來越有信心和能力對特首和特區政府進行"耳提面命"，部分中央對香港情況公開提出的分析和建議甚至得到港人的普遍認同，形成了中央與港人"聯手"向特區政府在經濟和民生事務上施加壓力的有趣現象。溫家寶總理的諄諄告誡尤其為港人所受落，但卻使得特首尷尬不已。

中央與特區政府的交往的增加，亦讓中央更好了解和掌握香港不斷變化的局勢和民意的變化，使得中央能夠更好地制定對港政策。當然，鑒於特首從自身政治利益出發會傾向對中央"報喜不報憂"，中央也不會完全相信和倚靠來自特區政府的分析。中央的不同領導人和部門各有自己的管道收集香港的"情報"，也有越來越多的內地機構、人員和智庫到港與香港各界人士（包括反對派）接觸，收集材料，並向上級彙報。自然地中聯辦更是協助中央掌握香港情況的重要部門。然而，我有理由相信，過去的情況是中央對回歸後香港的形勢掌握不足，後來的情況則是因為材料太多而且混亂，使得中央也難以準確和全面掌握香港的局勢和民情。不過，既然中央要求特區政府向它提供它對香港情況的描述、研判、分析，並在此基礎上提出自己的見解和對策，以至中央應該和不應該對香港做那些事，特首為了不辜負中央的重托因此有壓力和需要滿足中央的“指令”和要求。特區政府既然知道中央還有其他管道了解香港的情況，則它也不得不以較坦率的態度向中央彙報。此外，中央也越來越對特區政府的施政方針和人事安排感到興趣，尤其是那些須要中央支持或配合的政策和須要中央任免的主要官員。通過對特區政府的意圖和工作的較為細緻的掌握，中央可以更好地擬定中央與特區政府加強合作的計劃、方針與舉措。隨着內地與香港的經濟聯繫和其他方面互動的快速增長，中央與特區政府的接觸也更趨頻密。

在“不干預但有所作為”的原則下，中央希望藉助加強中央與特區政府的攜手合作來匡正香港的局面，特別是改善香港的管治效能。不可避免的，這方面的發展惹來了一些港人的批評，亦令部分港人感到擔憂。“中央干預香港事務”、“中央破壞香港的高度自治”和“港人治港名存實亡”等指控也紛至遝來，但它們都無阻兩個政府加強合作的趨勢的發展。

胡錦濤主席的十八大報告不但肯定這個發展趨勢，而且還要求兩個政府的合作朝着規範化、制度化、具體化和細緻化的方向前進。對此張曉明有所說明：“要進一步完善行政長官向中央政府述職和報告重要情況、重大事項的制度，把行政長官向中央負責的關係落實好；完善與行政長官和主要官員任命相關的制度，把中央對主要官員的任命權落實好……。”

強化中央和特區政府的關係也牽涉到確保特區的行政機關的核心成員竭誠擁護中央的重大問題。中央不擔心主要官員的效忠問題，因為他們的提名權雖在特首，但任命權卻控制在中央的手中。誠然，中央一般傾向尊重特首提名的人選，很少提出異議，尤其是回歸初期。不過，隨着時間的推移，中央對主要官員的人選越加重視，越來越不願意只做“橡皮圖章”，因此對特首提名的人選趨向認真考量。即便在任命後，中央對主要官員的工作表現也密切觀察，甚至就他們主理的政策範疇直接或間接提出自己的看法讓他們考慮。一般情況下，主要官員也願意虛心聆聽，有時甚至欣賞中央提出的研判和建議。

與主要官員不同，高層公務員位高權重，但他們享有“鐵飯碗”的保障，中央的人事任免權不能應用在他們身上。此外，高層的政務官又掌握了其他政務官和公務員的仕途，所以廣大公務員隊伍不能不聽命於高層官員特別是政務官的領導。因此，以政務官為首的高層公務員是否對中央輸誠，和是否鼎力支持中央任命的主要官員，無疑是中央時刻不能忘懷的事。中央由始至終十分清楚，經過一個半世紀西方和殖民政府的教育、培訓及薰陶，由英國人建立起來的香港公務員隊伍雖然具有高效和廉潔的優點，但他們的思維模式和意識形態卻明顯帶有親西方、反共、精英主義和傲慢的心理特徵。他們當中不少人瞧不起內地的一套辦事方式，對中央政府和中國共產黨不服氣，對北京委任的特首有某種抵觸情緒，而且懷抱一定的地方主義情操。“一國”的概念頗為淡薄。一直以來，如何促使香港的高層官員認同國家、效忠中央、正確理解“一國兩制”和鼎力擁護行政長官是中央時刻牽掛和頭疼的重要課題。回歸初期，政務司司長陳方安生和部分高層官員與特首董建華之間“不咬弦”的確令中央對公務員的忠誠失望。為了增加高層官員對國家的歷史、發展戰略和挑戰、國家面對的國際形勢及國家的對港政策的認識、“端正”高層官員的心態，中央陸續採取了一些措施，包括幾經猶豫後批准特區政府引入政治任命制（主要官員問責制）以加強領導班子對公務員隊伍的駕馭、中央領導人和官員不斷重申中央對公務員隊伍的器重和倚賴、加強中央部門與特區政府部門之間的交流和合作、設立不同級別的培訓班（例如國家行政學院、其他行政學院和清華大學的培訓課程）、強化特區政府內部的公務員培訓工作、組織公務員到內地參觀訪問等。這些措施的成效如何很難評估，但肯定有一定作用。更重要的是，隨着時間的推移和兩地交往的增加，不少高層公務員其實也漸漸地調整他們對中央和內地的態度。無論是出於政治現實考量或基於自身利益考慮，大部分高層官員都會選擇儘量與特首和中央合作。

毫無疑問，對於如何改善香港的政治和管治情況，中央的立場相當明確，那就是把工作重點放在特區政府上而不是放在反對派上。中央的判斷是，假如特區政府能夠好好在香港落實“一國兩制”，把香港管理好，把政治形勢駕馭好，則無論反對派如何興風作浪都不足為患。

強化特首的威信和表現

當中央決定了要主動和積極與特區政府加強合作，推動“一國兩制"在香港的落實後，如何強化特首的管治威信和提升他的施政表現便成為重中之重的政治任務。然而，中央明白到香港本身因為歷史的原因嚴重缺乏政治人才，具有崇高威望的政治人物更是絕無僅有。建制派人士當中固然沒有眾望所歸的政治領袖，反對派其實也受到政治人才匱乏之苦。不少港人"本能性"地認定香港的特首必然會以北京馬首是瞻，不可能完全以港人利益為依歸，因此不會高度信任特首。在可預見的將來，所有香港的特首都難逃這個政治"宿命"。中央當然明白這個道理，因此它從來沒有奢望可以通過中央的努力讓香港出現一位深受港人愛戴的特首。考慮到香港的政治現實，中央的實際目標是希望特首在中央的支持下能夠享有一定的民望，從而能夠達到一定的管治有效性。為此，2003 年後中央採取了一系列的措施和動作。

首先，中央在選拔特首時，頗為重視港人對他的觀感和態度。2005 年，董建華以"健康"為由辭去行政長官職務，[27] 中央遂利用這個機會挑選背景為前殖民政府高官但頗受港人歡迎的曾蔭權為新的特首。中央此舉使得不少愛國人士大惑不解，並產生強烈的抵觸情緒。不過，中央這個異乎尋常的決定卻在一段時間內顯著提升了特區政府的威望和行政效率，使反對派失去了攻擊的對象，同時改善了香港的政治局面。2012 年的特首選舉中，中央放棄了多年培養但在選舉中受醜聞困擾且表現不濟的唐英年，轉為支持有"紅色背景"但藉助"求變"旗號在民意調查中壓倒唐英年的梁振英為第四任特首。這些示例實際上逐漸令港人相信中央在

27　2003 年發生的大規模遊行示威，對董建華的威信造成了重大的衝擊，但他的民望在一年後卻出現緩慢上升的勢頭，而香港社會大致上保持穩定。因此，大部分港人不相信董建華是自願請辭，而是被中央勸退。此事引起各方面議論紛紛，並且對北京的意圖作出種種猜測。

物色和挑選特首的人選時非常重視其人在港人心目中的形象，對提升行政長官的選舉制度的“認受性”有一些幫助。然而，不容忽視的，是中央的做法產生了一個“負面”後果。那就是港人同時也盼望甚至要求中央撤換港人不信任或不喜歡的特首。假如中央不“俯順”民意的話，則不但特首的處境艱難，連帶中央也要賠上自己的威信。

第二，中央儘量順應特首提出的請求，推出大量有利於香港的政策和決定，好讓港人覺得特首得到中央的高度信任和支持，從而強化特首在香港的管治威信。2003 年前，考慮到香港的承受能力特別在治安管理方面，中央對開放內地同胞到港“個人遊”或“自由行”思量再三。對於特首董建華提出的兩地簽訂“自由貿易協定”的建議，中央起初也因為顧慮到國際社會的反應而欠積極。2003 年後，為了穩定香港的大局，中央很快便同意了特首的請求。接着下來的一連串舉措，包括鼓勵更多的內地企業到香港股票市場上市、在香港開闢越來越多的人民幣業務、協助香港建立為全球主要的離岸人民幣金融中心、加強粵港經濟合作、促進香港與深圳的合作、允許香港參與國家的五年規劃、[28] 扶助香港新

28 國家十二五規劃甚至讓香港和澳門部分獨立成章，以顯示對港澳發展的重視和支持。《中華人民共和國國民經濟和社會發展第十二個五年規劃綱要》中有關港澳的部分有如下文字：“繼續支持香港發展金融、航運、物流、旅遊、專業服務、資訊以至其他高增值服務業，支持香港發展為離岸人民幣業務中心和國際資產管理中心，支持香港發展高價值貨物存貨管理及區域分銷中心，鞏固和提升香港國際金融、貿易、航運中心的地位，增強金融中心的全球影響力……。支持港澳增強產業創新能力，加快培育新的經濟增長點，推動社會經濟協調發展。支援香港環保、醫療服務、教育服務、檢測和認證、創新科技、文化創意等優勢產業發展，拓展合作領域和服務範圍……。加強內地和香港、澳門交流合作，繼續實施更緊密經貿關係安排。深化粵港合作，落實粵港、粵澳合作框架協定，促進區域經濟共同發展，打造更具綜合競爭力的世界級城市群。支持建設以香港金融體系為龍頭、珠江三角洲城市金融資源服務為支撐的金融合作區域，打造世界先進製造業和現代服務業基地，構建現代流通經濟圈，支持廣東在對港澳服務業開放中先行先試，並逐步將先行先試拓展到其他地區。加快共建粵港澳優質生活圈步伐。加強規劃協調，完善珠江三角洲地區與港澳的交通運輸體系。加強內地與港澳文化、體育的領域交流與合作。”

產業的發展、逐步為香港的產品和服務開放內地市場、協助香港舉辦更多的國際活動和盛事、支持香港以某種身份加入中國與東盟的自由貿易區等。除了這些重大政策外，凡是有助於改善香港民生的事，比如打擊"水貨客"、阻遏"雙非孕婦"來港產子，中央對特首的要求也盡可能接納。中央對香港優禮有加，實際上也要付出一些代價。內地同胞對此頗有微言，特別是一些地方官員和內地同胞覺得香港沒有充分履行對國家的責任，又越來越依靠國家的"照顧"，然而對內地還是顯露優越心態和逆反情緒。中央允許香港發展人民幣業務，國家並因此要進一步開放資本賬戶，這對國家的金融安全構成一定的風險不言而喻。當然，中央的惠港措施在相當程度上對國家的發展有利，符合國家的發展戰略和國際戰略，因此帶有"雙贏"性質。即便如此，國家刻意向香港"讓利"仍是彰彰甚明的。

第三，就算在香港的政制改革的事情上，只要不觸及到中央的"底線"，中央也願意作出一定的"讓步"，目的在於部分滿足港人的民主訴求。儘管考慮到行政長官和立法會選舉安排的開放都有可能加劇香港管治的困難、壯大香港反對派的力量、激化民粹主義和要求、惡化行政機關和立法會的對立和增加港人與中央的摩擦，中央還是願意回應特首曾蔭權的建議，分別在 2005 年、2007 年和 2010 年同意讓香港的兩個選舉辦法向前邁進。中央在 2007 年甚至承諾允許香港在 2017 年普選行政長官，並讓立法會緊隨其後全面由普選產生。當然，反對派和部分港人對中央的"讓步"依然不滿，批評民主化的步伐太慢，幅度太小。2005 年特首提出的政改方案更在立法會遭否決。不過，中央提出的循序漸進發展民主的原則，大體上獲得港人的接受，儘管在民主化的課題上，中央的立場和個人的訴求仍有一定的差距。

第四，中央在經濟上的惠港政策，縮小了港人與中央和內地的距離。回歸以來，香港飽受金融危機、經濟低迷、產業結構單一和國際競爭力下降之苦。上面提到的中央一系列有利於香港經濟發展的政策，對不少港人來說是“及時雨”，不單可以刺激經濟增長，也有利於振奮人心。不過，那些政策也陸續帶來了一些新問題和新困擾，比如內地同胞過分佔用香港本已緊絀的公共設施和服務、過多“搶購”日用品和必須品而令港人日常生活受到牽累、兩地同胞因文化、語言、生活方式和社交習慣的差異而引發的人際間的摩擦等。更值得關心的，是國家的崛起、部分內地同胞率先富起來、港人對內地同胞的優越感受挫、港人心理不平衡等因素導致了港人排拒內地同胞的情緒陡然滋生並不斷發酵。儘管如此，總的來說，港人對中央的支持和關心還是心存感激的。

中央支持特區政府“依法施政”

中央擴大、組織和動員愛國力量支援特區政府“依法施政”，並竭力減少建制陣營內反對特首的聲音。2003 年以後，中央加大力度推動各類支持中央的政治和社會團體的成立與發展，且取得了不錯的成績。那些組織的涵蓋面甚廣，包括地區、教育、文化、勞工、青年、婦女、專業、工商等眾多領域。參與那些團體活動的人不僅是左派或傳統愛國人士，還招攬了一些“中間”人士，從而擴大了政治上的團結面。香港地區的全國人大代表原來絕大部分來自左派陣營，但非左派的人士的比例有持續上升的趨勢。港人在全國政協委員中的比例有所增加，超過一半委員屬於“主流”精英分子，過去更與中國共產黨沾不上邊。大約五千名港人又獲委任為各級地方政協的委員，當中不少人乃社會上知名和有影響力的人士。可以這樣説，除了反對派人士外，幾乎所有在香港“有頭有面”的各界人士都獲得某種來自中央的承認和器重。回歸初期，中央“禁止”港區全國人大代表和全國政協委員就特區事務高調發言，以免引起港人的敏感反應，以為中央意圖在香港設立第二權力中心，並通過它“干預”香港事務。[29] 2003 年後，為了壯大建制力量以抗衡反對勢力，並為特區政府營造更雄厚的社會支持基礎，中央越來越鼓勵人大代表和政協委員積極參與香港的政治和社會事務，鼎力支援特區政府“依法施政”和反擊反對派的言論。港人在回歸後的經歷增加了他們對“一國兩制”的信心，縮窄了過去他們與人大代表和政協委員的鴻溝。港人對人大代表和政協委員“過問”香港事務因此較能以“平常心”看待。然而，人大代表和各級政協委員的人數雖多，但具有參政和議政能力和興趣的人卻仍是鳳毛麟角。

中央在擴大和動員建制力量的努力雖有若干成效，但在提升特區管治效能、抗衡反對派和穩定香港的政局等方面的成績還只是差強人意。其中有幾個原因。一是建制力量只是一群鬆散的人群，內部人士關係複雜，山頭眾多，利益矛盾突出，難以扭成為一股有戰鬥力的隊伍。二是建制力量並非“執政黨”，基本上是在特區政府以外的支持者，與特首的理念和利益並非一致。建制派人士因各種原因願意擁護中央，但他們卻並不服從特首的領導。實質上，建制力量與特區政府是“兩張皮”，沒有抱團成為患難與共、進退一

29　2000 年 3 月 9 日，姜恩柱在九屆全國人大三次會議香港特區代表團討論發言時表示，香港回歸祖國後，由於實行“一國兩制”，香港特區不實行人民代表制度。在“一國兩制”條件下，港區全國人大代表如何發揮作用，這是一個全新的課題，需要不斷探索並且加以完善。港區人大代表雖然不斷要求積極參與香港事務，但中央起初不為所動，後來在中聯辦內為他們提供聚會與會議的地方。不過。港區人大代表不能擁有正式或官方的辦事處，以避免成為“權力中心”或接受港人請願、陳情、遊説或抗議的地方。

致的“政治命運共同體”。三是部分建制派頭面人物與特首不但欠缺相互信任，甚至是互不相容。四是建制派中的愛國人士感到在回歸後沒有受到重用，受到器重的反而是一些在回歸前依附英國人的公務員和精英分子。要求他們與特區政府忠誠合作肯定是緣木求魚。建制派中公開批評特首或在背後詆毀他的人所在多有。中央需要不時“出手”加以勸説，或施加壓力，雖然在表面上減少了摩擦，但實際上難以改變局面。

然而，基於各種政治考慮和顧慮，中央不願意在香港建立類似“執政黨”的管治聯盟這樣的組織。[30] 香港因此出現世界上罕有的“沒有執政黨的政黨政治”。[31] 縱然如此，為了更好的駕馭香港越趨複雜和混亂的政局和反制反對派，中央對愛國愛港力量越加重視，並強化了他們的團結性。事實上，2009 年反對派“五區公投”事故發生後，中央越來越依靠愛國愛港力量維護其利益，抗擊反對派，並以之對特區政府施加壓力，原因是特區政府內部有部分官員的法律觀點與中央的迥異，特首和特區政府都未能理直氣壯和義無

30 對於建立一個擁護中央的管治聯盟作為特區的主導政治勢力，中央顧慮重重。首先，由於中央在其成立、組織和運作中要扮演關鍵角色，這除了是一件頗為艱巨的任務外，也會令中央捲入香港的內部矛盾之中，甚至使中央與部分愛國力量（主要是“舊”建制勢力）發生摩擦，對團結各方面不利。第二，港人及外國勢力會指摘中央干預香港內部事務，違背讓港人高度自治的承諾，損害中國的國際聲譽。第三，管治聯盟內的一些團體和人物，無可避免地會是民意領袖或民選產生的政客。為了照顧民意，他們所持的立場在某些情況下會與中央的取態相左，如何確保整個管治聯盟的政治立場不會偏離中央的對港政策，確實是一個難題。第四，如果管治聯盟的黏合劑是各聯盟成員對中央的擁護，則來自不同社會階級背景的成員的矛盾便無可回避，在階級矛盾日益尖鋭情況下亦難以協調。隨着香港政治形勢的不斷變化，中央與港人的矛盾大為淡化或根本不再是重要政治議題，則聯盟內的階級矛盾勢必激化上升為主要矛盾，並嚴重威脅聯盟的團結性，甚而導致聯盟的正式分裂，聯盟內的不同成員選擇與聯盟外的一些相同階級或社會背景的力量結合（包括一些屬於反對派的分子）起來另組新勢力。在這種情況下，中央便要面對向哪一方傾斜的兩難局面。最後，也不能完全排除一個可能發生的不好的情況，那就是，聯盟內的矛盾轉化為中央內部的矛盾，聯盟內的不同勢力在中央各自有支持者，從而令中央也要面對矛盾處理的問題。

31 劉兆佳，“沒有執政黨的政黨政治——香港的獨特政治現象”，《港澳研究》，冬季號，2012 年，第 52-81 頁。

反顧地在重大原則立場上站在中央一方。在中央的眼中，特區政府是理所當然的愛國愛港力量的領導者，但卻非是必然的領導者，最終取決於特首和主要官員的志向與表現和中央對他們的信任。

儘管如此，隨着香港的政治格局在回歸後仍有不少與中央定下來的"一國兩制"構思背離，中央在認真運用中央手上的權力以"匡正"局面時，也有需要進一步動員和組織愛國愛港力量以作配合。因此，組建一個擁護中央的、有相當規模和凝聚力的管治聯盟便急不容緩。考慮到中央的顧慮和困難，比較可能出現的擁護中央的管治聯盟可能具有以下特徵。

第一，它是一個政治網路，而非一個嚴密的政治組織，更遑論是一個具規模的政黨。它是一個包羅數量不少的團體和人物的組合。第二，它沒有一套完整的、有明確和縝密理論基礎的政治綱領，同盟內成員的共通點是擁護中央和認同中央所制定和定義的"一國兩制"方針，並贊同循序漸進發展香港的民主政制。第三，它蘊含了不少難以調解的社會和階級矛盾，而在一些非大是大非的政治議題上往往會各不相讓，但也不至於各走極端。第四，既然不是一個嚴密組織，它只能維持某程度的組織紀律。第五，它的成員來自行政機關、立法會、區議會、全國人大代表、各級政協委員、重要的諮詢組織的成員、支援政府的媒體、學者和智庫、工商界人士、以及各個親建制的民間組織。第六，管治聯盟與反對派的最大分歧在於對中央、特區政府和香港政制發展的態度。不過，長遠而言，隨着這些政治議題的相對重要性下降，而經濟、社會和民生問題日形突出，管治聯盟內部分成員與反對派內部分成員之間的合作會增加，而管治聯盟與反對派之間的分界亦會轉趨模糊。第七，管治聯盟的組成和大小有伸縮性，但總的趨勢是聯盟會不斷擴張，愛國愛港者的定義會愈加寬鬆，而更多的所謂“中間派”人士和溫和反對派人士會陸續加入。第八，管治聯盟不會有一個清晰的而又具高透明度和公開運作的司令部或指揮中心，但一個由中央人員、特區政府官員和同盟內核心成員組成的“領導小組”卻一定會存在，而且非存在不可。它的主要功能是制定政策和領導聯盟的工作。第九，中央在組建管治聯盟和維繫其完整性和高紀律方面有不可取代的角色。香港的政治人物大都自命不凡，不願意接受其他人的領導，缺乏眾望所歸的領袖，要求港人政治人物去招攬人才加入聯盟，成效不會彰顯。即使行政長官也因為任期所限而只能是短暫領袖，所以他的招攬能力也不可能很強（被招攬對象會擔心過分依附某一位特首而失寵於另一位特首）。只有中央才代表一股永久政治力量，與中央結盟才可以長久保障自身的利益。只有中央才有足夠的賞罰能力去招攬政治人才和維護同盟的紀律。惟其如此，一個能夠確保“一國兩制”成功落實和促進特區有效管治的管治聯盟必然是一個以中央為核心的管治同盟。

雖然中央對組建管治聯盟的保留和懷疑態度揮之不去，但其實相關的工作近年來正在默不作聲地進行。中央及其駐港機構對香港各界的統戰工作正在加大力度，而統戰的層面在不斷擴闊。不少政治態度較為中性或模糊的中產階級專業人士紛紛尋求與中央建立良好關係，當然不少人是從自身的利益出發。近年來大量的來自各方面的精英被吸納進各級政協之中便可為明證。回歸後眾多愛國團體像雨後春筍般出現，而它們又在立法會和區議會選舉中積極支援親政府的候選人，在某程度上左右了選舉的結果。愛國愛港力量在不斷壯大的同時，行動和口徑也較前一致。一個明顯的例子是愛國愛港力量在 2005 年一起支持特區政府提出的 2007 年行政長官產生辦法和 2008 年立法會產生辦法，儘管他們當中大多數人其實持反對態度。一定數量的愛國人士藉助政治委任制進入了特區政府高層及各個重要的諮詢組織，當然他們尚未感到滿意。特區政府與港區全國人大代表和各級政協委員亦建立了初步的聯繫。特首每年頒授的勳銜不少由愛國愛港人士獲得。特區官員與愛國人士的互動與日俱增。誠然，來自原港英建制人士與愛國之士之間的隔閡仍在，但與回歸前勢不兩立的情況，已經不可同日而語。事實上，隨着不少原港英建制人士紛紛加入愛國陣營，兩個陣營的界線已經出現重疊之相。毋庸諱言，2012 年的行政長官選舉所引發的風風雨雨和人與人之間的仇恨，“舊”建制勢力擁戴的唐英年的落選，“舊”勢力首次在回歸後失去政治主導地位，“新”建制勢力支持的梁振英“突然”上台執政，導致了愛國愛港陣營的嚴重分裂，嫌隙迄今尚未彌縫。這個情況的出現，可以説是中央組建管治聯盟過程中的一大挫折。

主動與反對派周旋

中央更主動地與香港的反對勢力交鋒，從而減少特區政府的壓力。2003 年前，中央對特首的支持大體上限於口頭上的肯定和鼓勵，間中亦會呼籲港人支持特區政府，一般而言不會直接對反對派惡言相向。2003 年大遊行後情況開始改變。中央對反對派的態度總的來説是越趨強硬，但同時設法爭取“溫和”的反對派人士，包括個別民主黨和公民黨的成員。中央為了伸出“橄欖枝”甚至順應曾蔭權特首的請求允許反對派立法會議員到內地參觀和考察。不過，2005 年的政改方案因反對派議員的否決而無法在立法會通過，致使香港政制“原地踏步”，中央對反對派特別是號稱奉行“理性溫和”路線的公民黨極度失望，把他們定性為“為反對而反對”的偏激力量。中央對反對派的反感可以從香港《文匯報》的一篇評論文章中得見。[32]

文章說：“……西方的反對派處於準備接替執政的需要，一是強調‘有批評也有建設’，他們在反對一項政策時，須提出相應的具有可行性的替代政策；二是重視講究反對的‘合法性’，以便將來合法的接替執政，他們不會反對基本的政治制度，不會挑戰現有的憲制體制的合法性。香港的反對派卻明顯不同：一是一味反對，無建設性可言；二是一再挑戰現有的憲制體制，挑戰憲法和基本法賦予中央政府及特區政府的憲制權利和責任。香港的反對派與社會整體利益呈現出一種背離的趨向，反對派的得勢，是以政府和社會遭遇困境為代價的。”文章接着說：“他們從不考慮承擔執政責任……。他們在本質上不願意接納中國恢復對香港行使主權。”“他們在民生問題上，民粹色彩濃厚，重分配，輕創富，只知道要免費午餐，開空頭支票，卻不理錢從何來，也不管政府能否負擔。在發展經濟方面，他們只是評頭品足，百般挑剔，建設性的建議或政策卻是‘交白卷’。”“屬於反對派的部分反對派人士和政客堅持抵制新憲法，拒絕依法論法，視基本法賦予人大常委會的釋法權為無物，一而再，再而三地採取遊行的方式反對釋法。這恰恰反映出香港的反對派與西方的反對派對待憲制的不同取態。”文章甚至認定，“美英等西方勢力一直對香港的某些政治勢力施加影響。”

一直以來以“民主派”自詡的黨派對於被中央定性為“為反而反”的“反對派”當然極為反感，但他們與中央的關係越趨緊張卻

32 《文匯報》特約評論員，“香港‘民主派’實為反對派”，《文匯報》，2005 年 12 月 29 日。

是不爭的事實。隨着更激進的反對派黨派和社會運動的冒起，反對派總體走向更偏激的不歸路。2010 年公民黨和社民連攜手發動的目標在於挑戰中央和基本法的“五區公投”行動雖然在中央的強烈反對和反制下而失敗，但卻進一步加劇了激進反對派與中央的對立。立場較為溫和的民主黨和民主派人士沒有支持“五區公投”，並表示願意與中央對話。為了讓香港的政制能夠往前走，中央不單主動與溫和反對派商討政改事項，並願意在最後關頭作出讓步，促成了新 2012 年舉行的行政長官和立法會的選舉辦法得以在立法會以三分之二以上議員贊成下通過，避免了“原地踏步”的窘局。

中央本來以為“五區公投”的失敗，反對派的內部分化和 2011 年政改方案的通過意味着反對派從此走向溫和方向。但情況卻是“事與願違”。民主黨在 2012 年的立法會選舉中失利，反而公民黨、社民連和人民力量等激進勢力卻成績不錯。雖然其中原因不太清楚，但對希望走溫和路線的反對勢力而言卻是“當頭棒喝”，促使他們重投激進路線。被反對勢力形容為“港共政權”的以梁振英為特首的新一屆特區政府上台以後，針對特區政府的鬥爭行動幾乎無日無之，香港陷入前所未有的政治亂局之中。新政府的政治能力不足，民望低沉，為激進反對派的壯大提供了有利的環境和條件。在這種惡劣的局面下，中央與反對派的對抗進一步升級，政制改革更是雙方鬥爭的核心。缺乏了溫和反對派的緩衝，雙方的衝突將會更趨熾熱。反對派固然不斷發動各種抗爭行動，建制力量中的激進力量又有冒起之勢，兩者之間正面摩擦的機會越來越多，香港的政局則越來越混亂和不安。

總的來説，中央雖然在 2003 年後加強了對反對派的制衡和反制，並希望通過某些退讓來鼓勵溫和反對派的成長，但成效有限，而局勢的發展卻演化為中央與反對派越趨對立之勢。

中央採取行動努力爭取香港人的“人心回歸”[33]

每當香港出現困難和危機時，中央會竭盡所能出手相助，這可從赤鱲角機場啟用時發生混亂、亞洲金融危機來襲、非典疫情肆虐等實例中得見。當香港面對產業結構轉型遲緩、國際競爭力萎縮和經濟持續低迷時，中央通過各種政策加強香港與內地的經濟合作，讓香港得以從國家的高速經濟發展中注入新的經濟增長動力，強化香港在國家發展過程中的角色，從而維持國際社會對香港的經濟和金融樞紐地位的高度重視。中央也致力於提升香港在國際事務上的參與，提高香港在國際上的知名度和重要性，同時為港人提供機會登上國際舞台（陳馮富珍在中國政府的支持下出任世界衛生組織的總幹事是最突出的例子）。

中央的努力，對港人的“人心回歸”發揮一定的效用。比較明顯的影響是某種“香港與內地經濟命運共同體”的意識在香港已經萌芽，影響所及的是港人減少了與中央及內地“對着幹”的心態，轉而尋求關係的改善和合作的機會。這種認識又初步改變了港人對反對勢力的態度。儘管港人仍然覺得反對派可以扮演制衡中央和特區政府的角色，發揮維護香港利益和“核心價值”的正面作用，

33 中央官員經常把“人心回歸”一詞掛在嘴邊，但此詞卻沒有明確的定義。從最低境界而言，“人心回歸”應該指香港人雖然還不願意認同中國共產黨和中國特色社會主義，但為了自身的利益也不願意做不利於中共和國家（具體指中華人民共和國）的事，也不支持或允許其他人（特別是香港的反對派和反攻勢力）那樣做。從最高境界而言，“人心回歸”意味着港人主動和積極地關心和維護中共和國家的利益和安全，做到先中共和國家之憂而憂的地步。在最低境界中，港人雖然明知香港的反對派與中央交惡，但為了制衡特區政府和建制派，他們仍然會在香港的議會選舉中投票給他們。相反，在最高境界中，為了確保香港與中央和內地的關係良好，港人願意放棄對反對派的支持。

但人們卻越來越擔心反對派會破壞來之不易的香港與中央和內地的良好關係。部分港人甚至開始擔憂反對派會否被西方勢力利用來當"反華"的馬前卒，因而陷港人於不義，更嚴重的是導致"一國兩制"的瓦解。總的來說，反對派雖然仍然得到港人不錯的支持，但港人卻只視他們為"永久的反對派"而非具有執政資格的政治力量，這種對反對派的新定性對反對派日後的發展甚為不利。[34]

國家越來越富強，國際地位不斷提高和在世界上影響力舉足輕重，顯著提升了港人的國家觀念和民族意識，這方面在許多的民意調查中都顯示出來。不少原來仇視中國共產黨的人，也為此而不得不給予中共某程度的肯定。事實上，雖然港人對中共的信任度還是偏低，但仍有緩慢上升的長遠趨勢。國家觀念和民族意識的上升，令港人不知不覺地更多的從國家角度思考問題，其中尤其重要的是越來越多人在考慮香港的民主化問題時有意識地思考香港的民主化對內地政局的影響，不太希望看到在香港的民主改革產生不利於內地穩定和發展的作用，更擔憂香港的民主抗爭會損害香港與中央的關係。"國家觀"的強化又使得不少港人以懷疑的角度審視西方在香港民主化一事上對中國政府施壓的真正意圖，人們開始擔憂香港會否不經意地成為西方對付中國的棋子，並因此而為香港帶來的災難性後果。誠然，國家觀念和民族意識的抬頭並沒有窒息港人的民主訴求，但卻發揮把民主訴求納入理性和務實的思想框架之內，從而使得循序漸進發展民主的主張得到多數人的認同，又使得以激烈行動爭取民主的呼籲只能獲得少數人的支持。總而言之，儘管港人的"人心回歸"尚未有突破性的進展，但已經對香港的政治

34　劉兆佳，"從非常態政治到常態政治—香港主流民意在回歸後的嬗變及其對香港政治生態的重塑"，《港澳研究》，秋季號，2012 年，第 1-22 頁。

穩定產生正面的作用。

主導香港政治體制改革的進程

從憲法層面看，既然香港的高度自治權力乃中央授予，則中央擁有香港的政制改革的主動權和主導權殆無疑義（當然反對派絕非如此想）。不過，為了尊重特區政府，過去的政治體制改革（一般指行政長官和立法會的產生辦法）建議通常由特區政府提出，並向公眾諮詢，最後交由立法會立法實施。毋庸諱言，在整個政制改革過程中，特區政府與中央會保持緊密的接觸，務求兩者在立場上的一致。然而，由於反對派在政改上的訴求不斷上升，並力圖動員群眾和發動政治鬥爭向中央和特區政府施加壓力。特區政府往往無法滿足反對派的要求，因此在政改問題上經常落於下風，管治威信難免受損。

在 2010 年的政改爭議中，中央採取了主動出擊的策略，破天荒地與以民主黨為首的"溫和"反對派磋商政改事宜，並對其建議作出"讓步"，使得香港的政治體制得以在回歸後首次向前邁進一步。然而，"溫和"反對派事後受到激進反對派的猛烈攻擊，而民主黨又在 2012 年的立法會選舉中"失利"。"溫和"反對派因此覺得妥協路線在香港沒有市場，決定改轅易轍，重投激進路線，並擺出與中央和特區政府對抗的態勢。2012 底開始，各路反對派鋭意奪取下一輪政改過程的主導權，尤其着眼於 2017 年可能發生的回歸後首次行政長官的普選。他們趁着梁振英政府出於弱勢之際，務求一舉而説服群眾接受他們對行政長官和立法會選舉的定義，並以此向中央和特區政府施壓。反對派把普選辦法從"一國兩制"的框架和歷史背景中抽離出來，以"國際人權"和西方民主標準作為制定香港選舉制度的唯一考慮，至於由此而產生的各種後果和弊端則不予理會。比如說，反對派不會探究西方民主選舉方法對"一國兩制"落實、對香港的經濟發展、對民粹主義和福利主義膨脹、對香港與內地和中央關係、對國家安全及對香港會否成為反共基地的影響，一味強調普選特首和立法會會增加特區政府的"認受性"、改善行政立法關係、促進政府與民眾的感情、提高特區的管治效能、推動社會和諧和加快香港的發展步伐。反對派甚至以策動激烈行動（例如"佔領中環"行動）相脅迫，恫嚇中央和特區政府如果不應允其要求則香港便會陷入動亂和危機。

在政改問題上，中央和特區政府在道德層面和話語權方面的確處於下風。然而，特首普選關係到國家與中央的核心利益，包括國家安全、國家主權與領土完整、國家發展利益、"一國兩制"能否按照中央定下的軌跡運行和發展、特區政權由誰控制、香港能否保持繁榮穩定、香港會否異化為"反共基地"等重大問題。由於茲事體大，不容有失，中央遂迅速採取主動，毫不含糊的闡述中央對行政長官普選的立場，並借機統一了中央、特區政府和愛國愛港力量的立場和鬥爭方向。

2013 年 3 月 24 日，全國人大法律委員會主任委員喬曉陽南下深圳，與 37 名建制派立法會議員舉行座談會。喬曉陽對行政長官普選問題的講述異常坦率、清晰、直接和嚴厲，把香港特首的普選納入國家發展大局、"一國兩制"歷史背景和戰略目標及香港根本利益的宏觀架構中探討，特別對 2017 年行政長官普選提出兩大前提，包括要符合基本法和全國人大常委會的有關決定、不能允許與中央對抗的人擔任行政長官，同時認為如果"這兩個前提不確立，不得到香港社會多數人的認同，是不適宜開展政改諮詢的，就算勉強進行諮詢，也不會有好的結果，欲速則不達。”最後，喬曉陽列出了行政長官普選的三個原則。它們是：“第一，中央政府落實 2017 年普選的立場是堅定不移的，是一貫的，絕無拖延之意；第二，行政長官人選必須是愛國愛港人士的立場是堅定不移的，與中央對抗的人不能當特首是一條底線，這樣講不是為了從法律規定上排除誰，篩選誰，而是為了讓將來的提名委員會委員和香港市民心中有桿秤，有個衡量的標準，自覺不提名這樣的人，不選這樣的人；第三，普選必須符合基本法和全國人大常委會決定的立場是堅定不移的。基本法和全國人大常委會有關決定對普選行政長官的規定是明白清楚的，已經解決了由誰提名、提名委員會如何組成和選舉權普及平等問題，需要共識的主要是提名的民主程序問題。不要把簡單問題複雜化，更不能離開基本法另搞一套。”

喬曉陽的發言，一洗過去中央官員囫圇吞棗、含糊其詞的“和稀泥”風格，把中央的憂慮和立場充分呈現，在香港社會激發激烈論戰。然而，無論是反對派或建制派從此都不會對中央的態度有誤解或幻想，港人也只能在中央的底線上思考“一國兩制”的將來和民主化的前景。

更積極應對西方干預香港事務

一直以來，中央對西方國家尤其是美國對香港的意圖和政策保持高度的警惕。在“殖民地”時期，香港是西方刺探內地情況和搜集中國機密情報的重鎮。西方勢力也會通過香港支援和協助（必要時甚至營救）內地的反政府人士。中央十分明白香港的“一制”在回歸後要繼續發展，並繼續成為內地和世界的橋樑，香港必須要保持與西方的聯繫和獲得西方的好感與支持。與此同時，中央也洞察西方對香港的圖謀，而有趣的是西方的“圖謀”是“陽謀”而不是“陰謀”。事實上，當美國在 1992 年制定美國香港政策法（US Hong Kong Policy Act）時，美國人已經把意圖說得很清楚。一方面美國希望能夠在香港回歸後繼續保護它在香港的龐大經濟利益，並期望能夠讓美資取代英資的地位。另方面美國希望香港作為中國一部分可以發揮催化劑的作用，促使中國發生政治和經濟變革，走西方民主道路，完成“和平演變”，從而不“再”構成對西方和其主導的國際秩序的“威脅”。在這種矛盾複雜的形勢下，中央在香港問題上的對策有正反兩手。正手是推動香港與西方和國際社會的交往，鞏固香港作為國際大都會和金融中心的地位。反手是密切留意西方勢力在香港事務上的一舉一動，在必要時運用外交、經濟和其他手段作出反擊。

回歸初期，西方媒體、政府和政客不時就香港事務發表意見，當中屢有批評。他們尤其頌揚香港的反對勢力，並給予不少道德上、政治上、輿論上和物質上的支持。在基本法第二十三條立法期間，西方的動作尤其頻繁。2003 年以後，崛起中的中國憑藉其上升中的外交和經濟實力加強對西方施加壓力，迫使西方對香港的干預有所收斂。外交部和外交部駐港特派員公署對於西方對香港的一些不適當的批評和評論都會馬上給予反駁。然而，西方絕對不會在香港事務上收手。近年來，種種跡象表明，西方利用香港來對付中國的動機和舉動有上升之勢。原因有幾個：

第一是美國把戰略重心移向亞洲（特別是東亞地區），謀求亞洲區內勢力的再平衡（rebalancing），不斷挑起中國與鄰國之間的摩擦，並以美國為支點（pivot），糾集東亞、東南亞、澳大利亞和印度等國家共同“包圍”中國。第二，日本右翼勢力抬頭，民族主義高漲，反華情緒澎湃，修改憲法以建立“正常國家”（normal state）的呼聲震天價響、把自衛隊改變為國防軍或正規軍的倡議高唱入雲。日本並不斷圍繞着領島（主要是釣魚島）、領海和海洋資源誰屬等問題上與中國展開爭奪。同一時間，日本積極加強與美國結盟，以美日戰略同盟為核心形成對中國的戰略包圍圈。第三，為了抗衡中國在亞洲地區經濟影響力的增加，防範中國主導東亞和東南亞地區區域經濟合作的發展，美國積極拉攏太平洋兩邊的國家成立跨太平洋夥伴（Trans-Pacific Strategic Economic Partnership）（TPP）組織，目標在於“強制”中國全心全意接受西方主導的國際貿易體系的遊戲規則、削弱中國在亞太地區的經濟影響力、迫使中國進一步開放市場、減少中國的出口數量和價值、對中美貿易施加保護措施、拖慢中國的經濟增長速度、刺激美國的出口、誘使資金到美國投資（特別是開辦實業）等。第四，西方近年來一改過去對中國發展的樂觀推測，更多的從悲觀的角度預測中國的未來，推斷中國的經濟轉型過程不單非常痛苦，而且會引發嚴重和激烈的政治與社會矛盾。西方人甚至開始思考中國將要出現的“危機”會對中共政權和世界帶來甚麼“災難”。基於這些“判斷”，一些西方人相信以美國為首的西方勢力可以加強和加緊在外部對中國施加壓力，並在中國內部激化各種衝突，目標在於拖慢中國的崛起速度、損害中國的國際聲譽和“中國模式”或“北京共識”（Beijing Consensus）的吸引力、削弱甚至結束中共政權、推動中國的“和平演變”。[35]

35 例如可參考 F. William Engdahl, *Full Spectrum Dominance: Totalitarian Democracy in the New World Order* (Joshua Tree: Progressive Press, 2009); Aaron L. Friedberg, *A Contest for Supremacy: China, America, and the Struggle for Mastery in Asia* (New York: W.W. Norton, 2011); Gerard Lemos, *The End of the Chinese Dream: Why Chinese People Fear the Future* (New Haven: Yale University Press, 2012); Jean-Luc Domenach, *China's Uncertain Future* (New York: Columbia University Press, 2012); Edward N. Luttwak, *The Rise of China vs. the Logic of Strategy* (Cambridge: Belknap Press, 2012); Michael Pettis, *The Great Rebalancing: Trade, Conflict, and the Perious Road Ahead for the World Economy* (Princeton: Princeton University Press, 2013).

在新一輪中西方較量的格局中，西方無可避免會看重香港所能發揮的作用。一些西方勢力希望把香港轉化為“反共基地”，通過香港支援內地的反共力量、宣揚不利於中共政權的思想和資訊，及製造和加劇內地（尤其是華南一帶）的矛盾與衝突。另外一個目標是藉助香港的反對勢力製造香港內部的不穩、激化港人與中央的對立和引發香港“分離主義”的抬頭，從而使“一國兩制”落實困難，讓中央“面子”難看，使香港成為中國的負資產，消耗中央的精力和資源以至誘使中央主動結束“一國兩制”的實踐。

中央對西方勢力對香港的圖謀了然在胸，但卻又憂心忡忡。中央的態度已經從“反對”外部勢力干預香港事務升級到“遏制”的地步。[36] 可以預見的，是中央肯定會以外交和經濟手段，加大力度對西方採取反制策略，擊退西方勢力對香港的圖謀。中央也會密切監視各類反共勢力在香港的一舉一動，通過與特區政府和愛國力量加強聯動，阻止“敵對”勢力做損害中央、內地和香港的利益與安全的事。此外，我們更不能排除中央在維護國家利益、安全及防患於未然的大前提下擬定各種政策、法律和措施，隨時在極端情況出現時拿出來化解“危機”。香港的反對勢力其實也感覺到中央對國際局勢的憂慮，擔心中央會為了維護國家安全強行在香港進行

36　可參考吳木鑾，“十八大報告港澳論述文本比較分析”《天大報告》，總第 68 期，2012 年 11 月，第 19-25 頁。作者指出：“十七大報告首次出現對‘外部勢力’的表述：‘積極支持香港、澳門開展對外交往，堅決反對外部勢力干預香港、澳門事務’。十八大報告的表述則為‘促進香港同胞、澳門同胞在愛國愛港、愛國愛澳旗幟下的大團結，防範和遏制外部勢力干預港澳事務’……。十七大報告強調的是香港與中國之外國家和地區的交往，在此基礎上，中國反對外部勢力干預（比如美國和英國勢力對香港事務的干預）。十八大報告則表達兩層含義：一是香港人要有大團結，也就是香港人內部要強調愛國愛港。此內容針對的是無任何外部勢力干預下的內部爭議問題；二是要防範和遏制香港之外的國家和地區的勢力干預香港事務。十七大報告用詞是‘堅決反對’，表明的是一種態度；十八大報告用的是‘防範和遏制’，更代表一種行動層面上的應對策略。”（第 21-22 頁）

基本法第二十三條立法。因此他們早已開始部署“抵抗”行動。然而，當中國真的迫切需要應對國家安全威脅時，香港究竟是否已經完成國家安全立法工作其實已經無關宏旨，因為到時中央不可能不採取斷然手法來保衛國家的利益。

綜上所述，2003 年以後，尤其在 2010 年“五區公投”事件發生後，中央的對港政策出現了頗為明顯的調整。中央對香港的情況有了新的認識，對香港的不同政治勢力有了新的評估，對中央在“一國兩制”下的角色有了新的理解，並對西方對香港的意圖有了新的體會。雖然我們很難說中央已經形成了一套完整的對港政策，但它增強了在香港事務上的介入、提升了對特區政府的“領導”和主動向反對勢力和外部勢力“出擊”已經是不可逆轉的發展。

中央對港“新”政策的得失評估

2003 年以來，中央的香港政策從“不干預”調整為“不干預但有所作為”。政策調整的背景主要是香港內部情況的變化，還有就是國內和國際形勢的改變。總的來說，中央對港政策的調整基本上是被動的，也是頗為無奈和逼不得已的。惟其如此，在中央的對港政策的發展中，“回應性”的性質比較多，而前瞻性和開拓性的比較少，充分顯示“摸着石頭過河”的心態。由於各方面的形勢的變遷不斷發生，而且難以預測，因此中央的對港政策不可能“解決”所有問題，仍然需要不斷想方設法應對新形勢和新問題。此外，中央的“新”對港政策本身又會帶來新的問題和挑戰，並在某程度上削弱或抵消原有政策的效用。因此，中央竭力在港落實“一國兩制”時無可避免的陷入疲於奔命的困局。不過，總的來說，雖然路途坎坷而且道路起伏不定，但我們仍然可以懷抱樂觀的態度審視中央對港政策的成效和香港在“一國兩制”下的未來。

正如上文所述，中央在香港的“新”政策部署其實已經取得了一定的成績。在經濟上，香港在國際金融危機不斷衝擊和西方經濟困難的大環境中仍能享有不錯的經濟增長，強化了它的金融體系和開啟艱難的產業結構轉型的過程。內地與香港的經濟合作為香港日後的持續經濟發展提供了堅實的保證。在政治上，中央的支持強化了特區政府的威望和管治能力，壓縮了反對勢力的政治生存空間，減少了反對勢力的政治能量，觸發了反對派的內訌和分化，削弱了港人對反對派的支持及使反對派成為沒有執政機會的“永久反對派”。在“人心回歸”方面，中央對香港的關顧和支持縮窄了港人與中央的距離，大幅弱化了港人與中央對立的情緒和動機。國家的崛起提升了港人的愛國情懷，促使越來越多的港人願意在思考香港問題時加入“國家”的因素。

毋庸置疑，經調整後的中央對港政策只能說是獲得了有限的階段性效果。香港的一些“結構性”或深層次問題依然嚴重，管治問題仍然嚴峻，政治和社會不安和不穩的因素繼續存在。

正如前述，中央一連串的舉措基本上是回應性的應對策略，目標在於解決短期性的問題和改善不理想的情況，但仍是缺乏全盤的和長遠的戰略。“不干預”政策雖已放棄，但在“不干預但有所作為”的政策下，中央仍然是戰戰兢兢、謹小慎微，生怕惹來破壞高度自治的批評和觸發港人的反彈。最明顯的例子是迄今中央對於廣泛動員和組織能夠承托“一國兩制”方針和支撐特區管治的“管治聯盟”還是戒心重重，各種愛國和建制勢力仍是組織散漫、內訌不斷和戰鬥力低下。特區政府既然不是從“管治聯盟”產生，兩者自然不是"政治命運共同體"，不單難以相互扶持，反而齟齬頻頻，摩擦不斷，經常製造機會讓反對派有機可乘。

中央在2012年的特首選舉中希望通過"有競爭"的選舉來提高特首選舉和新特首的政治"認受性"，並從中擷取有用的參考材料為日後的特首普選做好準備。然而，殊為不幸的，是梁振英和唐英年之爭引發了新建制勢力和舊建制勢力的激烈鬥爭，其中人身攻擊、互揭"黑材料"、陰謀詭計、爾虞我詐的事情層出不窮，令港人歎為觀止，搖頭歎息。更出人意表的，是囊括主流精英而且財雄勢大的舊勢力的"代表"唐英年因為個人的問題和表現不濟而輸掉了選舉。梁振英雖然打出"求變"的口號在民意上壓倒唐英年而當選，但他的"紅色背景"和支持他的傳統愛國力量卻無法贏取大多數港人的擁護。部分中央領導人和官員在選舉的最後時刻幾乎是公開的"挺梁"行動更貽港人以"西環治港"的口實，並增加了港人對梁振英政府的猜疑和不信任。由此而產生的政治局面充斥着官民衝突、建制派嚴重分裂、主流精英與特區政府不咬弦、新領導班子與公務員是非不斷的現象。政治情況之惡劣，特區管治之艱難，是回歸以來得未曾見。簡言之，強大、團結和社會基礎廣闊的"新政權"的繼續缺位仍然是困擾香港和中央的頭號難題。[37]

建制勢力內部的分化對立明顯，加上政治人才匱乏，尤其是那些能夠與群眾溝通和贏取公眾信任的政治領袖。考慮到回歸以來建制派基本上控制了行政機關和立法機關，而且擁有龐大的財力物力，即使他們因為在政治上擁護中央而失去了一些公眾的好感，但假如他們能夠團結起來並與特區政府緊密配合，香港的管治困難一

37 劉兆佳，《回歸十五年香港特區管治及新政權建設》（香港：商務印書館，2012）。

定會有所紓緩。當然，特區政府官員過分珍惜其手上的權力，而且對愛國愛港力量持鄙夷態度，也是造成建制勢力不願意鼎力擁戴政府的重要原因。因此，儘管中央亟欲改善香港的政治局面，但它因為種種政治顧慮而不願意狠下決心好好運用中央掌握的賞罰權力把特區政府和建制勢力整合起來。

2003 年後的中央對港政策的本質乃是要削弱、分化和孤立反對勢力。總的來説，成果是不錯的。不過，與反對黨派走向衰弱的同時，若干新的情況卻拔地而起，對中央和特區政府形成新的挑戰。其一是反對勢力越來越偏激。反對派的一些支持者越來越認為以溫和手段無法迫使中央和特區政府充分回應他們的訴求，認定談判和對話只是死路一條，因此較以前更傾向以激烈手法來達到目標。無論在言語上或行動上，他們都在衝擊香港主流民意的容忍底線。在立法會中，他們巧妙運用立法會的議事規則所提供的空間和“灰色地帶”，以“拉布”和其他干擾及阻礙議會運作的伎倆來妨礙特區政府的施政。他們的“街頭”鬥爭經常對經濟的運行和社會的生活造成騷擾。更為嚴重和危險的，是越來越多的抗爭行動以中聯辦為矛頭，指控中央破壞香港的“港人治港，高度自治”，其目標在於挑起中央與港人的矛盾，同時矮化特區政府的權威。事實上，特區政府已經越來越無法充當中央和反對派的緩衝。儘管不少港人對反對派的行徑甚為不滿，但人們卻還沒有到達一個同意政府以果斷或強硬手法控制反對派的地步。

其二是部分原來的沉默、務實和理性的中產人士開始按奈不住，蠢蠢欲動。毋庸諱言，過去幾年來，特別在梁振英政府上台後，怨氣在中產階層內正一點一滴的積累，隨時有爆發的可能。中產人士的不滿源於多方面，包括事業發展的困難、下一代“上流”

的不容易、教育機會不平等、樓價高企、貧富懸殊、“地產霸權”、民主發展遲緩、香港經濟前景不明朗等結構性因素，也包括對梁振英政府的不信任、失望、鄙視和政治不接受或抵制等特殊因素。中產人士的憤怒和怨氣為衰落中的反對勢力注入了新的“生命力”。

其三是隨着反對黨派和主要反對派人物的政治能量和影響力的下滑，一些新的和零散的反對力量卻異軍突起。這些新勢力以各種組織形式出現，一般來説組織程度不高，領導與“群眾”的關係模糊，組織壽命比較短，比較聚焦於個別具體課題（例如反對國民教育、環保、保育、反對香港與內地“融合”、鼓吹帶有“港獨”色彩的香港自治、反對香港式資本主義、歌頌英國人過去的殖民統治、歧視內地同胞）。這些組織在合適條件出現時甚至可以通過宣傳、動員和與其他組織的串聯掀起大規模的社會運動。這些新勢力雖然不完全認同甚至懷疑原來的反對派，覺得它們已經異化為某種“建制力量”，失去了“改革”的熱情和意向。然而，這並不排除新勢力與原來的反對勢力在一些事情上走在一起。政治體制的改革尤其是特首和立法會的“雙普選”肯定是新舊反對勢力合流和聯手的最佳時機。換句話説，各式各樣的政治和社會運動的冒起，和它們與原來的反對勢力的若即若離的關係，為中央和特區政府帶來新的頭疼問題。麻煩的是，反對勢力要求的是一些非物質性的東西，涉及到價值觀、理念、理想、信仰和原則的方面，與中央和內地的思想和心態南轅北轍，雙方的鴻溝難以跨越。

中央的各種惠港經濟政策所產生的正面政治和社會效用恐怕已經到了“有時而窮”地步。當然，將來的新舉措肯定會繼續對香港的整體經濟增長和轉型升級帶來效益，但效益的增加會呈遞減之勢，尤其是不會改變當前香港的政治和社會格局，反而會惡化一些因香港與內地關係越趨緊密所衍生的問題。總結過去十年來的經驗，兩地的經濟合作和“融合”帶來的明顯負面後果有幾個。

一方面，它在一定程度上和經濟全球化一樣加劇了香港的貧富懸殊的情況。能夠從兩地經濟合作中獲益的人主要是從事金融業、高端專業服務業、批發與零售業、旅遊業、個別醫療專科（比如婦產科）和地產業等與內地發展和內地同胞的需求有密切關係的行業。那些主要以服務港人的行業則受惠有限，甚至出現受害的情況，當中尤以小企業和家庭式經營者受到的不利影響最大。不少低文化水平、年齡較大和依靠勞力謀生的人直接和間接面臨更激烈的來自內地的競爭。由於部分低端的白領工作逐步轉移到內地，繼續留在香港的工作又要承受來自內地同行的挑戰，處境絕不好過。因此，香港相當一部分中、下階層人士在兩地經濟合作中經歷職位不穩、收入停滯或減少及工作時間加長的困境。結果是香港社會中收入和財富差距不斷拉大，而且已經到了嚴重威脅香港社會穩定的“臨界點”。

另一方面，香港本地的年輕人需要面對內地年輕人的強大競爭。儘管各方面鼓勵香港的年輕人把握香港作為高度現代化和國際化的大都會所賦予自己的競爭優勢，多點到內地發掘發展機遇，從而彌補香港“上流”機會的不足。但大部分年輕人安於逸樂，加上他們的父母又不願意自己的兒女“受苦”，願意到內地發展的年輕人不多。隨着內地的高速發展，內地的人才紛紛冒起，香港年輕人的競爭優勢不斷減退，“留守”香港變成無可奈何的選擇。然而，留港的年輕人除了要與本地人競爭外，更要與來自內地而且人數持續增加的內地人才爭奪就學和就業機會。舉例説，香港大學內的獎學金很多落到人數比例不高的內地學生手中，原因是不少內地生來港念書前在內地已經是全國和省市的“尖子”。又舉例說，不少大型的香港和跨國企業尤其是金融機構比較喜歡聘請有內地背景的人才，理由是這些人擁有內地的人脈關係，可以更好的為雇主開拓內地市場和商機。再舉一例，香港的大學為了爭取廁身於世界大學排名榜的前列位置，更為了在香港得到更多的撥款和捐獻，嚴厲要求大學教授在研究和著作方面有優秀的表現。為此，香港的大學非常積極到海外招聘那些在外國名牌大學畢業或任教並有內地背景的華人學者，因為這些人有較強的研究和發表著作的優勢。這不但在自然科學中如是，即使在人文和社會科學中也越來越如是。簡言之，鑒於內地對香港和海外商人和雇主的重要性有增無已，香港年輕人在學術上和事業發展上正接受嚴峻的考驗。不少香港青少年或有挫敗感，或感到前景灰暗，或覺得社會對自己不公，或怨懟特區政府沒有照顧好自己的利益，又或埋怨香港過度對內地開放。無論如何，部分年輕人憤世嫉俗，怨天尤人，對中央有抵觸情緒，對內地同胞鄙視，和緬懷甚至美化殖民統治是不難理解的。

隨着兩地經濟關係的強化和內地居民到港“自由行”計劃的不斷擴大，內地同胞與港人的接觸和交流迅速增加，隨之而來的人際間的摩擦和人群間的利益分歧也很快浮現。越來越多內地同胞來港的目的不是旅遊或探親，而是利用兩地的差異來圖利，從而擾亂了港人的生活和造成了民生的困難。

縱使中央極力回應和滿足港人的訴求和紓解其憂慮，在民主改革和國家安全立法這兩項事情上，中央與港人之間的矛盾和隔膜無法破解。因此，無論中央如何調校對港政策，要達到“人心回歸”、有效管治、和諧社會、良好的香港與中央和內地的關係以至在政治穩定的基礎上實現政制改革，在可預見的將來殊為困難。在基本法第二十三條立法上，中央的防範香港被利用為反共基地的憂慮，與不少港人擔憂國家安全立法對自由和人權的"威脅"難以調和。在民主改革上，中央對香港特區政權落在反共勢力手中的深刻顧慮和港人對普選行政長官和立法會的渴望又難以兼顧。因此，政制改革和國家安全立法長期成為反對勢力用以挑撥離間港人與中央關係的有效法寶，也是反對勢力藉以衝擊特首管治威信的有力武器。對於不少中產人士和年輕人來說，縱使中央的對港政策有利於香港的經濟發展，但中央在政制改革和國家安全立法上的立場卻凸顯了內地與他們在價值觀和政治理念上的差異。他們雖然感激中央對香港的關顧，但那些差異的存在卻仍然使他們不惜與中央對立甚至對抗。簡言之，這些難以化解的政治和價值矛盾的存在，使得"一國兩制"的主要目標難以充分達致。

可幸的是越來越多港人願意理解中央的難處和國家的處境，不願意因香港的民主化為中央和國家帶來風險和威脅，對香港的民主運動的支持並不積極，因此令香港的民主運動難以壯大，從而紓緩了中央和特區政府的壓力。不過，堅持向中央施加壓力，迫使中央在政制改革問題上對反對勢力大幅讓步的人數量不少，而且越來越接受使用激烈甚至暴力手段來達到目標。人們對梁振英政府的不信任和不滿，更加劇了部分港人的偏激情緒，增加了社會的不穩定因素，也加強了反對勢力的政治籌碼。展望將來，我們估計中央和堅持民主改革的各種勢力和人士的衝突會進一步上升，為特區的管治和香港的社會安定帶來負面和不確定的影響。圍繞着行政長官和立法會普選的爭議，將會是中央與反對派在政治上"攤牌"的極其激烈的政治鬥爭。

香港與內地合作的迅猛發展所帶來的新問題，加上部分港人對香港的民主改革的步伐"緩慢"漸漸失去耐性，近幾年來一股衝着中央和內地而來的抵觸和逆反情緒開始在部分港人尤其是年輕人中滋長。一些口號、訴求和行為的提出是那些情緒的最佳反映。"反對兩地'融合'"、"港獨"、緬懷殖民統治、"香港城邦論"、"光復上水"、"光復旺角"、反對深港合作、反對新界西北發展、反對高鐵的"一地兩檢"安排、高舉港英旗幟、設計寓意香港"獨立"的"龍獅旗"、反對國民教育、高叫"中國人滾回去"等傷害內地同胞感情和刺激中央神經的東西的出現，加深了兩地的隔膜和摩擦。雖然那些目標在於發洩憂鬱和不滿情緒的言行沒有得到廣大港人的認同，但卻的確為中央的新對港政策帶來必須深思的新問題和新挑戰。與回歸前不少港人的反共意識比較，當前針對中央和內地同胞的一些負面感情基本上是源於兩地同胞的利益分歧，而並非因為香港突然出現新的反共情緒，因此在相當程度上可以通過適當的政策和措施來紓緩。然而，在短期內，香港的反對勢力必然會善加運用港人這些負面心態來籌集政治本錢。

國際形勢的風雲變幻，特別是東亞局勢的變化和全球經濟、貿易和金融摩擦的上升，對中國的國家安全帶來新的威脅。中國的崛起不可避免地引發西方國家、日本和中國周邊國家的不安。中國近年來以堅定和強硬態度應對與其他國家的領海和領土的爭議，無疑引起了它們的不滿和恐懼，讓美國和日本可以乘機拉攏它們來對付中國。美國蓄意和積極與中國爭奪在東亞和東南亞地區的經濟領導地位，無疑會增加兩國的矛盾。美國用以克制中國的經濟、貿易和金融手段會陸續出台，對中國的國家安全造成壓力。

近十年來，因應國內外經濟格局的丕變，中央鋭意改變國家的經濟增長方式，主旨是擴大內需作為經濟發展的動力，減少對出口和投資的依賴。然而，推行這個改變既艱難又痛苦，因為其中牽涉到不少結構性的矛盾和巨大利益的分歧。改革過程也會導致政治衝突和社會摩擦。即便如此，從國家的根本利益而言，改革勢在必行。所以，在未來的一段日子，內地的不穩定因素肯定會逐漸增加。群眾與各級政府之間的爭鬥會越來越多。為了維持穩定，在某些情況下政府會採取強硬行動來恢復社會秩序。在部分港人眼中，中央或地方政府的某些做法侵犯了人權和法律。香港的反對派也必然會伺機動員群眾提出抗議或反對，並因此而造成港人與中央和內地的對立。在這些情況下，夾在港人和中央之間，特區政府的處境尷尬。它肯定不能滿足港人提出的針對內地的要求，所以會受到不少港人的批評和揶揄。結果是，因為內地出現"反政府"抗爭事故，內地政府採取"維穩"措施應付，香港在政治上會受到波及，中央爭取港人"人心回歸"的努力所能獲得的成效自然會大打折扣。

中央的新政策對香港的反政府和反共媒體作用有限。當然，部分媒體的老闆，特別是那些與內地有生意來往的，會因為金錢利益的考慮而支持中央和特區政府，或最低限度減少對中央和政府的批評。但來自受眾和本地與外邊的支持力量卻仍然讓反共和反政府媒體有生存和發展空間。同樣地，中央也沒有辦法"確保"香港司法機關對基本法和中央對港方針的認識保持一致。近年來，中央推動了香港司法人員和內地司法人員的交往。國家領導人、中央官員和內地專家學者有關基本法的論述對香港的法官應該有一些影響。我們也注意到一些擁有一定權威性的人士（比如基本法委員會的委員和內地著名法律學者）對基本法個別條文的闡述也許會對香港的法律界和司法界產生一定作用。此外，在法院審訊涉及到基本法的案件期間，開始有人會公開講述如何"正確"認識基本法條文，目標在於左右法官的觀點。關於基本法起草過程中起草委員的思路和看法的書籍和文件的刊登，目標不外乎讓法官多點理解基本法起草者的"立法意圖"。不過，從糾正香港法官對基本法的"另類詮釋"來說，人大釋法無可否認是最厲害也是最後的法寶，但此法寶卻不可以隨便運用。國家領導人、中央官員和內地專家學者近來不斷重申人大釋法乃是中央所有的權力的核心部分，理應得到港人的尊重。這些言論卻可以理解為中央為了更好的運用人大釋法這一法寶做民意和輿論的準備。

究其實，要徹底處理好反對勢力、反共媒體和司法機關的問題，關鍵還在於營造有利於落實"一國兩制"方針的民意氛圍。即是說，如果港人在大是大非問題上與中央的分歧收窄，反對與中央對抗，並願意主動"照顧"中央和內地的利益，則無論是反對勢力、反共媒體和對基本法有不同認識的法官都會在某程度上呼應港人的觀點，避免受到群眾的非議或"制裁"。因此，可以想像，為了緩和反對勢力的激進化趨勢，為了讓反共媒體知所收斂，為了使司法機關多些考慮基本法的立法原意，中央會越來越重視群眾工作，尤其在港人之中確立具有務實、理性、顧全大局和國家利益元素的思維方式。

第二章　香港在中國國際戰略中的角色

中國共產黨在 1949 年 10 月 1 日正式宣佈中華人民共和國成立之前夕，已經作出了後來讓國內外頗為驚訝的暫時不收回香港的決定。[38] 這個決定之所以讓人驚訝，是因為一直以來中共奉行的意識形態特別是反帝國主義和反殖民主義與繼續允許英國佔領香港的決定格格不入。不收回香港又產生了如何向剛獲解放的中國人民交代的問題。此外，此舉又必然對中國爭取作為第三世界的領導者的努力造成障礙。

從軍事角度看，雖然剛在國共內戰中獲勝的中國人民解放軍的力量不算十分強大，但要攻佔地方細小和無險可守的香港應該綽綽有餘。即便英國人曾經揚言要加強軍力保衛香港，香港本身在軍事衝突中其實也難以生存，更遑論發展。解放軍到了深圳河北岸後便停下腳步，確實令英國人感到詫異和驚喜。

當然，中國政府允許英國人繼續管治香港，並非沒有"交換條件"。事實上，通過兩國的協商並達成默契，英國願意在香港"照顧"中國和中國共產黨的利益。英國承諾不會允許台灣和國民黨

38　關於這方面，有兩條材料可以參考。(1) 毛澤東於 1946 年 12 月 9 日"同三位原西方記者的談話"。"哈默問：在香港問題上中共的態度如何？答：我們現在不提出立即歸還的要求，祖國那麼大，許多地方都沒有管治好，先急於要這塊小地方幹嗎？將來可按協商辦法解決。"（毛澤東，《毛澤東文集》第四卷［北京：人民出版社，1996 年］，第 207 頁）。(2) 1949 年 1 月 31 日，蘇聯斯大林派遣的蘇共中央政治局委員米高揚到達平山縣西柏坡中共中央所在地，逗留了一週，期間與毛澤東會晤。師哲憶述毛澤東說："目前，還有一半的領土尚未解放。大陸上的事情比較好辦，把軍隊開去就行了。海島上的事情比較複雜，須要採取另一種較靈活的方式去解決，或者採用和平過渡的方式，這就要花較多的時間了。在這種情況下，急於解決香港、澳門的問題，也就沒有多大意義了。相反，恐怕利用這兩地的原來地位，特別是香港，對我們發展海外關係、進出口貿易更為有利些。總之，要看形勢的發展再作最後決定。"（師哲回憶，李敏整理，《在歷史巨人身邊：師哲回憶錄》［北京：中央文獻出版社，1991］，第 380 頁）。

勢力利用香港做危害內地安全的事，答應不會讓香港好像其他英屬殖民地般走上獨立，也保證不會在香港搞“還政於民”的政治改革。雖然英國人在維護自由和法治的理由下允許反共的言論在香港出現，但卻會儘量防止香港發生“傷害與鄰近地區關係”的事情。中、英政府就香港事務所達成的默契直到 1980 年代初香港前途問題出現前基本上運作良好。1967 年由香港左派勢力發動的、作為內地文化大革命在香港延伸的“反英抗暴”行動對雙方的默契造成考驗，但卻沒有改變中國政府對香港的基本政策。

中華人民共和國成立後，中國政府逐步將其對港政策理論化和系統化，並概括為“長期打算，充分利用”的八字方針。1980 年初，當中國政府決定要在 1997 年“新界”租約到期時收回整個香港後，它提出了解決香港前途問題的“一國兩制”方針。從本質看，“一國兩制”是“長期打算，充分利用”方針的延續，代表中國恢復在香港行使主權後繼續在香港應用“長期打算，充分利用”的方針。

在建國前夕，中國共產黨是一個意識形態極強的政治力量，堅決為了崇高的政治理想而不懈奮鬥。驅逐日寇、結束內戰、統一中國、捍衛國家主權和領土的完整、改變中國半殖民地和封建落後的狀態乃是中共要竭力達到的神聖目標。因此，中華人民共和國成立後，中國政府便迅速廢除了過去中國與其他國家簽訂的不平等條約，並取締了外國人的種種特權。在這個大環境下，中國政府不即時收回香港的決定便變得甚為特殊。到目前為止，我還沒有找到官方對於這項決定的權威解釋，內地和海外的學術界迄今沒有相關的嚴肅研究。不少人根據 1949 年後香港對中國所發揮的一些重要作用來理解中國政府的決定，尤其是在抗美援朝時期中國從香港通過不同管道獲取戰略物資，香港是中國在被西方圍堵下重要的出口市場和外匯來源，香港是內地改革開放時期最重要的投資資金來源地等例子。其實，在二次大戰後初期，香港本身的經濟情況仍是百廢待舉，凋敝不堪，和當時內地的一些大城市（例如上海和廣州）比較也不見得優勝。當時的人大概很難預料到內地將來會在經濟上那麼倚重香港。事實上，儘管當時的中共領導人預計到西方國家對中國共產黨領導的新中國可能採取敵對的姿態和行動，但憑藉蘇聯的協助，中國的經濟發展應該仍然可以取得長足的發展，因此不可能把香港日後在經濟上對國家的貢獻看得太重。

依我來看，即使缺乏權威性的材料作為佐證，但通過對當年歷史情況的分析，我覺得還是可以窺探到一些蛛絲馬跡來理解中國政府為何作出暫不收回香港的決定。在這篇文章中，我着重探討國際因素對中國政府對香港政策的影響，包括在建國前夕不收回香港的決定、建國後的"長期打算，充分利用"方針、香港回歸後的"一國兩制"方針和該方針的不斷發展。簡單來説，中國政府的對港政策，在相當意義上是它的國際戰略中的重要部分。所謂中國政府的國際戰略，是指中國政府為了達到一系列重大國家目標而擬定的對其他國家和地區、對國際機構和對國際社會的戰略。外交政策、外事政策、民間團體的對外交往等都是國際策略的組成部分。國際戰略要達到的重要目標其實頗為穩定，包括國家安全、領土與主權完整、國家發展、與其他國家和地區的友好關係、對國家有利的國際經濟和金融環境、對國家有利的全球治理的架構和規範、提升國家的國際地位和影響力等。換句話説，國際戰略是促進核心國家利益的手段，而國家利益又往往與政權的利益密不可分，因此在執行國際戰略的時候，中共政權的利益亦會得到照顧。

在以下的分析中，我着重探討中國政府的對港政策如何有利於國家國際戰略的推行。由於現有的公開資料無法為我對中國政府的對港政策背後的理據和動機的"猜測"（也只能是"猜測"）提供直接的支持。所以，我主要從“功能解釋”（functional explanation）的方法入手，通過說明香港在中華人民共和國建立後在國家的國際戰略中所擔當的角色和發揮的作用，來“解釋”國家的對港政策。誠然，我暫無法印證國家的對港政策背後的動機是否真的如此，但我認為香港所作出的“貢獻”應該說是國家的“長期打算，充分利用”和“一國兩制”方針得以長時期應用在香港的“理由”。假如我推理性的分析有它的合理性的話，則在探索國家所面對的國際大環境的變化時，國家與香港的關係日後的發展和變化便也有跡可尋。與此同時，我們自然不能低估國內因素和香港本身的情況對中國政府對港政策的影響，但這些因素其實和國際形勢和格局的變化也有相當關係。

國際戰略與不收回香港[39]

在中國共產黨即將全面擊敗國民黨並組建新中國的重要歷史

39 本節的討論與分析參考了各方面的研究，特別是那些引用前蘇聯共產黨的解密文件的著作。例如可見 Chen Jian, *China's Road to the Korean War: The Making of the Sino-American Confrontation* (New York: Columbia University Press, 1994); Nancy B. Tucker, *Taiwan, Hong Kong, and the United States, 1945-1992* (New York: Twayne Publishers, 1994); Kevin P. Lane, *Sovereignty and the Status Quo: The Historical Roots of China's Hong Kong Policy* (Boulder: Westview Press, 1990); Wm. Roger Louis, *Imperialism at Bay: The United States and the Decolonization of the British Empire, 1941-1945* (Oxford: Clarendon Press, 1977); Chan Lau Kit-ching, *China, Britain and Hong Kong, 1985-1945* (Hong Kong: Chinese University Press, 1990); John J Sbrega, "The Anticolonial Policies of Franklin D. Roosevelt: A Reappraisal," *Political Science Quarterly*, Vol. 101, No. 1 (1986), pp. 65-84; Robin Renwick, *Fighting With Allies: America and Britain in Peace and at War* (New York: Times Books, 1996); Thomas J. Christensen, *Useful Adversaries: Grand Strategy, Domestic Mobilization, and Sino-American Conflict, 1947-1958* (Princeton: Princeton University Press, 1996); Richard G. Powers, *Not Without Honor: The History of American Anticommunism* (New York: The Free Press, 1995);Vladislav Zubok and Constantine Pleshakov, *Inside the Kremlin's Cold War: From Stalin to Krushchev* (Cambridge, MA: Harvard University Press, 1996); Robert Dallek, *The Lost Peace: Leadership in a Time of Horror and Hope, 1945-1953* (New York: HarperCollins, 2010); Jonathan Haslam, *Russia's Cold War: From the October Revolution to the Fall of the Wall* (New Haven: Yale University Press, 2011); Alexander V. Pantsov and Steven I. Levine, *Mao: The Real Story* (New York: Simon & Schuster, 2012) 及 Robert Gellately, *Stalin's Curse: Battling for Communism in War and Cold War* (New York: Alfred A. Knopf, 2013).

時刻，它面對的是一個非常複雜、多變、不確定和兇險的國際形勢。中共領導人一方面成竹在胸，躊躇滿志，但同時對一些情況又頗為顧慮，首要的是美國對華政策的走向。美國在戰後國共內戰期間推動"國共合作"失敗後，認定了國民黨因失去人心而必將喪失政權，遂逐步減少對國民黨的援助，造成國民黨最後的潰敗。蘇聯與西方陣營戰後在歐洲的爭奪，導致規範彼此行為的雅爾達協議（Yalta Agreement）的嚴重破裂，很快便導致了東西方冷戰的爆發。在這種激烈鬥爭的國際環境中，雖然美國政府內部有一些人贊成與中共領導的新中國建立正常外交關係，但更多的人卻持強烈的反共立場，不願意承認中華人民共和國。當時的美國老百姓的反共情緒熾熱，共和黨又不斷批評執政民主黨對蘇聯在二次大戰後於歐洲的"擴張"行動過分軟弱，加上無論是共和黨或民主黨本身都有極端的反共分子，因此期望美國在"放棄"國民黨後轉為與共產黨"友好"是不切實際的。所以，儘管多年來中共領導人曾經努力爭取美國的接受，並盼望在建國後能夠得到美國在經濟上和技術上的協助，從而讓貧窮落後的中國可以以較快速度發展起來。然而，在事與願違的環境下，新中國不但需要更多地依靠蘇聯的援助，不得不成為蘇聯領導下的社會主義陣營的一員，還得要與以美國為首的西方資本主義陣營勢不兩立。在中共領導人的心中，即使中共贏得內戰並奪取政權，美國的對華政策仍然難以捉摸，對中共領導人來說仍然如芒在刺。中共領導人有可能會這樣想：假如中國強行從英國人手中拿走香港的話，美國會不會以此為藉口而聯繫其他西方國家和國民黨軍隊對中國用兵，因而對中國的新政府的安全造成嚴重威脅？美國人對中國共產黨的敵意對中國政府的暫時不收回香港的決定可能有一定的影響。

第二，英國因素也是重要考慮。蘇聯最高領導人斯大林對戰後英國的看法在某程度上可能影響到中共領導人對英國在戰後的國際格局中所能扮演的角色的看法。斯大林認為英國在二次大戰中雖然損失慘重，但由於大英帝國仍然完整，其中的自治領特別是加拿大和澳大利亞以及部分英屬殖民地擁有豐富的天然資源和龐大的人口，英國人在歐洲事務和國際事務中的影響力依然不可小覷。尤其關鍵的，是斯大林估計英、美之間存在無法彌縫的利益矛盾，因此英美之間難以衷誠合作，有一段時期蘇聯甚至認為美國在戰後會重返"孤立主義"舊路，並退出歐洲，因此英、蘇兩國可以聯手主導歐洲事務。斯大林相信，美國人基於其自由、平等、民主和民族自決的政治理念，加上他們對自由貿易的追求和開拓國際市場的渴望，會迫使英國逐步讓其殖民地走上獨立之路，從而促使大英帝國的解體。的確，在民族自決和殖民地獨立等議題上，美國總統羅斯福和英國首相邱吉爾齟齬不斷，邱吉爾曾經公開揚言他作為英國的首相有責任捍衛大英帝國的存在和利益。

在這種對英國的盤算下，中共領導人對香港可能有兩個判斷。其一是英國人可能會為了繼續佔領香港而不惜以軍事力量保衛香港，並為此尋求美國的協助，因此武力收回香港的代價可能頗為沉重。英國人其實立場也相當明顯。他們懼怕因失去香港而產生的其他英國在亞洲的殖民地紛紛倒下的"骨牌效應"。中共領導人不可能不知道英國的憂慮。其二是既然英、美之間有嚴重利益分歧，則拉攏英國以平衡或制衡美國會對新中國和中共政權有利。讓英國人繼續管治香港雖然對新中國的國家形象有損，但卻對營造一個有利於國家安全和發展的國際環境有莫大好處。英國為了不要失去香港，甚至需要新中國政府的支援以鞏固它在香港的管治，自然會儘量緩和美國的對新中國的敵意，減少美國對新中國的壓力。中共領導人對英國的考量可能是暫時不收回香港的另一重要理由。

第三，蘇聯因素也有可能是中共領導人願意允許英國繼續保有香港的原因之一。縱觀中共與蘇共過去二十多年的錯綜複雜的關係，尤其是毛澤東和斯大林兩人之間的恩恩怨怨，我們很難想像中共領導人會願意全面“倒向”蘇聯。事實上，蘇聯從自身國家利益出發，長期以來都以中國國民黨為爭取和合作對象。蘇聯政府認為只有國民黨才有實力奪取中國的政權，而由國民黨領導的中國可以對日本發揮制衡作用，減少日本對蘇聯東部地區的軍事威脅，從而讓蘇聯可以放心經營歐洲。支援國民黨同時又可以減少因蘇聯和美國在中國問題上的摩擦而造成的損失。因此，蘇聯對中共的支持既不全心全意，也不穩定。此外，中共領導人亦知道蘇聯雖自詡為奉行國際主義的國家，但它對中國卻存有“帝國主義”的圖謀，有通過損害中國的利益來為其“狹隘”的自身利益服務的可能性。自然地，我們難以想像中共領導人在建國前夕已經預知日後中、蘇之間會出現政治和軍事上劍拔弩張的局面，而蘇聯又會意圖在經濟上搞垮中國，但在對蘇聯懷有戒懼心態的背景下，保留香港作為一個將來有需要時與西方“互通聲氣”的窗口應該説是國家的長遠國際戰略中的“應有”和“合理”的部署。

當然，允許英國繼續管治香港並非是無條件的。中國不承認英國視為其在香港管治的法律依據的三條不平等條約，因此保留了在任何時刻都可以收回香港的主動權。中國政府強調中國對香港享有主權，香港屬於全體中國人，而不是單純屬於香港人。香港的前途問題的處理只是中、英雙方之間的事，國際社會或組織不能置喙，而香港人則絕對不是“談判”的其中一方。從國家主權、領土完整、國家安全和發展利益考慮，中國政府不會讓香港走向獨立，否則便難以向歷史和人民交代。英國人不可以在香港通過政治體制的改革而把香港的政權交給港人，特別考慮到大部分港人都有反共或拒共傾向。同樣地，英國不能讓香港成為"反共基地"，即是說不允許香港內部和外部勢力利用香港顛覆中國政府和內地的社會主義制度。誠然，中國政府明白香港是各種敵對勢力雲集之地，但只要它們不對中共政權構成實質性威脅，從大局出發也會予以容忍。為了保留對香港的佔領，英國人基本上願意照顧中方的利益和體諒其憂慮。如此一來，香港在中、英之間的"默契"和共同支持下在戰後經歷了長時期的穩定和繁榮，締造了對兩國和港人都非常有利的經濟奇跡。

"長期打算，充分利用"

中共領導人決定暫時不收回香港，讓英國人繼續管理香港，並表明在將來適當的時候才處理香港回歸的問題。這個決定曾經受到蘇聯領導人的揶揄嘲諷，也曾經不為一些第三世界國家所諒解，但中國政府不為所動。隨着時間的推移，中國政府逐步讓其對港政策明確化、系統化、具體化和理論化，並逐步與英國人在香港事務上達成較具體的非正式"協定"和默契，從而為香港戰後的繁榮穩定奠下牢固的基礎。

新中國成立後，英國在香港的管治接近半個世紀（1949-1997）。在這個漫長的歷史時期，中國在大部分時間都處於困難和惡劣的國際環境中，處境頗為孤立，只有在 1978 年實施"改革開放"戰略之後，情況才有所好轉，但來自西方列強和周邊地區的威脅依然存在。中國的國際戰略的內容在此期間因應國家安全和利益的需要，並隨着國內政治意識形態的變化，不斷更新調整。香港依然在國家的國際戰略中佔有重要和獨特的角色，在不同時刻為國家作出一定的貢獻。

新中國建立以後幾年，為了應對國際形勢和格局的轉變，中國政府逐步總結出一套對港政策，並把它概括為“長期打算，充分利用”方針。簡單說，中國政府不急於收回香港，反而要充分藉助香港的獨特地位和條件為國家服務，包括配合國家的國際戰略的開展。為了方便討論，我把 1945 年到 1997 年這段時期粗略劃分為兩個階段，其一是 1949 年至 1978 年，其二是 1978 年至 1997 年。下面分別描述在這兩個時期香港在國家的國際戰略中發揮的作用。[40]

籠統地說，中國在 1949 年至 1978 年面對着頗為複雜、嚴峻、動盪和多變的國際環境，受到不同外部勢力的孤立和圍堵，國家的安全與發展遇到許多的困難和挑戰。在 1950 年底，雖然英國率先承認新中國，但仍只有共十八個國家在外交上給予承認。新中國成立不久便發生“抗美援朝”戰爭，中國人民志願軍在朝鮮半島與美國及聯合國軍隊血戰。在美國的唆使下，聯合國對中國進行經濟封鎖，對百廢待興的中國施以經濟重擊。在 1954 年至 1957 年期間，通過參與在印尼的萬隆會議，中國與部分“第三世界國家”改善了關係。然而，整體而言，外交上中國依然陷於頗為孤立的狀態。

隨着中、蘇關係在 1958 年至 1965 年間急劇惡化，中國在其他地區協助當地的共產黨和左翼勢力，在 1962 年與印度發生邊境戰爭，支持越南與美國戰鬥，並發動針對台灣的炮戰，中國的國際

40　見 David Shambaugh, *China Goes Global: The Partial Power* (New York: Oxford University Press, 2013).

處境更加惡劣。文化大革命期間，激烈的排外情緒和中國大力支援發展中國家中的造反力量使得中國在全世界受到排斥。除了駐埃及大使外，中國所有的駐外使節都奉詔回國，國家在外交上空前孤立。尤有甚者，中、蘇在邊境爆發小規模軍事衝突，蘇聯甚至曾經認真考慮對中國發動核武攻擊，目標是摧毀中國的核設施。

鑒於國家安全面對嚴重威脅，以毛澤東為首的中共領導人決定戰略性調整中國的國際策略，拉攏美國抗衡蘇聯，因此有 1972 年的美國總統尼克松破天荒訪華之歷史性創舉。在 1971 年至 1978 年期間，中國的外交形勢有所改善。中國加入聯合國並成為其安全理事會的常任理事國，而台灣則被摒除在聯合國之外。中國與一些西方和發展中國家的外交關係亦走向正常化。從此中國逐步進入國際體系和參與國際社會的事務，並從中得益良多。更重要的，是中國與西方的戰略合作大大減少了來自蘇聯的威脅。

第二個階段從 1978 年中共將全黨工作重心從政治鬥爭轉移到經濟建設開始，此後“改革開放”成為中國發展戰略的主旋律。中國的國際戰略的目標則放在建構一個有利於國家發展的和平環境，其中首要工作是大力促進中國與世界各國尤其是周邊國家的關係。在 1978 年到 1997 年期間，中國與美國建立正式的外交關係，以強硬手段迫使蘇聯與中國改善關係，確立中國的“獨立外交”政策，避免向美國或蘇聯任何一方傾斜，外交政策主要為經濟建設服務，特別着重從西方和亞洲國家獲取國家發展所需要的資金、人才、技術和出口市場。與過去大為不同的是，中國在這個階段中與所有的大國和國家集團都建立了正常與和平的關係，國家安全形勢有所改善，讓國家可以在一個前所未有的，相對和平的國際環境中以“改革開放”政策推動經濟發展。然而，1989 年 6 月發生的“六四”事件觸發了一連串西方國家對中國的經濟和貿易“制裁”，接踵而來的是東歐的變天和蘇聯的解體，社會主義在全世界陷入嚴重的低潮，而西方資本主義則沉醉在洋洋自得的氣氛之中。一時間中國再次面對嚴峻的外交局面，然而國家的“改革開放”政策不但沒有倒退，反而因為鄧小平的“南巡”而加速。外交方面，在國家利益和務實主義引導下，中國盡可能與所有國家構建友好關係。隨着時間的過去，中國的外交形勢雖然未能恢復舊觀，卻逐漸得到改善，為國家在上世紀八零年代初期通過中英談判和平解決香港前途問題創造了有利的環境。

整體而言，在這個階段中，中國在內政和外交上都取得了長足的進展。中國社會大體上穩定，經濟增長驕人，人民生活顯著提升，而中國則已經成為國際體系中不可或缺的成員，能夠較好地利用國際市場和資源為國家的現代化建設服務。

在這兩個階段中，香港在國家的國際戰略中擔當了重要的角色。在第一個階段中，中國超過一半時間處於內憂外患的情況，內部的政治和經濟動盪加劇了外交的困頓。香港作為中國的對外“窗口”在一定程度上紓緩了國家的困難。在朝鮮戰爭期間，香港是國家突破西方列強圍堵獲取必須的戰略物資的管道。在內地經濟和民生遇到嚴重困難時，香港同胞竭力施以援手。在西方和蘇聯集團同時圍堵中國時，香港是內地貨品的最重要出口市場，也是國家獲得外匯的最重要來源地。當然，英國作為美國的外交“附庸”沒有能夠如預期般緩和中、美之間的緊張關係，但英國人在中國處境困難時能夠管好香港，並允許香港在東西方熾烈“冷戰”時為中國“服務”，已經部分履行了英國在香港問題上與中國達成的“默契”。此外，我相信，香港作為中國與西方國家在必要時進行“溝通”，減少不必要的誤解和麻煩的管道的作用應該也是存在的。

在第二個階段中，隨着中國在經濟發展和對外交往的形勢明顯改善，香港在國家的國際戰略中的角色和作用也隨之而出現變化。香港在國家的經濟策略中的地位無可取代。大量中國的出口貨品以香港為轉口港。香港的資金、人才和技術是內地經濟特區建設的主要力量。香港繼續是國家獲得外匯的重鎮。國家也通過香港源源從外邊吸收資金、先進技術、現代企業管理方式、國外市場動態和資訊，而香港作為國際金融、貿易、資訊、航運中心則有利於內地企業與海外企業建立聯繫，為日後的"走出去"政策奠下穩固基礎。

"一國兩制"

鑒於香港在國家"改革開放"戰略中的重要性，中國政府不得不在 1997 年收回香港時認真思考如何繼續保留香港原來發揮的作用，當中關鍵的考慮是如何維持香港與西方的聯繫及保存香港原來生機勃勃的資本主義體制。中央的"一國兩制"方針原來是為台灣回歸而設，但經調整後卻率先應用到香港。"一國兩制"方針的核心是國家恢復在香港行使主權，維護香港原有的制度和生活方式五十年不變，同時實施"港人治港"和"高度自治"，目標是要讓港人、英國和國際社會放心。此外，台灣問題也在考慮之列。中央希望藉助"一國兩制"在香港的成功落實減少台灣同胞對國家統一的抗拒，並削弱西方國家對中國以"一國兩制"方式"收回"台灣的反對情緒和對台獨勢力的同情與支持。事實上，"一國兩制"的提出不但考慮到國家發展大局的需要，更充分照顧到國際因素，從而使得香港在回歸後仍然能夠為中國的國際戰略服務。換句話說，

“一國兩制”方針是中國整個國家長遠發展戰略的一個環節，是國家崛起和民族復興的一項戰略部署。毋庸諱言，香港在回歸後擁有比內地同胞更多的權利和利益，的確會引起部分內地同胞的複雜心理反應。不少內地同胞對港人的傲慢態度感到反感，也鄙視港人對殖民管治甘之如飴的態度。但在鄧小平領導下的、強勢的中國政府當時仍能以香港對國家發展的長遠價值為由，確立“一國兩制”方針並得到大部分內地同胞的接受或“忍受”。

從本質上看，“一國兩制”和“長期打算，充分利用”是一致的，其實質都是允許香港在偌大的國家中享有獨特地位並以此對國家作出不可取代的貢獻，包括為國家的國際戰略服務。它們都反映了中共領導人縝密的戰略思維和高遠的思考藝術，同時凸顯了中國政府的理性務實的治國理政方式。“一國兩制”原來的構思是頗為“靜態”的，期望香港在回歸後繼續發揮它原先的作用，為中國的社會主義現代化添磚添瓦，潛台詞是內地與香港的合作模式不變，國家“長期”倚重香港，而香港則“長期”維持它在國家發展中的優越地位和功能。在 1980 年代初期，甚至在 1997 年香港回歸之時，幾乎沒有人能夠想像到在回歸後，無論內地與香港都發生了巨大的改變，從而在“一國兩制”下香港在國家的國際戰略中的定位也不斷變化。各方面因此不得不從“動態”的視覺來思考“一國兩制”的發展與內涵，並通過對香港與內地互動的“動態”觀察與分析不斷為香港在國家崛起和民族復興過程中予以“定位”。

回歸後香港與國家的國際戰略

香港回歸祖國的時間雖然不算長，但國內外形勢的急劇變化，加上香港內部形勢的改變，都使得香港在國家的國際戰略中的角色出現調整。

從 1997 年直到今天，中國奉行的是全球性、全方位、多領域和多層次的和平外交策略。中國與美國和俄羅斯這兩個大國維持穩定的關係，同時把其外交重點置於強化與亞洲各國的合作，並特別着重與周邊國家建立睦鄰友好的關係。歐洲、非洲、中亞細亞和拉丁美洲各國也得到了中國在外交上更多的重視。在此期間，兩岸關係取得了難得的進展，大陸與台灣的經貿往來更以高速增長。不過，自 2009 年中開始，因為在東海和南海的領海 / 領島主權與資源開發上的爭議，中國與南韓、日本、越南、印度、部分東盟國家發生摩擦。美國高調“重返亞洲”，竭力拉攏中國的鄰國，鼓勵它們與中國爭奪利益，並試圖與那些國家連成對中國的“包圍”，遏制中國的崛起，防止中國在西太平洋擴張海洋軍力。此外，美國又意圖以自己為中心建構一個排擠中國的區域經濟體，即所謂的“跨太平洋合作夥伴協議”（Trans-Pacific Partnership）組織。迄今為止，由於中國在世界上的經濟和政治影響力已經今非昔比，美國的圖謀雖未得逞，但仍然對中國造成一定的傷害。具體體現在中國的國際形象下滑，而又有不少國家對中國的崛起產生疑慮。

香港回歸以來，中國以勢不可擋的態勢在國際舞台出現。直到 1990 年代後期，西方和其他國家雖然驚訝於中國的持續多年的經濟增長，但卻不會引以為憂，反而認為中國的發展對世界有利，甚至相信，由於中國的發展依賴西方的支持，中國必會熱衷於加入由西方主導的國際秩序並嚴格遵守由西方制定的遊戲規則（儘管那些規則向西方利益傾斜）。然而，中國往後的急速持續發展卻令西方和個別其他國家感到焦慮，它們認為中國晉身強國之林已無懸念，但中國的意圖對它們來說卻並不清晰。尤其是對於中國將會是一個願意在現有國際體系內運作的"維護現狀"的大國（status quo power），還是一個好像二次大戰前德國和日本般致力於改造甚至推翻現有國際體制的大國，它們無法確定。西方的憂慮和恐懼在2008年全球金融海嘯爆發後進一步加深。全球金融海嘯不單蹂躪了西方金融和經濟，造成了嚴重的民生疾苦，更重要的是打擊了人們對西方制度和價值觀的信心，摧殘了西方的"軟實力"。相反，所謂"中國模式"或"北京共識"（Beijing Consensus）則對部分發展中國家具有吸引力。面對新的機遇與危機並存的國際格局，中國無論是官方還是民間都不斷進行思考。一系列新的政治概念破繭而出，"中國崛起"、"和平發展"、"新安全觀"、"新型大國關係"、各種中國與其他國家的"戰略合作夥伴關係"、"和平外交"、"和平世界"、"和諧世界"、"反霸權主義"、"多邊合作"、"反對單邊主義"和"天下體系"等，都充分反映國家在走向富強途中對其國際戰略的反思和重塑。[41] 簡言之，香港回歸後國家的崛起和西方的不安在頗大程度上改變了國家所面對的國際格局，促使國家調整其國際戰略。

41　可參考倪建民、陳子舜，《中國國際戰略》（北京：人民出版社，2003）；秦亞青主編，《大國關係與中國外交》（北京：世界知識出版社，2011）；鄭啟榮、牛仲君，《中國多邊外交》（北京：世界知識出版社，2012）；王逸舟，《創造性介入：中國外交新取向》（北京：北京大學出版社，2011）；周方銀、高程主編，《東亞秩序：觀念、制度與政策》（北京：社會科學文獻出版社，2012）；付瑞紅，《美國東亞政策的中國因素》（北京：中國社會科學出版社 2012）；孫哲主編，《亞太政策變局與中美新型大國關係》（北京：時事出版社，2012）；王公龍，《中國特色國際政策思想體系研究》（北京：人民出版社 2012）；北京外國問題研究會，《亞洲區域合作路線圖》（北京：時事出版社，2006）；趙汀陽，《天下體系：世界制度哲學導論》（北京：中國人民大學出版社，2011）；王湘穗，《趕超與遏制：中美博弈的歷史邏輯》（武漢：長江文藝出版社 2012）；鄭必堅，《中國和平發展與構建和諧世界》（北京：人民出版社，2012）；金燦榮等，《大國的責任》（北京：中國人民大學出版社，2011）；戴旭，《C型包圍：內憂外患下的中國突圍》（上海：文匯出版社，2010）。

一個清楚的事實是，中國政府於上世紀八零年代初提出解決香港前途問題的“一國兩制”方針時，主要的考慮是香港在國家的“引進來”發展策略中的作用，沒有對香港在國家的國際策略中所能擔當的角色進行思考。作為一個重大課題，香港在國家的國際戰略中的“新”角色在最近兩三年才逐步浮現，內地與香港都多了一些人着手探討這個對香港的未來至關緊要的事項。

這個課題的提出，與幾個國內外形勢的發展趨勢有關。“大國崛起”，國家的經濟、金融、軍事、外交影響力在國際上（尤其在東亞地區和非洲）的提升，國家的利益（貿易、資源、安全、投資、金融）在世界上無遠弗屆，國際社會要求中國在國際事務中扮演更積極和“負責任”的角色，西方國家對中國崛起的擔憂和“中國威脅論”的提出，美國重返亞洲和它對華的“包圍”（encirclement）策略的逐步形成，中美在東亞地區的利益和主導權的爭奪，中國的新發展模式（逐漸降低基建投資和出口的重要性、拉動內需並提升現代服務業的比重）亟需國際上的支援配合，內地的產能過剩已經到了國內市場不能承托的地步，國家需要提升其國際形象和在世界上的“軟實力”，國家不斷增加的資本和勞務的輸出，國家對美元長期貶值和美國的“不負責任”的財政與貨幣政策的不滿和憂慮等。這些趨勢的發生驅使中國政府不得不擬定一套應對嶄新形勢的國際戰略以維護國家利益。當然，這套策略迄今還在積極探索和逐步部署之中，但香港在其中可以發揮的作用已經若隱若現。

籠統來說，在新時期中，中國的國際戰略有以下幾個重要的組成部分：

第一，營造一個有利於中國發展和海外拓展的和平國際環境。中國經濟的高速增長，經濟上與世界各地的關係越趨緊密，在國外發展與工作的國民不斷增加，顯示中國的利益已經無遠弗屆，遍佈全球。世界和平、航運通道暢通、國際體系和秩序運作順利、以聯合國為首的各類國際組織有效運轉、國家主權和領土完整得到國際社會的尊重、國與國之間的爭端通過既定機制和程序解決、各國通力合作解決困擾全球的難題（全球暖化、氣候變化、國際恐怖主義、區域性軍事衝突、特大傳染病傳播、貧窮問題、大殺傷力武器擴散）等全球性課題能否處理好對國家的未來十分重要。中國在維護國家利益的大前提下，利用本身有限的資源盡力與其他國家及國際組織一起負起促進世界和平的責任，但同時又小心避免承擔過多的責任。[42]

第二，促進自由貿易和反對保護主義。近年來世界上出現的一個吊詭的現象，是社會主義中國比自詡為自由經濟典範的美國更鼓吹自由貿易和反對各種形式的投資和貿易保護主義。美國和歐盟長期在對華貿易上的不平衡，已經在西方世界引發明顯的針對中國的保護主義，各式貿易和投資壁壘紛紛湧現。自從金融海嘯爆發以來，保護主義更見洶湧。意圖限制個別中國出口產品的關稅、規則和措施層出不窮。中國企業在西方國家的收購、投資與合併計劃又受到種種基於政治原因的阻撓和抵制。為了保衛國家利益，中國利用不同的國際舞台積極和堅定捍衛自由貿易，反對保護主義，並儘量利用世界貿易組織（World Trade Organization，WTO）和其他國際經貿組織宣示立場。當前由西方主導的全球化進程有倒退之險，這從杜哈（Doha）談判進展受阻可見一斑。貨物出口乃迄今為止中

42　近年來一些西方國家刻意吹捧中國為超級大國，催促中國把自己看成為“負責任的大國”（responsible power）並承擔更多的國際責任和義務。不少人認為此乃使中國耗費更多國力在與自己沒有關係的國際事務上，從而減慢其自身發展速度的“陰謀”。

國經濟增長的最大動力，任何削弱自由貿易的行動和政策都對中國不利，因此必須遏止。

第三，發展睦鄰關係以維護國家安全。近二十年來，亞洲尤其是東亞地區在經濟上迅速崛起。1997 年發生的亞洲金融風暴的確對東亞國家打擊嚴重，但隨後東亞國家陸續調整財政和金融政策，採取審慎和穩重的經濟發展策略，並加強彼此間的經貿和金融合作，更好的防範和應對可能出現的危機。其中有關金融互助的"清邁協議"（Chiangmai Initiative）的簽訂和"東盟 + 中國"的"十加一"自由貿易區的建立堪稱典範。此外，亞洲國家之間的經貿往來越趨密切，為日後亞洲或東亞地區的"自由貿易區"或更高層次的區域合作（比如共同市場）打下良好的根基。[43] 由於亞洲特別是東亞地區對全球經濟增長的重要性日甚一日，中國與周邊國家的關係也越來越重要，這不單在經濟上如是，在國家安全上也如是。東亞國家在經濟上對中國的倚重程度持續上升，但同時它們在東海與南海與中國爭奪領海、領島和資源的衝突也不斷增加。幾年前美國高姿態表示要"重返亞洲"，把戰略與軍事重點從中東移到東亞地區，並不斷唆使中國的鄰國主動對華採取挑釁性行動。美國進而打算改造跨太平洋夥伴合作協定（Trans-Pacific Partnership，TPP），

---

43 見 Gilbert Rozman, *Northeast Asia's Stunted Regionalism: Bilateral Distrust in the Shadow of Globalization* (Cambridge: Cambridge University Press, 2004)；Kent E. Calder and Francis Fukuyama, (eds.), *East Asian Multilateralism: Prospects for Regional Stability* (Baltimore: The Johns Hopkins University Press, 2008)；Alice D. Ba, *Re Negotiating East and Southeast Asia: Region, Regionalism, and the Association of Southeast Asian Nations* (Stanford: Stanford University Press, 2009)；Gilbert Rozman, *Chinese Strategic Thought Toward Asia* (New York: Palgrave Macmillan, 2010)；Kent Calder and Min Ye, *The Making of Northeast Asia* (Stanford: Stanford University Press, 2010)；David Shambaugh and Ren Xiao, "China: The Conflicted Rising Power," in Henry R. Nau and Deepa M. Ollapally (eds.), *Worldviews of Aspiring Powers: Domestic Foreign Policy Debates in China, India, Iran, Japan, and Russia* (New York: Oxford University Press, 2012) .

使之成為一個以美國為首但旨在排拒中國的龐大自由貿易區。美國的目的除了自身的國家利益外，更有遏制中國經濟崛起的作用。此外，美國又加強它與日本的軍事同盟，並涵蓋釣魚島以至台灣地區，其遏制中國在海上力量的擴張，把中國海軍的活動範圍局限在第一島鏈之內的意向明顯不過。[44] 因此，中國的睦鄰友好外交政策能否成功，對國家的安全和發展利益事關重大。[45]

第四，從世界各地獲取能源、自然資源和可耕地以推動自身的持續發展。中國雖然地大，但物卻不博。近二十年來的蓬勃經濟發展和人民生活水平的提高，使中國愈益依靠其他國家供應其持續經濟增長的必須品，當中石油最為關鍵。為此，中國與一些歐洲（俄羅斯）、中東（伊朗、沙地阿拉伯）、中亞細亞（哈薩克斯坦、烏茲別克）、非洲（蘇丹、安哥拉）、東亞（緬甸、印尼）和拉丁美洲（巴西、委內瑞拉）國家建立了緊密經貿關係，從那些國家大量

44 美國在中亞細亞地區的經營，有着"聲西擊東"的戰略目標。當中國的西部邊陲地區受到威脅時，中國在西太平洋的海上軍事實力的拓展便會受到制約。見 Robert D. Kaplan, *The Revenge of Geography: What the Map Tells Us about Coming Conflicts and the Battle Against Fate* (New York: Random House, 2012) 及 Alexander Cooley, *Great Games, Local Rules: The Great Power Contest in Central Asia* (New York: Oxford University Press, 2012).

45 見 John J. Mearsheimer, *The Tragedy of Great Power Politics* (New York: W.W. Norton, 2001);Robert Kagan, *The World America Made* (New York: Alfred A. Knopf, 2012); Aaron L. Friedberg, *A Contest for Supremacy: China, America, and the Struggle for Mastery in Asia* (New York: W.W. Norton, 2011); F. William Engdahl, *Full Spectrum Dominance: Totalitarian Democracy in the New World Order* (Joshua Tree: Progressive Press, 2009); David Shambaugh (ed.), *Tangled Titans: The United States and China* (Lanham: Rowman & Littlefield, 2013); Andrew J. Nathan and Andrew Scobell, *China's Search for Security* (New York: Columbia University Press, 2012); Thomas G. Mahnken, *Competitive Strategies for the 21st Century: Theory, History and Practice* (Stanford: Stanford University Press, 2012)；Jeffrey A. Bader, *Obama and China's Rise: An Insider's Account of America's Asia Strategy* (Washington , D.C.: Brookings Institution Press, 2012)；Michael Mandelbaum, *The Case for Goliath: How America Acts as the World's Government in the 21st Century* (New York: PublicAffairs, 2005); David Shambaugh (ed.), *Power Shift: China and Asia's New Dynamics* (Berkeley and L.A.: University of California Press, 2005); Richard C. Bush, *The Perils of Proximity: China-Japan Security Relations* (Washington, D.C.: Brookings Institution Press, 2010); Edward N. Luttwak, *The Rise of China vs. the Logic of Strategy* (Cambridge, MA: The Belknap Press of Harvard University Press, 2012).

進口石油和各類金屬和礦產品。就算在農業方面，中國也致力於在非洲和拉丁美洲購買可耕地和種植農作物以應付糧食和工業生產所需。中國在全球汲取資源的做法，不但引起了世界市場上商品價格的上升，也引起了一些國家的警惕。有人甚至詆醜中國為"新殖民者"，無視中國在促進落後國家發展上的各種建樹。[46]可想而知，今後國家在從外購買各類資源時肯定會面臨越來越多的阻力。

第五，貫徹輸出資本、技術、人才、勞工和推進企業往海外開拓的"走出去"戰略。憑藉三十多年"改革開放"的成功，中國從資本和人才的輸入者搖身一變為資本、人才甚至勞工的輸入者兼輸出者。國家成立主權基金的目標，就是要為龐大的外匯儲備爭取更大的回報，也是要讓國家在海外獲取有利於國家長期和持續發展所需要的戰略資源和條件。企業到海外拓展是為了開拓更廣闊的市場，進行跨境生產佈局，建立全球供應鏈，建構全球化的行銷和服務網路，發展大型跨國企業，學習管理和營運大企業的本領和培訓高端人才。人才和勞工的輸出不但是為國民製造更多的就業和發展機會，更有為國家的外交政策服務之意。誠然，與發達國家相比，中國在這些方面的出口還差得遠，但已經引起外國人的嫉妒和疑慮。然而，這個"走出去"的趨勢卻是方興未艾，並且不可逆轉。

第六，國家的金融業、銀行、和人民幣需要走向國際化，才能與國家的綜合國力相匹配，並在全球金融一體化格局中爭取利益和領導地位。人民幣國際化，首先在東南亞地區廣泛應用甚至成為該區國家的儲備貨幣之一，乃國家整體和長遠發展戰略的中心環節，對於減少國家的金融風險、提升國家在國際金融和貨幣體系中的影

46 例如可參考 Deborah Brautigam, *The Dragon's Gift: The Real Story of China in Africa* (New York: Oxford University Press, 2011).

響力、降低政府和企業的融資成本、促進國際金融穩定、改革現有世界金融秩序和體制、約束西方國家的“不負責任”的財政與貨幣政策、推動對外投資、增加內需、為內地同胞提供更多的投資管道等都有正面作用。當然，金融和人民幣“走出去”取決於國家的經濟發展方式的成功轉變，比如説，國家長期的對外貿易盈餘和中國與西方持續的貿易失衡都使得國際上流通的人民幣數量稀少，難以發展出大量的以人民幣定價和支付的貨幣、消費、融資和投資產品。

無論如何，金融和人民幣“走出去”的意義不僅在於經濟和金融領域，另外一層意義則是國家可以在國際舞台和事務上發揮更大的政治、外交和文化影響力，對國家的安全包括金融安全有莫大裨益。

第七，在世界各地展現中國的“軟實力”。在當今世界，只靠經濟和軍事等“硬實力”不足以成為舉足輕重的大國強國，還需要憑藉“軟實力”以爭取國際社會人士對中國的好感、認同和欣賞。中國的歷史、思想、習俗、價值觀、發展模式、社會形態、政治體制、飲食文化、音樂、電影、藝術等與精神文明相關的東西在成就大國崛起上的重要性不遑多讓。中國不僅要培育、壯大和輸出它的“軟實力”，更要注重國家的文化安全，不讓外來的“消極”和腐朽文化荼毒國民及損害中華文明。迄今為止，與“硬實力”比較，中國的“軟實力”甚為落後。中國的“軟實力”在國際上無法與西方的“軟實力”比拼。不少論者認為中國的“軟實力”要不頗為獨特，難以為其他人所採納和模仿，要不缺乏“普遍的”吸引力，只可以在華人社會有“市場”。如何使廣義的中國文化和中華文明經過精心“包裝”後打進國際市場並吸引到全球的目光是國家未來發展的一大挑戰。

第八，通過戰略性的經濟、金融、教育、外交和對外援助等

“投資”來結交朋友。為了營造有利於國家長期發展的外部環境，外交政策固然十分重要，其他表面上看似與外交或外事“無關”的工作其實在現今世界同樣重要，尤其是對爭取發展中國家而言。毋庸置疑，發展中國家在中國的國際戰略中的地位極為重要，它們不但是中國獲取能源和資源的主要來源地，更是中國賴以抗衡西方霸權主義的重要朋友。中國與其他國家進行經貿往還的同時，通過各種各樣的投入、合作和援助，推動那些國家的發展、人才的培訓、基本建設的營造和人民生活的提高，肯定對贏取它們對中國的友誼和支持有幫助。

第九，推動東亞地區的自由貿易區的建設。當全球化進程趨於緩慢，各式投資和貿易保護主義紛紛抬頭之際，地區性的、帶有“排他主義”色彩的區域經濟合作組織卻陸續出台。歐盟固然是其中的典範，但整合程度較低的自由貿易區近年來在東亞、南亞、中東、非洲和拉丁美洲已經出現。從地緣政治角度看，與中國毗鄰的東亞國家在經濟上對於中國極為重要，而彼此間的利益聯繫也較多。2010 年中國與東盟十國的自由貿易區的正式建成對國家未來的發展而言意義重大。它不但標誌着中國與那些國家的關係與過去相比已經大為改善，也反映彼此間的經濟依存度大幅增加。最近，中國、日本和南韓已開始就由三國組成的自由貿易區進行談判。雖然東北亞的局勢並不穩定，而中、日兩國和日、韓兩國的關係又存在着由歷史因素造成的緊張態勢，但基於共同利益和需要，三國仍然願意朝經濟合作之路邁進。然而，對中國來說更大的挑戰還在前頭。美國基於自身利益絕對不會允許中國成為領導或主導東亞與亞洲的“霸主”。亞洲作為全球經濟增長的火車頭乃美國的核心利益所在。美國一貫的戰略思維，是不允許歐亞大陸、亞洲或東亞地區為美國以外的國家所支配和主導。[47]當前在這方面對美國構成最大威脅的是中國，美國國力的持續下降使得它對來自中國的威脅更為戒懼，中、美兩國在可預見的將來在亞洲的摩擦和爭議肯定不絕如縷。

第十，隨着國家國力的長足增長，國家利益遍佈全球，西方國家對中國崛起的不安和恐懼，台獨、藏獨和疆獨分離勢力的肆虐，國際恐怖主義的擴散，南海和東海局勢的不穩和中、美大國博弈的激化，國家安全的問題趨於嚴重，而且越來越複雜和多元化。傳統的軍事和外交安全固然重要，但金融安全、經濟安全和文化安全也不可忽視。在不少“顏色革命”中，西方賴以推翻其他國家政權的利器已經不再是武力攻擊、策動軍人或民眾叛變或以情報機構暗中顛覆，意識形態的滲透、培植反政府的民間力量和組織、建立和強化反政府的媒體和政黨、藉助宗教力量等“和平”和“非暴力”手段更被廣為運用。[48]中國雖然國力日益強大，但國家安全問題卻更為殷切。目前中國的改革開放正處於“攻堅”階段，容易促發內部不穩，也容易提供機會讓境內和外部“敵對勢力”伺機而動。國家內部維穩和抵禦外來挑釁的任務十分繁重。香港作為高度開放的城市，是各種國際反共勢力活躍之地，加上部分港人尤其是反對勢力以推動國家走“和平演變”為己任，香

47 見 Zbigniew Brzezinski, *The Grand Chessboard: American Primacy and Its Geostrategic Imperatives* (New York: Basic Books, 1998) 及 *Strategic Vision: America and the Crisis of Global Power* (New York: Basic Books, 2012).

48 見 Mark MacKinnon, *The New Cold War: Revolutions, Rigged Elections, and Pipeline Politics in the Former Soviet* Union (New York: Carroll & Graf Publishers, 2007);Tony Smith, *America's Mission: The United States and the Worldwide Struggle for* Democracy (Princeton: Princeton University Press, 2012); Lincoln A. Mitchell, *The Color Revolutions* (Philadephia: University of Pennsylvannia Press, 2012); William Blum, *America's Deadliest Export: Democracy – The Truth about US Foreign Policy and Everything Else* (New York: Zed Books, 2013).

港內部反共力量與國際反華勢力串聯起來的可能性不能抹殺。部分港人基於良好意願而在不自覺的情況下被別有用心的人利用為對付內地和中央的籌碼的事也會發生。因此，香港雖然在很多方面都可以配合和支持國家的國際戰略，但在某些情況下香港又可能成為國家安全的威脅。涉及到國家安全的基本法第二十三條的立法工作舉步維艱，而香港與內地又遲遲未能達成互換逃犯的協議，加上香港作為國際金融中心又成為一些內地非法資金的庇護所，為此中央對香港會否成為國家安全的威脅不敢掉以輕心。

最後，隨着國際形勢的發展，非政府組織和民間團體在國際舞台上所發揮的作用越來越大。一直以來，所謂“外交”乃各國政府之間的官方往來。時至今日，“外交”的內容已經大幅擴大，國家層次以下的組織比如地方政府、民間機構以至個別人士都可以發揮“外交”的功能。互聯網和其他資訊科技的迅猛發展，更讓非政府組織可以在國際舞台上叱吒風雲。中國政府近年來越來越重視公共外交、民間外交或國民外交在國家與其他國家及國際社會的作用，希望憑藉社會力量強化外交工作的成效。問題是，中國社會迄今仍是政府主導的社會 ，民間社會的力量相對薄弱。內地的非政府組織大多與官方有從屬關係，難以讓外界相信它們是真正的民間團體，從而削弱了它們在世界上的認受性和公信力。即使中國政府銳意扶持民間力量，而它事實上也正在致力於此，但由於體制所限，在可預見的將來難以有重大突破。

香港憑藉其自身的優勢和“一國兩制”方針所賦予的獨特地位和條件，在不同方面其實都可以參與、支持和配合國家在二十一世紀的國際戰略，尤其在協助國家在金融和經濟“走出去”的政策，從而強化香港對國家的重要性，讓“一國兩制”更具生命力及增加香港自己的發展潛力。[49] 在國家安全方面，情況則比較複雜。一方面，如果國家的國際戰略能夠取得成果，國家安全自然會得到鞏固。香港在支持和配合國家的國際戰略時也因此為維護國家安全作出貢獻。另方面，香港也是各方國際勢力雲集之地，加上部分港人對中國共產黨心懷敵意，香港被敵對勢力利用成為"反共基地"或"顛覆基地"的可能性永遠不能抹殺，對此中央、特區政府和香港的愛國愛港力量不能掉以輕心，必須時刻保持警惕戒懼心態。不過，即便如此，總的來說香港對貫徹國家的國際戰略的作用還是正面的，而"一國兩制"方針也早已將各種考慮消融在內。

就當前內外嶄新形勢下國家的國際戰略中，香港憑藉其特殊條件和優勢可以在幾個重要領域參與到其中。其中比較明顯的是支援國家的"走出去"政策，尤其是企業、金融機構和人民幣的"走出去"及國家的全球性"軟實力"建設工作。[50]

今天，無論是內地企業對外投資的流量還是存量，香港都佔了60%左右的比例。香港已經成為內地企業跨境投資和生產佈局的資金來源地和首要選擇。香港極高的國際化程度、緊密的國際和區域聯繫、對海外市場的法律環境和運作方式的了解、與國際接軌的高端服務業都是內地企業看重的優勢，也是它們藉助香港作為拓展全球業務的原因。香港未來可以進一步加強其作為內地企業"走出去"的戰略融資和全球生產佈局的平台，幫助國家加快實施"走出去"戰略。香港可以利用成熟的商會組織為載體，建立中國海外

49　可參考國家發改委宏觀經濟研究院，《"十二五"時期香港在國家發展中的作用》（北京：國家發改委宏觀經濟研究院，2011）。

50　香港特別行政區政府中央政策組多年來就香港在國家"走出去"政策和提升對外"軟實力"計劃進行研究，特別着重香港所能扮演的角色。由於相關的研究報告沒有公開發表，外人無從閱覽。不過，本章中的相關內容部分參考和擷取了一些研究的成果和建議。在此我感謝參與研究的內地和香港的專家和學者。

投資企業商會，為內地企業提供全方位服務。國家還可以利用香港良好的教育資源，對"走出去"的企業人才進行有針對性的培訓。內地也可以與香港的金融保險市場合作，支援內地企業到海外拓展。香港作為開放的國際城市，加上它擁有高端的行銷、廣告、媒體、公關、顧問、設計、會計、法律等能與國際接軌的人才，可以為內地的產品在世界上建立品牌，大幅提高"國貨"在世界市場上的"議價"能力。

未來較長時間，香港在推動內地企業獲取國外戰略性資源中可以發揮幾方面的重要作用。其一是內地與香港聯合開展跨國併購以減少政治風險，具體可通過有內地背景的企業和香港企業合作共同引進技術，利用在港分支機構獲取海外資源能源，和香港金融機構共同合作開展海外併購等方式。其二是鼓勵香港的相關服務業為內地企業在港分支機構和內地大中型國企"走出去"提供優質服務，充分發揮香港專業服務人才了解國際規則，熟悉國際體系的優勢。其三是通過直接聘請、高端人才培訓和教育等方式，為內地企業獲取海外資源能源提供人才支援。 其四是進一步加強本地海外分銷管道和內地製造業之間的合作，為其開闢國際銷售管道提供條件。其五是積極支援內地企業和香港企業聯合獲取知名品牌，並鼓勵香港企業為內地企業創造、經營和管理國際品牌提供優質增值服務。其六是支持香港物流企業積極參與內地企業的國際銷售管道建設，為內地的市場開拓"走出去"提供高品質的物流服務。

目前，內地企業拓展境外承包工程業務面臨增長方式粗放，融資能力普遍較弱，外匯風險較大和人才短缺等諸多挑戰。香港作為國際金融中心和成熟的工程外包市場，在支援內地企業對外承包工程中可以發揮積極作用。其一是協助內地企業拓展融資管道，包括協助內地企業在國際市場上進行專案融資；積極開展金融創新，為內地承包商提供合適的金融產品；香港銀行可通過向內地承包商提供融資、擔保結算、諮詢等多功能、全方位的配套服務，利用自身資金和信用為承包商的投資進行風險管理。其二是發揮香港人民幣離岸金融中心的地位，對沖人民幣匯率風險。其三是在國際工程保險方面提供專業服務。其四是在解決國際工程承包爭議中發揮積極作用。其五是協助推動內地設計諮詢企業“走出去”，推動對外承包工程業務升級。

未來一段時間，國家經濟快速增長、通貨膨脹水平可控、人民幣升值預期、美元疲軟和中國政府政策推動等五個支撐人民幣國際化的因素將繼續發揮作用，人民幣國際化預計仍將以較快速度推進。不過，人民幣國際化的推進也可能帶來一定風險。就香港而言，目前已經是跨境人民幣結算的主要境外地和實際上的人民幣離岸中心。未來一段時間，香港將繼續發揮人民幣離岸中心的作用：一是成為跨境人民幣結算的主要地；二是人民幣離岸融資中心，包括貿易融資、內地企業“走出去”融資、人民幣外國直接投資（FDI，Foreign Direct Investment）融資和內地中小企業融資等；三是人民幣離岸投資市場，發展多品種、多層次的人民幣投資市場，包括債券、股票、基金、保險和金融衍生產品市場，成為人民幣離岸投資中心；四是離岸人民幣價格的主要定價地，逐漸成為離岸人民幣利率和匯率的主要定價場所，特別是隨着人民幣無本金交割遠期外匯市場的發展，人民幣遠期匯率的主要定價地從新加坡無本金交割遠期外匯（NDF，Non-Delivery Forward）市場轉移到香港；五是人民幣國際化風險的重要緩衝地，一方面香港可通過開發多品種、多層次人民幣投資市場，吸引離岸人民幣在港彙集，減輕人民幣回流給內地資本帳戶開放帶來的壓力，另一方面香港金融監管當局可通過與內地貨幣當局合作，對人民幣跨境流動進行密切監控，防範資本大規模流動可能帶來的風險。

內地銀行業“走出去”還處於初始階段。下一步，內地銀行業“走出去”面臨難得的機遇，包括銀行業實力日漸雄厚、內地企業對外直接投資步伐加快對銀行業“走出去”提出更高要求以及人民幣國際化為內地銀行“走出去”創造了機遇，但也面臨着明顯的風險和挑戰，這些風險和挑戰既可能來自內地銀行自身原因，也可能來自外部監管環境的變化以至文化的差異。目前，香港是內地銀行“走出去”的境外主要地區，對於協助內地熟悉國際規則、接受國際市場的磨練、提升國際競爭力起到非常重要的作用。下一步，香港在內地銀行“走出去”中將依然扮演至關重要的角色。具體而言，香港將成為內地銀行境外投資的第一站、開拓亞洲市場的重要根據地、人民幣離岸業務的主要開展地、向歐美市場進軍的人才訓練地以及降低海外風險的重要緩衝地。

在建構對外“軟實力”方面，國家起步比較晚，但目標明確和重要。構建對外軟實力的目標包括保障和提高中國的國際地位，改善和重塑中國的國家形象，及服務和促進中國的對外戰略。目前西方文化、制度和價值觀雖然在國際上受到一些質疑，但無可否認仍居絕對優勢和主導地位。在未來的一段日子，國家將會迎難而上，竭力強化中國在國際社會的文化影響力，尤其會放重點於若干領域。其一，中國會着重宣揚其得到國際社會肯定的政治價值觀念，主要有四個方面：高舉和平、發展、合作的旗幟；與鄰為善，致力於和諧世界的建設；堅持平等協商，走互利共贏的道路；推進國際合作，共用成果，共同承擔。其二是弘揚中華優秀傳統文化，讓中國人的文字、藝術、文學、歷史、飲食、建築、潮流、設計、體育、思想、武術、醫學、倫理觀、養生處世等中華民族引以為傲並認為能為世界文明和和平作出貢獻的精神和物質的碩果走向世界。其三，中國過去幾十年的“發展模式”雖然頗為獨特，但在不少方面仍可讓其他發展中國家借鏡，尤其在急速經濟發展時保持社會的相對穩定和在極短時間內讓數以億計的人脱離貧困。

香港本身擁有一些內地缺乏的“軟實力”優勢，包括香港擁有較高的國際認知度和緊密與廣泛的國際聯繫，香港享有不錯的國際地位和信譽，香港是多元文化交融之地，香港的精英分子具有國際視野和參與國際事務的經驗，香港大眾媒體對外輻射力強，國際媒體雲集香港，香港的娛樂文化富有魅力（尤其對全球華人而言），香港教育與國際接軌，香港的宗教團體十分活躍，香港的非政府組織日臻成熟和活躍，香港具有英語的優勢等。

香港在國家構建對外“軟實力”策略中可以擔當幾個角色。其一是“牽線搭橋、斡旋仲介”，國家可以通過香港輸出和引進先進理念、文化和規則，利用香港作為內地融入國際社會的跳板。其二是“先行試驗、典型示範”，國家要把自己的文化產品推向世界，可先到香港來接受測試和驗證，只有在香港能夠站穩腳跟，才有“走出去”的潛力。其三是“借力發力、助推起飛”，香港是國家的精神產品最佳的“包裝師”和“推銷員”，也可以運用自身的國際團隊直接在世界舞台上為拓展中國的對外“軟實力”提供助力。

具體而言，香港可以採取以下方式協助國家對外“軟實力”的構建。其一是協助中國政府加大文化領域的投入，強化和重塑核心價值觀。中國文化目前正面臨向傳統回歸和實現社會主義現代化的巨大張力，同時也初步具備了“走出去”的雄厚基礎，一套融匯優良的傳統與現代文明、價值和制度體制應該是建構中國對外“軟實力”的關鍵。同時，香港文化也是中國文化“軟實力”建設的不可或缺的一部分。香港文化的多元性、開放性和包容性，其對自由、法治、人權、誠信、公義、秩序、仁愛的執着，對重塑中華文明有相當的參考價值。香港可以為振興中華文化，強化和塑造中國的核心價值觀作出貢獻。香港可以幫助內地將文化精品推到國際舞台上亮相，可以幫助內地建設有國際競爭力的文化產業，可以幫助內地培育和提升中國文化的品牌，也可以幫助內地培養國際化的人才。

其二是協助中國政府將民族、宗教問題作為拓展“軟實力”外交的增長點。當今世界飽受民族和宗教衝突的困擾。香港作為一個多民族、多宗教共存的國際城市，在處理民族和宗教問題上累積了一些經驗，這些經驗是國家拓展對外“軟實力”的寶貴資源。香港可以協助內地宗教界同仁廣泛開展國際交流，尤其在展示內地在宗教領域的開放與包容，弘揚中國的和諧社會理念，提升中國的“軟實力”和國家形象。香港教區的宗教領袖也可以探索在梵蒂岡教廷與內地天主教會間居間斡旋的路徑。

其三是協助中國政府推進對外傳播機制創新，提升中國的話語權和議題設置權。香港具有國際影響力的媒體與內地同行之間的互利合作可以增強，幫助內地媒體熟悉國際話語體系和商業化運作模式，強化對外報導的國際公信力。香港是國際主流傳媒雲集之地，也是各種資訊的集散中心。香港可以為內地媒體與國際媒體搭建交流的平台，讓中國的聲音通過這些管道進入西方主流社會，提高中國在國際上的知名度和認同感。隨着互聯網和網路媒體的崛起，各國在輿論領域的博弈已拓展到沒有時空限制的互聯網。香港可以向內地介紹自身在規範和引導新媒體，實現公共傳播和公共動員結合的經驗，促進民間傳播與主流傳播的並軌。

其四是協助中國政府推動非政府組織和發展，深化和擴大公共外交。當前世界由普通市民和非政府組織（NGO，Non-Governmental Organization）推動的民間外交和公共外交在國際社會所產生的作用越來越大。民間外交原來是中國外交的優勢，但主要由非政府組織推動的公共外交卻是一項新的挑戰。在這方面，香港可以提供內地用現代化手段管理和使用非政府組織的借鑒。香港也可以作為"孵化器"幫助內地非政府組織到國際舞台亮相。香港可以提供非政府組織活動與提升國家形象相結合的範例，特別是在救災、扶貧、環保、防疫等領域。

在利用香港協助國家構建"軟實力"之同時，國家有需要為香港創造更佳的條件。比如說，國家可以推動香港按照有關的國際條約積極參與國際組織的活動，特別是與經濟、貿易和金融有關的活動；國家可以推動香港進一步提升它在國際金融和貿易領域的地位；推動香港派遣民間人士參與聯合國發起的教育、環保和文化等活動；在中國派駐聯合國及其屬下的國際組織的代表團中增設香港代表；加快培養並吸收香港出生的年輕人加入涉外談判團隊；儘量發揮駐港外國總領事館、領事館和名譽領事的作用；香港作為堅定的自由貿易捍衛者可以與國家一道在世界舞台上推動自由貿易和反對各種形式的保護主義。

在國家推動東亞地區的區域經濟合作上，香港憑藉其與周邊國家的密切關係可以在不同方面替國家效勞。從 2010 年開始，由美國"重返"亞洲戰略引發的一系列與中國鄰國相關的事件，給東亞地區的穩定和區域合作都投下了陰影。可以說，東亞局勢自此發生了重大的變化，中美戰略較量不可避免。東亞國家不僅將面臨更為艱難的經濟和安全的利益選擇，東亞內部政治紛爭也將更形複雜。

我國近年睦鄰政策成效顯著，2010 年中國－東盟自由貿易區如期建成，為東亞區域合作增添了制度基礎。但是，必須看到，中國的經濟牽引力，並未能較好地轉化為政治和文化的整合力。中國亟待消除周邊國家的憂慮和戒心，增進了解、增加互信，使經濟合作轉化為政治領導力和文化親和力。國家可以利用香港與東南亞深厚的聯繫與"一國兩制"的優勢，將香港搭建為中國與東盟深入合作的"文化外交"平台，增進彼此了解、提高政治互信，在鞏固中國與東盟"10+1"合作的基礎之上，逐步推動東亞區域"10+3"（中國加日本和南韓）的合作。由於冷戰等歷史原因，東亞有些國家是美國的盟友，有些是小國，他們對中國迅速崛起懷有憂慮與偏見，本屬正常。但是，美國正是利用了周邊國家對中國的戒心，只靠挑撥和煽動就對中國形成了巨大的戰略壓力。而中國對美國作出的任何反應，包括軍事現代化的進展等，又進一步強化了周邊國家的疑慮，強化了美國希望營造的東亞同盟體系，也進一步減少了東亞國家與中國的互信。美國之所以輕易得手，其中一個重要的原因是中國缺乏必要的話語權，陳述的中國區域發展意圖沒有説服力，也缺乏各個層面與區內溝通交流的平台。

同時，中國與東亞國家民眾之間的了解和好感並未因經濟上的密切往來而增加。中國的利益向區域擴展時，沒有做好足夠的鋪墊工作，讓周邊國家感到焦慮。因此，國家必須在領域外交中，進行大的戰略思考，以預防式的來取代目前補救式的政策對策。周邊是中國強盛的重要平台，國家的利益擴展和"走出去"都要從周邊開始。必須改變目前中國這種"自説自話"的話語狀況，設立平台，有針對性和有效地消除周邊的恐懼與偏見。

從目前的情況看，這個鋪墊的工作可從兩方面展開：第一是加強交流，只有相互熟悉，建立了信任以後，由隔閡而產生的猜疑才能消除；第二是以前我們需要到別人搭的枱子上，按照別人的規則來當配角、跑龍套，現在中國應主動搭建自主、平等對話和交流的枱子，促進區域的交流和協商。因此，國家務必應該儘早制定新的外交戰略，順應中國"走出去"的需要，使東亞的外交局面從被動走向主動。

香港與東亞國家之間更是有着深厚的歷史和商業往來。特別應該注意的是，香港這個移民城市有着過百個同鄉組織，他們與海外，尤其是東南亞華人有着歷史悠久的聯繫和涵蓋廣闊的關係網絡。這些華人網路是中國獨有的優勢，曾為改革開放作出巨大貢獻，而香港則一直被看成是海外華人的文化中心。

民間社會發達是香港的另一個特點，也是推動文化外交和公共外交的最好條件。從目前的趨勢看，社會文化交流與合作將是東亞合作最值得期待的擴展領域，尤其在經貿和金融合作遭遇瓶頸時，社會和文化合作可起到緩衝和塑造良好氣氛的作用。民間社會推動公共外交的最大特點就是其靈活性。

國家可以考慮香港的優勢，訂立相關的政策與機制，將香港納入國家區域戰略之中，充分發揮香港對外交往經驗豐富和聯絡廣泛的優勢。

總而言之，香港需要不斷發掘和更新其對國家發展的角色與作用，如此方能鞏固它在國家的重要地位和促進自身的不斷發展，讓"一國兩制"方針的內容更加豐富、更加與時俱進、更有利於促進香港同胞與內地同胞的感情，而如何配合好國家的國際戰略肯定是港人必須認真思考的。

第二部分

香港本土政治

第三章　新政治遊戲規則與特區的管治[51]

所謂“政治遊戲規則”（political rules of the game）是指由正式（formal）的、植根於憲制規定的政治遊戲規則和非正式（informal）的、來源於現實政治運作的政治規則共同塑造出來的政治遊戲規則的統稱。正式的政治遊戲規則包括由憲法或法律所訂立的用以規範不同的遊戲參與者(例如行政機關、立法機關、法院、政黨、媒體、工會、商會、公民團體）的行為的規則、以及厘定其相互之間的關係的規則。非正式的政治遊戲規則則指用以規範不同的遊戲參與者的行為的實際存在但又並非明文規定的規則、以及厘定其相互之間關係的同類型規則。正式的政治遊戲規則又與非正式的政治遊戲規則不斷進行互動，各自謀取政治主導權和話語權。正式與非正式的遊戲規則往往相互矛盾，令人無所適從。一個社會的政治遊戲規則通常從政治人物、組織、制度和勢力之間的互動過程中衍生出來，這些互動包括政治衝突、政治結盟、政策的制定和推行、意識形態和政治主張的建構和交鋒、群眾的動員與組織等。遊戲規則同時亦反映該社會的政治狀況、政治信任、政治文化和歷史發展等情況。

每一個國家或社會一般都擁有正式與非正式的政治遊戲規則，但具體內容則千差萬別。歷史背景、文化信仰、外在環境、政治勢力間的力量對比等因素都與那些差異相關。此外，不少社會缺乏一套所有人都認同並遵守的政治遊戲規則。不同的政治遊戲規則

51　本文曾於 2009 年發表於《港澳研究》春季號，在本書中文字略有修改。

為不同人或組織所依循，從而導致政治衝突和混亂的局面。回歸後的香港正是處於不同的政治遊戲規則不斷交鋒的情況，而一套眾所遵守的遊戲規則尚未建立。

這種情況的出現是中央不願意看到的，亦在某程度上是它始料未及的。中央在回歸後香港所實施的方針政策的核心是一國兩制和保持香港的原有制度和生活方式五十年不變。[52] 一國兩制方針政策是中共建國以來的"長期打算、充分利用"的對港政策在收回香港後的延伸和體現，符合國家和香港的利益。原有制度包括原有的政治制度，而原有的生活方式則包括原有的政治生活方式。當然，中央所理解的所謂"不變"，絕不可能是甚麼都不改變，因為這是根本不可能的事。中央深切明白，至低限度，在政治層面而言，中國恢復在香港行使主權，香港脱離英國長達一個半世紀的殖民管治，已經是一個巨變。港人取代英國人在中央授權下進行高度自治又是一大變。中央力求以"愛國者"而並非昔日的"親英人士"作為港人治港的主體更是另一大變。再者，中央盼望港人在回歸後強化國家觀念、民族意識、對中央的信任、對內地同胞的感情、和主動照顧中央與內地的利益和觀點，這些也代表着中央樂於看到香港出現一些政治變遷。最後，中央作出"五十年不變"的承諾，無非是要穩定港人對香港前途的信心。一國兩制的目標，決非是要永久地把內地與香港在制度上分割開來。中央最終的願望，應該是香港與內地融為一體，無分彼此。所以，香港的政治遊戲規則在五十年或更長的時間內如果出現有利於最終兩地融合的轉變，理應是中央所願意看見的。

儘管如此，中央的確希望香港在回歸後的政治遊戲規則在某

52 Lau Siu-kai, "The Hong Kong Policy of the People' s Republic of China 1949-1997," *Journal of Contemporary China*, Vol. 9, No. 23 (March 2000), pp. 77-93.

個根本方面能夠維持不變，那就是行政主導的局面。雖然基本法內沒有"行政主導"這個名詞，但中央領導人和官員，以至內地法律學者，都經常把行政主導掛在口邊，並不時強調行政主導的原則已清晰地貫穿在整部基本法之中，當中既然無可質疑之處，所以亦毋須特意以專有名詞點出。[53] 反過來說，中央極為反對"三權分立"的提法，因為該提法意圖把行政、立法和司法置於平起平坐、彼此監督的局面。

中央所理解的行政主導政體，來源於它對英國殖民統治下總督主導制的認識，主要有幾個方面。[54] 第一，行政長官的憲制地位崇高，其地位不可與立法和司法機關等量齊觀。原因是行政長官不但是行政機關的首長，也是香港特別行政區的首長。第二，行政長官的職能遠比立法和司法機關的職能為重要，因為他要擔負確保一國兩制方針成功落實和基本法準確貫徹的重任。與立法機關和司法機關的職能相比，行政長官的職責明顯大得多。第三，為了確保一國兩制準確落實，行政長官有權有責促使立法和司法機關依照基本法行事。第四，無論是行政、立法或司法機關，其權力都來自中央

53 香港有不少人特別是反對派人士一口咬定既然基本法內沒有"行政主導"一詞，香港的政治體制不能稱為"行政主導"體制。他們堅持香港的政治體制乃"三權分立"體制，理據是行政、立法和司法各具權力、各司其職、相互獨立。但這類論述顯然與基本法的立法原意相悖，刻意漠視基本法突顯行政長官的崇高地位的意圖，目標在於貶低行政長官的憲制地位，割裂行政長官與中央的領導與從屬關係，甚至置行政長官與行政機關於立法和司法機關之下。事實上，早在基本法起草期間，鄧小平已經斬釘截鐵表明香港不搞"三權分立"。鄧小平在一九八七年四月十六日會見香港特別行政區基本法起草委員會委員時明確指出："香港的制度也不能完全西化，不能照搬西方的一套。香港現在就不是實行英國的制度、美國的制度，這樣也過了一個半世紀了。現在如果完全照搬，比如搞三權分立，搞英美的議會制度，並以此來判斷是否民主，恐怕不適宜。對這個問題，請大家坐到一塊深思熟慮地想一下。"（鄧小平：《論香港問題》〔香港：三聯書店，1993〕，第 35 頁。）

54 可參看劉兆佳："行政主導的政治體制：設想與現實"，載於劉兆佳編著：《香港二十一世紀藍圖》（香港：香港中文大學出版社，2000），第 1-36 頁；Lau Siu-kai, "In Search of a New Political Order," in Yue-man Yeung (ed.), *The First Decade: The Hong Kong SAR in Retrospective and Introspective Perspectives* (Hong Kong: The Chinese University Press, 2007), pp. 139-159.

授權。作為權力來源的中央，其與行政長官的關係的密切與直接，絕非立法和司法機關可比。行政長官由中央政府任命，並要對中央政府負責。第五，行政長官擁有強大的政策主動權（重大政策來源於行政機關）、財政權力和人事任命權。立法機關的權力主要是否決行政機關的提議。雖然立法會具有制衡行政機關的作用，但基本法卻要求行政和立法關係以合作為主，不希望出現行政和立法不斷摩擦甚至形成僵持不下的情況。從權力配置的角度而言，回歸後香港實行的是"強行政、弱立法"體制。最後，司法機關的職能狹窄和具體。它的角色是高度尊重全國人大常委會的權威、認同和應用人大常委會對基本法的解釋、準確貫徹基本法、尊重行政和立法機關在政策制定上的優越地位和權力並在政治上採取低姿態。基本法不期望司法機關積極推動社會變遷、樹立新的價值觀、蠶食行政權力和奪取公共政策的制定權。基本法最不願預見到的是司法機關主動地或被動地扮演政治角色，從而使自己演化成為一股政治勢力，左右香港的政治局面，甚至導致香港的發展偏離一國兩制的軌跡。最後，中央希望行政主導原則不單在政治體制內體現，更希望它在社會上亦得到體現。正如行政機關在政治體制內佔有主導地位一樣，中央設想特區政府在社會中亦享有主導地位，那就是儘管特區政府絕非獨裁政府，而且受到一定的政治制衡，但它也不會因為受到社會上任何勢力的重大挑戰而無法實行有效管治，這些勢力包括政黨或社會組織。

在中央和基本法的構思中，在行政主導體制下，並在中央的支持下，回歸後的香港特區政府可以充分運用它手上擁有的龐大憲制權力，按照基本法的立法原意和它所訂立的政治遊戲規則，有效地推行政策和治理香港。當然，特區政府有需要充分照顧政治體制內和社會上的各種意見和利益，其權力和意圖且受到來自各方面一定的掣肘，但特區政府的管治工作不會遇到太大的困難，更遑論會出現施政舉步維艱或無法管治的狀況。

中央起初之所以對回歸後香港的管治情況抱持頗為樂觀的態度，並認定它可以輕鬆地以"不干預"手法處理特區事務，原因是它預期基本法所訂立的政治理念和政治遊戲規則雖未至於為港人所普遍認同，但卻仍會為各方面所遵守。中央甚至以為，回歸前在中央官員與內地學者多年來多次論述和解說下，港人對有關的政治理念和政治遊戲規則已經頗為明瞭，因而不會在這些事情上引發爭端。可惜的是，回歸後的事態發展與中央的設想大相徑庭。香港特區政府在管治上實際上面對不少困難。

毋庸置疑，部分困難來自回歸伊始的亞洲金融風暴、經濟下滑和傳染疾病的夾擊，以及新政府管治經驗和能力的不足，但更根本的原因是中央原先設想的政治局面沒有出現，而回歸後的政治遊戲規則只有部分與基本法的規定相契合，相當部分的政治遊戲規則甚至與基本法的原意相違背，而不少的政治遊戲規則則屬於非正式政治遊戲規則的範疇。這些非正式政治遊戲規則雖在基本法內缺乏依據，但卻得到社會上不少人尤其是反對派的擁護。這些非正式政治遊戲規則的最大特徵，是它們往往旨在侵奪和削弱行政長官與行政機關的地位和權力，並壯大立法機關、司法機關和社會上一些機構和組織的力量，從而對行政主導造成極大衝擊。不過，縱使如此，回歸後特區政府的管治仍具有不錯的效率和效能。與其他先進國家和地區的管治情況相比，考慮到香港在回歸後所面對的各項巨大挑戰，特區政府的管治表現其實尚算差強人意，只是沒有如中央原先的設想那般暢順而已。此外，必須指出的，是社會上無論是對政治理念或政治遊戲規則都未有形成共識。社會各界仍就它們爭議不休，造成很大的內耗和混亂，並為貫徹行政主導構思添加難度。

造成有違中央設想的政治遊戲規則的原因

早在一九九零年基本法正式頒佈之前，香港的政治遊戲規則在八零年代初期已經逐漸出現變化，隨後這些變化快速進行，且在回歸後持續不斷，從而形成一個與中央原先設想不同及中央不願見到的新政治遊戲規則。到了一九九七年基本法正式實施的時候，它所訂立的政治理念和政治遊戲規則已經不完全是回歸後香港的政治理念和政治遊戲規則了。我們甚至可以說，基本法所宣示的政治理念和政治遊戲規則還得要與那些與其相頡頏的、來源自其他地方的政治理念和政治遊戲規則互爭長短，而且最後究竟鹿死誰手還未可窺見端倪。無論如何，在新政治遊戲規則下，管治困難和政治混亂不可避免，而香港的長遠發展和經濟競爭力亦難免蒙受其害。

形成回歸前後新政治遊戲規則的因素十分複雜。事實上，九七回歸本質上已經是一大巨變，其政治衝擊至為劇烈和深遠。它不但涉及兩個國家的政治角力，也包含着香港政治地位的根本改變（從受殖民管治到實行高度自治）、管治權力的轉移、新舊勢力的較量和人心民意的波動不穩。在這個重大的歷史轉折關頭，在不少港人仍然抗拒回歸和不大信任中央的情況下，冀望回歸前後香港的政治理念和政治遊戲規則大致上保持延續性，實在是緣木求魚。

第二，在中英就香港前途進行談判期間，英方在知悉中方已下定決心在九七年收回香港後，主動同意把整個香港（不單是新界）的"主權"與治權交出，以換取英方在九七年後香港的各項安排（特別是政治體制的設計）上的影響力。英方成功“説服”中方引入行政長官和立法會的選舉，並不斷公開詮釋何謂“選舉”的定義，實際上把“選舉”與“一人一票普選”等同起來。事實上，在中英聯合聲明還未正式公佈之前，英方已經“偷步”宣佈要馬上在香港推行代議政制，並要在九七年前完成政制改革。代議政制改革的首要目標，是要在香港回歸前夕成立一個以立法為主導並經由港人普選產生的政府和立法會。英國人的意圖十分清楚，政制改革就是要催生一個“本土”的同時又“親英”的政權。這個政權會在九七年後在中國主權下行使中央授予的高度自治權力，並在實質上架空中國主權。代議政制改革其實旨在讓英方扶植它屬意的治港人才，讓英方可以在回歸前的過渡期內穩定殖民統治，並完成“光榮撤退”的任務。英方的圖謀在中方的洞悉和反對下雖然未能全部得逞，但英方卻在回歸前幾年利用在北京發生的“六四風波”的機會，單方面摧毀與中方在政制發展上的合作，並進一步大幅改動原有的殖民地政治體制。儘管中方以“另起爐灶”策略應對，且在回歸前夕推翻了部分英方引入的改動，但無可避免地部分改動已經深植於香港的政治格局之中。[55]

第三，英方除了對行政機關和立法機關的產生辦法動手腳外，它也在原有的政治體制大大小小各方面作出改動，其總體效果是削弱香港總督和行政機關、強化立法機關、壯大反共勢力、培育行政機關的“親民”和問責文化、深化港人的人權和權利意識（但卻沒有相對應的責任感和義務觀念）和擴大港人的政治參與訴求和管道。這些改動並非以整套計劃和大張旗鼓方式推展，反而以個別方式在不同時間引入，過程中一般在社會上沒有引發激烈爭論，也

55 見 Lau Siu-kai, “Decolonization *à la* Hong Kong: Britain’s Search for Governability and Exit with Glory,” *The Journal of Commonwealth and Comparative Politics*, Vol. 35, No. 2 (July 1997), pp. 28-54.

沒有引起太多關注，更沒有多少人了解它們對政治遊戲規則所造成的影響，因此這些改動在引入過程中沒有遇到太多困難。

這些改動數量不少，其犖犖大端有：立法機關的權力與特權法、人權法、一系列的法定獨立機構（例如平等機會委員會、個人資料私隱專員公署、行政事務申訴專員公署）、行政機關尊重立法機關並向立法機關的問責慣例、香港總督“走入群眾”、以民意代表自命及動員民眾作政府的後援、殖民政府“放棄”其一直自詡的“政治超然”或“政治中立”立場，轉而大力扶植反共勢力並以之抗衡中國政府和反制親中和保守勢力、利用和強化親政府媒體以鼓動反共疑共情緒、賦予官方的香港電台高度的獨立性和自主權令其可以更好地發揮針對中方的輿論導向作用、鼓勵港人用集體抗爭方式向政府和公共機構提出訴求和施加政治壓力、把不少原屬行政機關的職能和權力移交予一大批只受到政府有限度領導的獨立機構（例如機場管理局、消費者委員會、醫院管理局、房屋委員會）等等。

第四，儘管中國政府意圖儘量維持原有的政治遊戲規則，但為了提升港人對香港前途的信心和顯示高度自治與殖民管治的本質差異，它也同意香港在回歸後可以逐步推行民主發展。為了表示回歸後香港的行政長官不是殖民管治時的形同獨裁者的港督，中央願意授予立法機關對政府實質的否決權和監督權。中央亦願意讓不同的政治勢力（包括反對派）在政治體制內找到立足之地以保障其利益（當然不同勢力並不享有同等的影響力）。此外，為了保持政局的穩定，即使在“另起爐灶”的前提下，除了改變行政和立法機關的選舉辦法和成立臨時立法會外，中央沒有下大力氣去撤銷英方在回歸前所作的諸般改動。隨着時間的推移，這些改動愈來愈變成香港政治遊戲規則的固有部分。

第五，反對派（各種親英分子、民主派和反共勢力的統稱）利用港人的反共情緒和對香港前途的焦慮不安大力宣揚和推動其屬意的回歸後香港的新政治遊戲規則，並努力使之成為現實。反對派所希望樹立的新政治遊戲規則，與中央所理解的南轅北轍。它的大前提是名義上承認中國對港擁有主權，但實質上意圖在政治上造成香港與內地割裂，把香港打造為獨立的政治實體。由於反對派在港人心目中享有較高的威望和公信力，他們對一國兩制、中央對港政策、基本法、人大釋法、行政與立法關係、選舉制度等基本事物的扭曲了的詮釋，對不少港人造成了影響，從而增加了港人與中央的矛盾。在建構回歸後香港的新政治遊戲規則過程中，反對派發揮了頗大的作用。他們之所以能夠發揮作用，與中央在回歸後頭七年基本上不過問香港內部事務有關。在那七年裏，反對派幾乎壟斷了政治上的話語權，並隨心所欲地塑造港人對政治的認識和理解。在回歸前，由於中央官員和內地學者不斷高姿態講述和宣揚中央對港政策和九七後的各種安排，反對派加上英方的政治宣傳尚不至於造成“一言堂”的局面。中央官員和內地學者在回歸後頭七年的沉默寡言，對反對派的言論不予反擊駁斥，遂令反對派在打造香港的新政治遊戲規則上有可乘之機。

第六，香港在回歸前後的急劇的社會經濟變遷，對新政治遊戲規則的形態有明顯影響。“一國兩制”的要義，是保持香港原有的資本主義制度和生活方式五十年不變，藉此強化港人及投資者對香港前途的信心。但事實上不斷變遷才是香港的常態，所以基本法所規範了的香港各方面的狀態，無可避免地會同不斷變遷的狀態相抵觸，並因而引發社會上的矛盾與摩擦。一些人自然會提出修改基本法的要求。不過，要改動一部帶有憲制性質的法律，並非輕而易舉的事。中央不會隨便答應，怕會引起中央是否改變對港政策的憂慮。另一方面，原有制度的既得利益者也必然會起而反對。事實上，為了撫平港人怕變的心情，中央把修改基本法的程序弄得十分艱難複雜，實際上讓少數利益擁有頗大的否決權。

自基本法頒佈以來香港出現的一些重要轉變包括：現代服務業（尤其是金融業）快速成為香港經濟體系的主力、高附加值產業和低附加值產業並存而形成的"二元"經濟結構、貧富兩極化情況嚴重、中產階層日趨不安與不滿、中產階層出現兩極化現象、部分中產人士成為反建制力量的中堅、大資本家的政治野心與影響力不斷膨脹但同時又內鬥不斷、大商家與中小商人的矛盾顯著、香港的國際競爭力有下降趨勢、一個具排他性的上層階級逐漸成形、向上社會流動機會未隨教育程度提高而相應增加、向下社會流動則有上升趨勢、階級矛盾激化、政府在經濟和社會事務上的介入增加、整體社會福利負擔愈趨沉重。

最後，與社會變遷同時出現的港人的思想心態的轉變，也是塑造新政治遊戲規則的重要因素。[56] 其對新政治遊戲規則的形成有

56 Lau Siu-kai and Kuan Hsin-chi, *The Ethos of the Hong Kong Chinese* (Hong Kong: The Chinese University Press, 1988); Lau Siu-kai, "Public Attitudes Toward Political Leadership in Hong Kong: The Formation of Political Leaders," *Asian Survey*, Vol. 34, No. 3 (March 1994), pp. 243-257; Lau Siu-kai and Kuan Hsin-chi, "The Attentive Spectators: Political Participation of the Hong Kong Chinese," *Journal of Northeast Asian Studies*, Vol. 14, No. 1 (Spring 1995), pp. 3-24; Kuan Hsin-chi and Lau Siu-kai, "The Partial Vision of Democracy in Hong Kong: A Survey of Popular Opinion," *The China Journal*, Issue 34 (July 1995), pp. 239-264; Lau Siu-kai, "Democratization and Decline of Trust in Public Institutions in Hong Kong," *Democratization*, Vol. 3, No. 2 (Summer 1996), pp. 158-180; *idem*, "The Fraying of the Socio-economic Fabric of Hong Kong," *The Pacific Review*, Vol. 10, No. 3 (1997), pp. 426-441; *idem*, "The Rise and Decline of Political Support for the Hong Kong Special Administrative Region Government," *Government and Opposition*, Vol. 34, No. 3 (Summer 1999), pp. 352-371; *idem*, "Political Culture: Traditional or Western," in Lau Siu-kai et al. (eds.), *Indicators of Social Development: Hong Kong 1997* (Hong Kong: Hong Kong Institute of Asia-Pacific Studies, The Chinese University of Hong Kong, 1999), pp. 135-155; *idem*, "Attitudes towards Political and Social Authorities," in Lau Siu-kai et al. (eds.) *Indicators of Social Development: Hong Kong 1999* (Hong Kong: Hong Kong Institute of Asia-Pacific Studies, 2001), pp. 55-91; *idem*, "Confidence in the Capitalist Society," *ibid*, pp. 93-114; *idem*, "Confidence in Hong Kong's Capitalist Society in the Aftermath of the Asian Financial Turmoil," *Journal of Contemporary China*, Vol. 12, No. 35 (2003), pp. 373-386; and *idem*, "Democratic Ambivalence," in Lau Siu-kai et al. (eds.), *Indicators of Social Development: Hong Kong 2004* (Hong Kong: Hong Kong Institute of Asia-Pacific Studies, The Chinese University of Hong Kong, 2005), pp. 1-30.

較明顯關係的轉變有數項。其一是港人對各種政治與社會權威機構與領袖的信任與尊重下滑。無論是政治人物、政府官員、社會賢達、專家學者、宗教領導，皆無一倖免。其二是反精英主義和民粹主義的抬頭。人們對政府、政客、社團領袖以至工商巨賈的言行較多“以小人之心”猜度，容易投以懷疑甚或不屑的目光。其三是不少人傾向推卸責任，諉過於人，視自己為受不公平對待者或甚至是受壓迫者，從而形成一股難以稀釋的怨懟風氣。政治人物和政府官員固然成為眾矢之的，其他人亦難免受害。其四，個人權利及利益無限擴張，向政府、社會和他人不斷提出訴求和需索，苟不得要領則不惜訴諸集體抗爭手段以求得逞。相反，個人對社會的責任、義務和以大局為重的胸襟則頗為匱乏。其五，雖然港人仍然重視社會穩定，但卻願意接受社會衝突乃社會正常現象與合理的解決問題的方法，惟暴力行為則不受認可。其六，隨着貧富懸殊情況日趨嚴重，港人愈多認為香港社會不公平，對香港的資本主義制度產生懷疑及滋生不滿。其七，一股厭商甚或仇商情緒萌芽，不同階層間的矛盾上升。其八，不少港人雖然不大信任反對派人物，亦不認為他們具備執政資格和能力，但卻不介意藉助他們去衝擊建制及其代表人物，以泄心頭之恨。其九，隨着內地經濟崛起、香港經歷金融風暴的沉重打擊以及香港對內地的經濟依存度日增，港人對自己的自信心下降，取而代之的是一種混和了自高自大和自卑自憐的複雜但又不平衡心態。港人情緒不穩，民情容易躁動。其十，在政府相對較強而民間社會相對較弱的情況下，在港人焦慮不安的氛圍下，港人對政府產生不切實際的期望和依賴，要求政府承擔更多的社會和經濟職能，但同時又容易不信任和不滿意政府的表現而變成失望和怨憤，反政府之情遂油然而生。在反對派和日益煽情的媒體的推波助瀾下，上述人心的轉化更為急激。

縱使反對派在相當程度上成功利用港人的人心轉化衝擊中央和特區政府的政治權威，但他們在爭取香港實行急激民主變革方面卻力不從心。主要原因之一是港人的實用主義民主觀，視民主政制為工具而非理想，同時有對此工具能否有利於繁榮安定心存疑慮，當中尤以中產階層人士為甚。再者，在離開殖民管治時日尚短之際，港人對威權政權仍有懷緬，[57] 畢竟香港二次大戰後的經濟奇跡乃在威權統治下創造出來。所以反對派從來沒能夠在香港成功發動一個波瀾壯闊、有深厚群眾基礎、有持久性和有強大政治戰鬥力的民主運動，並以之成功建構他們所屬意的新政治遊戲規則。[58]

新政治遊戲規則的主要特徵

如前所述，中央通過基本法力圖建構的、跟原有的以殖民地行政主導政體為骨幹的舊政治遊戲規則在形態上（而非本質上）相類似的新政治遊戲規則，在香港回歸後並沒有完全實現。真實出現的新政治遊戲規則的確在一些方面符合原先設想，但更多方面因為爭議太多而尚未定形，甚或是在原來設想之外。惟其如此，特區政府在管治上所遇到的艱難險阻，超乎原先的估計。反對派和其他能夠掣肘行政權力的機構與勢力，比原先想像中為大。

總而言之，各方勢力仍在就新政治遊戲規則的“最終定形”展開激烈較量，而最後的結果現在難以準確預測，但肯定是反映各方

57　對威權政治的懷緬，在東亞地區人民當中十分普遍。見 Russsell J. Dalton and Doh Chull Shin (eds.), *Citizens, Democracy, and Markets Around the Pacific Rim* (Oxford: Oxford University Press, 2006).

58　事實上，即使反對派真的成功策動這樣的一個民主運動，其建構一個獨立的政治實體的圖謀也不可能成功。我們很難想像中央會允許香港走向偏離“一國兩制”的軌跡。

力量對比的結果。不過可以這樣説，在中央自二零零三年放棄以往不干預手法[59]，轉而採取措施力圖使香港依循一國兩制的軌跡運轉後，香港出現與一國兩制構思嚴重脱節的風險應該不大。

就其本質而言，香港回歸後的新政治遊戲規則仍是行政主導下的政治遊戲規則，即特區政府仍然擁有強大的政策主動權（即重大政策必須由行政機關提出方有可能成事）及人事任免權（當然在涉及主要官員時需要中央首肯）。不過，無論是在立法會內或在社會上它都沒有穩定和可靠的大多數人的支持。與此同時，特區政府還需要與不少新冒起的政治勢力交手以維繫其管治權威、保護和行使其憲制權力、發揮政治影響力和有效施政。這個不斷在演化的新政治遊戲規則有若干重要特徵，茲分述之如下。

特區政權的認受性

作為一個概念，“認受性”（political legitimacy）來自西方，在西方政治學尤多被採用，惟在香港則多在政界、知識界和媒體流通，一般港人對此不但不太認識，亦往往根本不會想到它所指謂的東西。

簡單而言，某個政權的認受性指它擁有獲得認可的執政資格，一般指它的管治權得到被管治者的接受。由於香港不是獨立國家而只是中國主權下的一個特別行政區，而其高度自治又來自中央的授權，所以特區行政長官的認受性問題不能照搬西方或獨立國家的通用方法來處理。那些地方一般強調主權在民，認為政府的認受

59 二零零三年香港發生一起有數十萬人參與的針對董建華政府的大規模遊行示威。示威以和平方式進行，帶有濃厚的情緒宣洩成分。雖然是次遊行未有根本改變香港原來的政治生態，而作為遊行者主力的中產階層分子也依然在政治上持溫和保守態度，但此事件已使得中央憂慮香港會否偏離“一國兩制”路向。自此之後，中央徹底改變了其原先的對港事務撒手不管的方針。

性來自人民的授權，而授權過程往往以普選政府來體現。

香港的反對勢力雖然在名義上承認中央擁有對港主權，但心底裏卻一直視香港為獨立政治實體。他們堅持特區政府的權力和認受性來自香港人，大力倡議行政長官由港人以一人一票方式普選產生。基本法賦予中央政府對行政長官的任命權及要求行政長官對中央政府負責，這些對反對派而言只是形式和虛文而已。回歸後反對派不斷質疑特區政府的認受性，以此為理據屢屢挑戰特區政府的政策和決定。他們更力圖在港人中間宣揚和散播其政治觀點，動員港人爭取儘快普選特首，以及不斷鼓動市民衝擊政府的權威和管治。

港人固然不大意識到所謂認受性的問題。更重要的，是他們並沒有接受政府一定要經由普選產生才具備認受性的觀點。事實上，在回歸前，殖民政府享有頗高的認受性，而它的認受性的基礎來自其施政表現（legitimacy by performance）。港人認為香港戰後的經濟奇跡部分歸功於殖民管治，因而肯定和擁護殖民地政權。[60] 儘管回歸後實行高度自治，港人從實用角度出發判斷政府的認受性的傾向並沒有出現根本的變化。惟其如此，反對派難以成功發動港人挑戰特首的權威，而他們策動的公民抗命（civil disobedience）行動亦只得到港人冷淡的回應。

不過，反對派的圖謀亦非完全無效。至低限度他們把回歸後特區政權的認受性搞得混亂不堪。不少港人希望特首主要向香港人負責、把香港的利益放在中央與國家利益之上、並認為中央在選拔特首的過程中應以港人喜好為依歸。然而，按照一國兩制的原則，

60 Lau Siu-kai and Kuan Hsin-chi, "Public Attitudes Towards Political Authorities and Colonial Legitimacy in Hong Kong," *The Journal of Commonwealth and Comparative Politics*, Vol. 33, No. 1 (March 1995), pp. 79-102.

香港的高度自治權力來自中央授權，特首對中央負責，同時也有責任確保一國兩制方針在港落實和維護包括香港在內的國家的利益。依照上述推論，嚴格而言，特區政府的認受性來源應該是國家和中央的授權。他要同時維護國家與香港的利益，而香港的最大利益莫過於成功實行一國兩制。當然，由於中央在任命特首前有一個行政長官的選舉程序，所以中央在任命特首時應充分考慮港人的意見，但這並不表示中央的任命權不是實質的，更不代表中央承認"主權在民"（popular sovereignty）的原則。

可惜的是，上述這種符合回歸後香港作為中國一部分這一事實的特區政權認受性詮釋在港人當中並不普遍，而中央和相關人士亦沒有大力駁斥反對派的歪論。即便特區的首兩位特首因為種種原因都沒有義正辭嚴地申明自己的認受性基礎。這在一定程度上令反對派的認受性主張得到港人的認同，從而使得特區政府的管治權威受到一些質疑，以至人們對中央與特首的關係亦產生誤解，為特區有效管治添加困難。

毋庸置疑，正確的認受性觀點尚未確立，乃新政治遊戲規則的核心特徵。

中央與特區關係

關於在一國兩制下中央與特區的關係應該怎麼樣一事上，香港內部迄今尚有不同理解，這對一國兩制的全面準確實施、對中央與港人互信的建立、對特區政府的有效管治，都造成了負面的影響。雖然回歸前中央已竭力講述一國兩制下的中央與特區的關係應如何理解，但言者諄諄，聽者藐藐，反對派人士、部分法律界人士、部分學者以至部分媒體都鍥而不捨地向港人灌輸另外一種中央與特區關係的論述，其共通點是儘量削減中央的憲制權力，儘量擴大立法會、法院和香港市民的權力或政治影響力。正由於中央在回歸後頭七年大體上對中央與特區關係的正確理解不作公開評論，更遑論駁斥失實之言，反對派等人士的説法因而對港人的影響甚大。[61] 近年以來，中央的確認真嚴肅地大力宣傳它的立場，但由於延宕太久，只能收復部分失地。迄今何謂正確的中央與特區關係仍是眾説紛紜，莫衷一是，對建構良好、互信和緊密的中央與特區關係造成了重大障礙。

圍繞着何謂正確的中央與特區關係的爭議主要有幾個方面。第一，中央任命特首的權力是實質性的還是形式性的。從中央的角度而言，特首既然是中央賴以準確落實一國兩制方針政策的關鍵人物，其表現關乎全國利益和安全，因而要對中央負責。因此，中央堅持對特首有實質的任免權力。不過，反對派等人士卻認為，按照“高度自治”的原則，中央必須無條件任命經由港人按法定程序選舉產生的特首。在未得港人的同意下，中央不可以免去特首的職務。當然，幾乎所有港人都明白，一位得不到中央信任和支持的人根本不可能有效管治香港或為港人謀福祉，然而仍有不少港人期望在任命特首一事上中央只扮演“橡皮圖章”的角色。

第二，雖然香港回歸中國已超過十年，但所謂“剩餘權力”問題依舊揮之不去。反對派人士堅持依據他們所理解的普通法的原則，認為只要基本法沒有明文否定香港擁有某項權力，則可視之為香港可自行行使該項權力，即使基本法沒有明文授予香港該項

61　當然，人大常委會和內地法律學者在一九九九年曾經針對香港終審法院在居留權問題上的立論通過釋法和評論對中央與特區關係，特別是人大及其常委會與香港法院的關係，作出闡述，但這只是迫不得已，偶一為之之舉。

權力。中央的立場則截然相反，認為按照大陸法的觀點，凡未經中央明文授予的權力，香港都一概沒有。對中央而言，根本沒有剩餘權力的事，假如真的出現所謂剩餘權力的話，則它只能屬於中央。其實，剩餘權力問題早在基本法起草期間已經出現，中央並已反復申述其立場，但反對派人士依然我行我素，不予理會。回歸以來，雖然尚未發生一起引人關注的香港侵奪中央的權力的事故，但由於反對派等人士老是認為香港可自行制訂其民主化進程，而中央在此只應有被動角色，中央因而覺得需要作出強硬回應。全國人大常委會委員長吳邦國特別於二零零七年六月六日在基本法實施十周年座談會上發表講話，題目為《深入實施香港特別行政區基本法，把"一國兩制"偉大實踐推向前進》，明確要求港人尊重中央的權力和特區的許可權。他特別強調："香港特別行政區處於國家的完全主權之下。中央授予香港特別行政區多少權，特別行政區就有多少權，沒有明確的，根據基本第二十條的規定，中央還可以授予，不存在所謂的'剩餘權力'問題。"國家主席胡錦濤於二零零七年七月一日在慶祝香港回歸祖國十周年大會暨香港特別行政區第三屆政府就職典禮上的講話也刻意指出："'一國'是'兩制'的前提，沒有'一國'就沒有'兩制'。'一國'和'兩制'不能相互割裂，更不能相互對立。"

第三，"一國兩制"下高度自治的要義，在於除了國防和外交外，港人自行管理香港的事務，中央並授予香港推展經濟、社會和文化等涉外事務，以維繫和提升香港作為國際大都會的地位。中央多次表明不會干預香港的"內部"事務。不過，何謂"中央干預"卻是言人人殊，莫衷一是。反對派人士及不少港人由於對中央信任不足，自然傾向以狹隘角度理解，認為除了在極狹窄的外交和國防事務外，中央、內地官員和學者、甚至港區人大代表和政協委員，都不應該對香港事務發言或做事，否則便是不適當的干預，破壞高度自治。然而，當中央所做的事被港人視為對香港有利的話，例如中央給予香港的經濟優惠政策，則中央所做的事便不算干預，反而被視為對香港的支持和愛護。事實上，反對派人士和部分港人往往從實用主義角度來對待中央的對港言行。但是，從一開始中央對何謂干預已有不同理解。由於一國兩制方針政策的成敗關係到國家民族的根本利益，中央認為它有不可推卸的責任確保"一國兩制"在港準確落實。假如香港在實踐一國兩制時出了岔子，則中央認為非出手不可。

其實，在基本法尚未正式頒佈之前，鄧小平對此已經以強硬態度明確申述中央的立場。鄧小平曾清楚表明"高度自治"不等如中央對香港的"內部"事務在任何情況下都不會過問，或者是無權過問。他是這樣說的："切不要以為香港的事情全由香港人來管，中央一點都不管，就萬事大吉了。這是不行的，這種想法不實際。中央確實是不干預特別行政區的具體事務的，也不需要干預。但是，特別行政區是不是也會發生危害國家根本利益的事情呢？難道就不會出現嗎？那個時候，北京過問不過問？難道香港就不會出現損害香港根本利益的事情？能夠設想香港就沒有干擾，沒有破壞力量嗎？我看沒有這種自我安慰的根據。如果中央把甚麼權力都放棄了，就可能會出現一些混亂，損害香港的利益。所以，保持中央的某些權力，對香港有利無害。大家可以冷靜地想想，香港有時候會不會出現非北京出頭就不能解決的問題呢？過去香港遇到問題總還有個英國出頭嘛！總有一些事情沒有中央出頭你們是難以解決的。中央的政策是不損害香港的利益，也希望香港不會出現損害國家利益和香港利益的事情。要是有呢？所以請諸位考慮，基本法要照顧到這些方面。有些事情，比如一九九七年後有香港人罵中國共產黨，罵中國，我們還是允許他罵，但是如果變成行動，要把香港變成一個在'民主'的幌子下反對大陸的基地，怎麼辦？那就非干預不行。干預首先是香港行政機構要干預，並不一定要大陸的駐軍出動。只有發生動亂、大動亂，駐軍才會出動。但是總得干預嘛！"[62]

第四是有關香港政制民主化的決定權誰屬的問題。與特首任命權爭議如出一轍，反對派等人士認為香港特區可自行決定其政制民主化的幅度和步伐，中央只能擔當"橡皮圖章"的角色。反對派等人士的論據，不外乎是政制民主化乃高度自治權的一部分。中央的看法則截然不同。中央的立場是：政制民主化關係到中央所授予特區的自治權力的分配和運用問題，因此也關係到一國兩制能否準確落實的問題。毫無疑問，香港特區如果無法凝聚政制民主化的共識的話，例如行政長官不願意提出變更特區政治體制的方案，又例如沒有任何方案可以獲得三分之二立法會議員的支持，則中央亦無法改變香港的政制。不過，沒有中央的批准，香港亦無從啟動改變政制的程序。簡言之，中央擁有對香港政治體制的憲制主動權；沒有中央的允許，香港的政制民主化寸步難移。

第五是圍繞着中央對基本法的解釋權問題的爭議。基本法第一百五十八條明確指出"基本法的解釋權屬於全國人民代表大會常務委員會"。與此同時，人大常委會又授權特區法院在審理案件時對基本法關於特區自治範圍內的條款自行解釋。中央的立場其實十分清楚，即人大常委會由始至終都沒有放棄對基本法的解釋權，不

62 鄧小平：《論香港問題》〔香港：三聯書店，1993〕，第 36-37 頁。

過由於人大釋法在政治上頗為敏感，所以中央多次表明人大釋法必會慎重。人大常委會在一九九九年就居留權問題進行首次釋法，是在極不情願下應特區政府的請求，並為協助特區解決重大困難才做的。

可是，反對派等人士和部分香港法律界精英一直視人大常委會為政治組織而並非公正的司法機關，傾向由香港的司法機關壟斷基本法的解釋工作，並視人大釋法為破壞香港司法獨立和特區法治的行為。同時，他們認為在沒有特區法院邀請時人大常委會不應該主動釋法。對於這種否定和藐視國家最高權力機關的態度，中央極為反感，但予以駁斥的次數則不多。

港人原先頗為認同反對派等人士的立場，但同時卻又承認人大釋法在一些事情上（例如居留權問題）的確為香港解決了難題。隨後而來的三次人大釋法，包括排除二零零七年特首普選和二零零八年立法會普選，都沒有引起港人的激烈反應，而人大常委會在二零零五年就有關行政長官任期問題的釋法，更是由其主動提出的。可以這樣說，經過多年來的爭議，人大常委會的釋法權已經大體上為港人所接受，當然他們仍然不大希望看到人大釋法的出現。

第六是有關國家安全立法的鬥爭。一般而言，涉及國家安全的法規是由中央政府制定的。然而，為了不引起港人的恐慌和確保香港平穩過渡，中央允許香港自行制定國家安全法律，即就基本法第二十三條立法。可惜的是，反對派不僅不領情，反而大肆利用二零零二年至二零零三年第二十三條立法之機，在經濟困難和非典威脅的情況下，煽動港人的恐共和不滿特區施政的情緒，以維護港人人權為理由，猛烈衝擊特區政府，最後迫使政府撤回法案。反對派在此役中除了撈到豐厚的政治資本外，又為日後的國家安全立法設立重重障礙。毋庸置疑，一天香港無法訂立國家安全法，則一天中央與特區的關係便存有嫌隙，而港人與內地同胞的關係便難言融洽。即使是回歸十二年後的今天，社會上對於國家安全立法的責任感和迫切感仍付厥如，仍然是反對派可資利用的政治"搖錢樹"。

最後是有關中央在港的政治角色問題。反對派及部分港人堅持中央在特區沒有政治角色，因而中央官員甚或內地專家學者都不應該發表有關香港施政和政策的言論，更不應該介入香港政治之中。對此中央直到目前為止並沒有正式和公開申明立場。然而，香港一回歸，中央政府便成立了其駐港聯絡辦公室，其重要職能之一便是廣泛聯繫香港社會各界人士，共同推進一國兩制的落實。中央的立場應該是：中央有責任確保一國兩制成功實施，因此正確的問題並非是中央可否介入香港的政治，而是中央的介入是否對維護一國兩制方針政策有利，是否有利於認同一國兩制力量的壯大，和是否有利於減少反對一國兩制勢力的影響。回歸初期，反對派的論點顯然佔了上風，但近一兩年來港人逐漸明白到一國兩制在香港的成敗也關係到中央和內地同胞的根本利益，所以對於中央在港的政治行為愈來愈採取諒解態度，並開始接受中央的這些政治行為乃香港政治生態的一部分，只要那些政治行為被視為中央保障一國兩制準確落實的舉動。

中央與行政長官的關係

中央與行政長官的關係在中央和不同港人之間存在分歧。就憲制而論，毫無疑問特首是中央的下屬，而且等級差距甚大。回歸後初期首任行政長官董建華獲得中央隆重禮遇，彷彿如外國政府首長一般，令港人自豪不已。然而中央此舉本意為突顯中央重視香港，這類破格行為自然難以為繼，亦不應持之以恆，否則尾大不掉。[63] 中央一方面依靠其下屬香港特首代表中央的立場、維護國家利益及確保一國兩制成功落實，另一方面也希望他能夠取得港人的擁戴，能夠有效施政。當然中央也樂見他有能力協調好中央與港人以及內地與特區的矛盾，並且促成港人人心回歸。不過，中央絕對不接受特首以港人代表自居，與中央討價還價，甚或鼓動港人向中央施壓，從而激化港人與中央的對立，或挾民意以自重，抗拒中央的命令。其實，就中央而言，特首應該將國家利益凌駕在特區利益之上。中央的大前提是儘管香港與國家在利益或觀念上有分歧，彼此的根本利益應該是一致的。因此，特首在聯繫中央和內地與港人時應該無不可克服的困難。

然而，反對派及不少港人老是刻意提高香港行政長官的政治和憲制地位，媒體之中亦有不少人有此傾向。當中央以正常的禮儀接待特首時，他們便抱怨特首和香港愈來愈不受中央重視，甚至認定中央對特首的信任出了問題，因而忐忑不安。之所以有這種“不尋常”心態，是因為港人素有的對內地的優越感及視得到中央特殊禮待為常規的普遍訴求，而這種心態亦未有因為香港在經濟上日益依賴內地而消失，反而港人在自我懷疑愈趨嚴重的氛圍下更渴求中央對香港地位的肯定。

在這種思想心態下，不少港人視特首為自己的利益代表和發言人，不認同特首作為中央的代表和國家利益的維護者的身份。一直以來，港人認為香港的利益與中央和內地的利益是相互矛盾的。近年以來，儘管愈來愈多人承認彼此間的共同利益增多，但“利益

63　事實上董建華在上任後逐漸也得不到此種特殊厚待，而第二任特首曾蔭權則從未得到這種待遇。

矛盾”觀仍揮之不去。所以，不少港人期望特首在面對中央時能夠“站穩”香港立場，否則便是“出賣”香港利益。這種不合理亦不符合一國兩制的以地方利益為本位的要求，為特首恰如其分地處理與中央的關係造成莫大困擾，亦不利於促進港人與內地同胞的感情。反對派自然地大肆利用港人這種心態作為攻擊中央與特區政府的武器，甚至於特首與特區官員與國家領導人和內地官員的正常交往都被懷疑為可能“出賣”香港之舉。

不過，總的來説，港人已經漸漸認識到良好中央與特區關係對香港的重要性，加上港人對中央的信任日增，港人亦開始接受特首作為中央的代表和國家利益維護者的角色。中央與港人在中央與特首關係上的分歧遂有逐漸縮窄之勢。

主要官員問責制的設立

主要官員問責制於二零零二年開設。由於基本法並沒有列明有此制度，因此不少論者，包括反對派人士，對之大加撻伐，批評它為行政體制的一大變故，與保持香港原有制度五十年不變的精神相悖，因此違反基本法云云。然而，究其實，所謂主要官員問責制，乃指主要官員是由政治任命產生，向特首負責，並通過特首向中央負責。主要官員來自社會各方面，與特首共同進退，無固定任期，隨時可因為承擔政治責任而下台，而何謂政治責任則難以客觀或明文界定。粗略而言，主要官員進退與否，端視乎其進或退是否對其委任者或政府在政治上有利。政治任命制一般又稱為“部長制”(ministerial system)，在世界上十分普遍，亦不局限於所謂“民主國家”。

雖然基本法沒有問責制的設置，但其所制訂的主要官員的任免程序，其實已經允許政治任命安排的存在。按照基本法的規定，特首可提名並報請中央政府任命任何符合該法律規定下合資格的人士為主要官員。相反，特首亦可請求中央免去某主要官員的職務。顯而易見，沒有任何一個人可以長期或在固定期內擔當主要官員的職務並視之為理所當然。

應該指出的是，不少港人預期回歸後香港會維持殖民管治時期公務員治港的格局，而事實上在第一屆特區政府的主要官員之中，除了律政司司長梁愛詩外，其他主要官員都是原港英政府的高層公務員，而且在當上了特區政府的主要官員後他們依然保留公務員的身份。當然，中央可以在特首的呈請下免去其主要官員職務，但他們卻仍舊可以留在公務員隊伍之內而無須離開政府。

所以，主要官員問責制的設立，並非與原有制度脱離。之所以要特別給原有制度予嶄新稱謂，是要刻意突顯主要官員須要肩負政治責任並有可能要下台的特徵，並爭取各方面支援特首在公務員系統以外物色人才出任部分主要官員。除了可以擴大主要官員的人才來源外，問責制也可以令特首通過主要官員的進退更好地向公眾承擔政治責任、減少民怨、重建政府威信和調校施政方針。進一步説，問責制可以讓特首找尋有政治能力而又不像公務員般強調政治中立的人士進入其領導班子以加強政府的政治戰鬥力。此外，通過政治任命，特首更可以拉攏支持政府的主要勢力的代表人物加入政府，從而強化和擴大其社會支持基礎。可以説，問責制是回歸後香港必然的政治發展。當特首需要應付愈來愈多來自四面八方的政治勢力的挑戰時，他必須擁有與他能夠共政治患難的管治團隊來駕馭政局，而政治命運與他不同且又自詡政治中立的公務員委實難膺此重任。在二零零八年，隨着十數名副局長和政治助理的委任，問責制進一步擴大為三層架構，而它作為一個政治制度已經大致上為港人和不少公務員所接受，[64] 當然這並不表示所有出任主要官員及其政治部屬的人士都會得到港人的認同。

不過，反對派及部分港人自始至終反對問責制，想方設法找尋機會攻擊問責制和問責官員。他們提出的種種理據，例如香港民主政制尚未確立、社會上缺乏政治人才、公務員體制會受到破壞、公務員內部會出現"擦鞋"（揣摩上意和奉承上司）文化、問責制會導致政制混亂等等，其實都經不起認真推敲。究其實，反對者的理由是不願讓非民選產生和"親北京"的特首擴充政治和管治實力、增大政府對反對派的政治作戰能力，以及希望與北京較疏離而又較認同港人價值觀的及由英國人培訓出來的公務員繼續領導香港。

然而，在問責制實施初期，鑒於香港政治人才匱乏，未必所有問責官員都具備良好政治能力，加上部分高層公務員對外來人選有抵觸情緒，而一時間又難以厘清問責官員與公務員之間的職權和分工，以及政治責任的界定和問責官員在何種情況下應受到何種處分，這些在在都給予反對者攻擊問責制的藉口。導致問題特別複雜化的，是公務員雖然自詡政治中立，但實際上過去在他們主政下，他們需要從事大量的政治工作。雖然問責制其中一個目標是強化公務員的政治中立性，但在一段不短的時間內他們還要公開地執行政治任務。即使他們不會因此而要負上政治責任，他們對此亦嘖有煩言。另外，在問責制引入的過程中，為了安撫公務員的緣故，同一時間又引入一個地位與問責的主要官員不相伯仲但又須聽命於主要

64 港人接受問責制的最重要原因，是因為曾有三名主要官員被視為因為負上了政治責任而下台，令港人覺得香港出現了新的可喜的政治景象，一掃過去高層公務員縱使犯錯也無須離職的風習。

官員的、屬於最高公務員職級的常任秘書長。此舉的目標是讓公務員知道問責制並沒有減少他們晉升的機會。不過如此一來，在政策部門中問責官員與高層公務員之間的關係便變得更為複雜。

另一個困擾問責制的問題是由其名稱所引發的。不少人尤其是反對派，視問責制的精粹為政治任命官員須要因負上政治責任而鞠躬下台的制度，因而事無大小要求問責官員下台的聲音時有所聞。不少意見甚至認為只有下台一途才能體現問責精神。在此種極端的政治思維下，人們容易滋生對問責官員的怨懟之情。[65]

問責制是特區政府處於經濟和政治情況困難時期設立的。因此，要通過這個制度去馬上立竿見影地提升政府的管治的水平是不可能的。所以，儘管各方面明白香港不可能廢除問責制而返回公務員治港的格局，但這並不妨礙反對者把所有他們不滿意的情況和政府的失誤都與問責制扯上關係，批評問責制的不是，在一定程度上削弱了港人對問責制的信心，並拖慢了問責制的制度建設和優化。

無論如何，雖然其仍有不少模糊和不足之處，但問責制已經是確立了的制度。它的設置正式宣告了香港一百幾十年來公務員主政格局的結束和政治人物治港時代的開始。它必然會逐步改變香港的政治生態，推動政治人才的出現和政黨的發展。另一方面，以行政長官為首的和以問責官員為骨幹的管治團隊必然會比以行政長官為主席的行政會議在管治香港的過程中更為吃重。此外，政府的決策過程亦會日益自上而下，愈趨從政治角度思考問題，而特首及其左右的工作人員和幕僚的角色亦會不斷加重。

65　事實上，即使在西方民主國家，部長下台亦屬罕見，因為此舉會打擊政府威信。除非某部長涉及嚴重道德醜聞、刑事罪行或在執政黨內失去支持，否則純因政策失誤而下台的例子並不多。

公務員角色的轉變

儘管不少人希望在回歸後延續過去公務員治港的格局，認為會有利於維繫各方面對香港前景的信心。但真實情況卻是公務員在決策過程中的重要性緩步下降，而迄今不少公務員，尤其是高層和年齡較大的公務員尚在艱難地適應其政治地位下降的殘酷現實。上述的主要官員問責制的設置固然是原因之一，但卻不是最重要的原因。誠然，不少問責官員的確是具有公務員背景，而在可預見的將來公務員仍會是問責官員的重要來源，但他們在成為主要官員後便要馬上離開公務員隊伍，而其身份和利益亦朝着政治人物方向演化。

導致公務員決策地位下降的其他原因並不複雜。最重要的肯定是香港政治身份的轉變，由英國的“殖民地”變成中國的特別行政區。縱使有五十年不變的承諾，但主導香港的政治勢力總會出現一些變化。一些過去與港英政府對立的勢力在回歸後進入政府高層，而這些勢力又是新政府的核心支持勢力。“愛國力量”無疑一定會削弱公務員的影響力。第二，香港的民主化過程在社會上催生了眾多的新政治勢力。無論它們是反對派、獨立人士或是建制派，他們的出現或擁有政治權力，都會對公務員原來享有的地位造成衝擊。經由選舉產生的立法會和具有群眾基礎的政黨乃新興勢力的佼佼者。第三，民主化亦造成了不少社會和民間團體的急速政治化，紛紛變成積極的政治參與者，在不同的公眾議題中爭雄較勁，對政府施政發揮影響力。第四，為了爭取社會各方面的支持，特區政府的領導人不得不儘量吸收社會各方面的政策觀點和建議，使公務員難以如以往般充當政府最重要的政策的建議者。第五，在急劇變動的政治、社會和經濟環境中，在全新的中央與地方的關係下，在回歸後各種危機接踵而來的情況下，公務員的知識、歷練、人脈關係和政治能力對應對複雜局面顯然力不從心，減少了港人對公務員的信心。第六，回歸前後不少高層官員在退休後受聘於工商財團，引發連綿不斷的有關"官商勾結"的懷疑，損害了市民對高官道德操守的信任。第七，回歸前後出現的民粹主義、反精英主義以及人們對權威的尊重下降，減少了港人對公務員的敬意。最後，港人對政府的期望愈來愈高，但同時怨懟之情亦頗為明顯，公務員實在難以在工作表現上充分滿足市民的要求，因而亦難以贏得他們讚賞，反而要承受無休止的批評和責難。

誠然，二次大戰之後，幾乎在所有西方國家都出現公務員政治地位下降的現象，[66] 但在那些國家中公務員從來都不是主政者，所以他們縱有不滿，但卻無嚴重的適應困難。無可諱言，香港的公務員，尤其是高層官員，對新政治形勢的出現，對新政府的管治方式和政策路向，對各方冒起的勢力，既感到迷惘，亦感到窮於應付，有頗大的挫折感和焦慮。公務員的士氣在一定程度上受到影響。一些公務員的行為，例如在退休或離開政府後一變而成為最尖刻的政府的批判者或積極參與群眾政治，在過去肯定匪夷所思，但在變動不經的新政治生態下，卻又不難理解，畢竟對公務員而言，

66 可參考 Donald J. Savoie, *Governing from the Centre: The Concentration of Power in Canadian Politics* (Toronto: University of Toronto Press, 2004); David Richards, *The Civil Service under the Conservatives, 1979-1997: Whitehall's Political Poodles* (Brighton: Sussex Academic Press, 1997); David Marsh et al., *Changing Patterns of Governance in the United Kingdom: Reinventing Whitehall?* (London: Palgrave, 2001); Luc Bernier et al. (eds.), *Executive Styles in Canada: Cabinet Structures and Leadership Practices in Canadian Government* (Toronto: University of Toronto Press, 2005); Delmer D. Dunn, *Politics and Administration at the Top: Lessons from Down Under* (Pittsburgh: University of Pittsburgh Press, 1997) 及 Ezra Suleiman, *Dismantling Democratic States* (Princeton: Princeton University Press, 2003).

與他們有關的遊戲規則已變得模糊不清。

獨立法定機構的挑戰

英國人在撤出香港前的又一重要部署，是在政府的周邊設立不少大大小小的法定機構，例如機場管理局、房屋委員會、醫院管理局、平等機會委員會、申訴專員公署、個人資料私隱專員公署、大學教育資助委員會等等。這些機構擁有法定權力，專門處理某類事務，並得到來自政府的財政撥款。它們是獨立於政府的機構，雖然其負責人由政府委任，但其日常運作卻不受政府約束。

這些機構的行為和決定，往往對公共政策造成影響，甚至有些時候與政府的政策立場相左，嚴重時雙方甚至對簿公堂，造成政府敗訴的尷尬局面。事實上，由於部分公共政策（例如航空、房屋、醫療）已經分割和分散到一些法定機構中去，而他們亦非由政府所駕馭，政府在統籌協調政策時便會遇到障礙，影響施政效果。此外，一些法定機構的職能是維護和促進某方面的人權，例如個人私隱和平等機會，另外一些則負有為民申冤的作用，例如申訴專員，但它們的共通點是作為政府的監察者和制約者，是廣義的行政架構內的制衡力量。

由於每一個法定機構只負責一項職能，在運作的過程中它必然把自己的任務放在最高的優先位置上考慮，而毋須思考與其他機構協調的問題。理論上且往往實際上，協調的工作便落在政府身上，但政府在權力上和時間上其實缺乏能力去擔負這項工作。相反，往往這些機構工作做得不好或發生醜聞時則必然會禍及政府的管治威信。

港英政府成立這些法定機構的目的，一方面是參考西方國家當時流行的做法，縮減政府的規模，讓一些原本由政府承擔的工作改由更具效率和靈活性的獨立機構去做；另一方面則通過一些獨立機構的監督去改善行政素質和減少官僚濫權或越權的情況。這些都是好的目標，而事實上這些機構亦發揮了積極的作用。然而，政府的施政亦難免遇到更多的掣肘和干擾，而這些掣肘和干擾又未必一定會產生良好的政策效果。

港英政府的另一個目的是達致"非政治化"的效用，讓公眾把部分對政府的訴求和不滿轉移到那些獨立機構身上，避免政府在政治上過分受到壓力。不過，經驗卻顯示此路不通。當人們對那些機構的表現不滿時，他們的矛頭最後必然指向政府，但政府卻又欠缺處理有關機構的足夠手段，反而增加人們對政府的怨氣。

無論如何，社會上對於法定機構的職能及其與政府的關係問題，不時產生爭議，遊戲規則尚未訂立。

行政與立法關係

在回歸後香港的新政治遊戲規則中，行政機關與立法會的關係是最關鍵、最缺乏共識、也是最易引發政治鬥爭的部分。當中理由淺顯易懂。經由選舉產生的立法會是各種反對勢力賴以生存和發展的權力重鎮，是反對勢力兵家必爭之地。反對派必須藉助立法會的否決權和其他權力來制衡政府、發動群眾和壯大自身力量。除了要用盡立法會的法定權力外，反對派亦竭盡所能去擴張立法會的權力，甚至置基本法的立法原意和具體條文於不顧。部分反對派人士甚至刻意提出違反基本法的行動去迫使人大釋法，企圖製造中央與港人對立的情勢，從而從中混水摸魚。

由於立法會的選舉辦法在回歸後使得反對派只能是立法會內

的少數派，反對派的擴大立法權力的圖謀原本難以得逞。可是，與政府關係較佳的立法會議員也在一定程度上希望藉着擴大立法權力去提升其自身的政治影響力，所以他們也不時就此與反對派互通款曲，為行政立法關係添加摩擦。在回歸後首年的臨時立法會時期，雖然絕大部分議員都與政府關係友好，但臨立會通過的議事規則卻仍有部分與基本法抵觸，尤其是在允許立法會議員在修訂政府法案上可以無須受到基本法第七十四條的約束一事上可見。

事實上，行政機關與立法會既然處於相互制衡的關係，而雙方又無時無刻不在爭逐群眾的支持，制度上的矛盾必然會導致兩者都希望擴大自身的權力，以便置對手於下風。[67] 這就解釋了為何與政府友好的人士當上了立法會議員之後，他們也會力爭擴大立法權，以便更好地擔當制衡政府的職責。

不過，情況還要複雜一些。因為雙方產生辦法的不同，加上行政長官既要由中央任命及要對中央負責，行政機關和立法會的社會支持基礎有明顯差異。行政機關的支持者多來自商界、溫和及保守的中產人士、愛國人士和教育水平偏低的基層群眾。立法會的支持基礎更廣闊，更依靠一般的普羅百姓。粗略來説，行政機關較親中央和較偏向中上層，而立法會則較立足於香港和中下層。行政和立法的摩擦實際上也反映了港人與中央，以及不同社會階層之間的矛盾。惟其如此，加上一般港人只能投票選舉立法會議員但卻無權直接選舉特首，所以即使港人對立法會的信任偏低，但仍然重視其作為民意代表監督政府的職能，所以傾向理解和同情立法會議員的

67 行政立法摩擦幾乎在所有實行總統制的地方都避免不了。總統制的特點是行政機關和立法機關各自獨立產生和不一定在同一時間產生。美國和法國的情況便是很好的例子，見 Richard S. Conley, "Presidential Republics and Divided Government: Lawmaking and Executive Politics in the United States and France," *Political Science Quarterly*, Vol. 122, No. 2 (Summer 2007), pp. 257-285.

擴權行為。[68]

回歸以來，香港出現的最大政治變故是政府在立法機關內缺少穩定可靠的大多數立法會議員的支持，而這亦是特區管治遇到困難的根本原因。更重要的是行政機關在社會上沒有可主導社會的政治聯盟的支援，而其主要的支持者既來自社會不同方面又缺乏凝聚力。因此，特區政府不斷面對立法會擴權的挑戰。隨着時間的推移，行政與立法的權力分配，已經出現了實質上行政權力下降而立法權力上升的局面。權力的轉移並非通過修改基本法來達致，反而是通過大大小小的立法擴權行為逐漸約定俗成而成為"憲制常規"。人大常委會固然基於政治考慮而未予以干預，而行政機關又由於不欲挑起政治鬥爭而選擇以息事寧人或妥協方式來處理立法會的進攻。[69] 行政機關更不願訴諸法律途徑以厘清行政與立法的許可權，因為它無法判斷香港法院的判決是否會對自己有利。行政機關甚至憂慮到假如法院的判決對立法會有利的話，中央會否被迫"出手"糾正偏差，從而造成政治震盪。因為這些原因，行政權力下降而立法權力擴大便呈現積重難返之勢。

中央雖然沒有出手干預行政與立法權力轉移的趨勢，但其憂慮不安之情，卻溢於言表。內地專家和學者的言論頗能代表中央的看法。

事實上，立法機關的擴權現象，早在回歸前已經出現。英國人為了要"光榮撤退"，企圖建立一個植根於香港的經由全民普選

68 Lau Siu-kai, "Hong Kong's Partial Democracy under Stress," in Yue-man Yeung (ed.), *New Challenges for Development and Modernization: Hong Kong and the Asia-Pacific Region in the New Millennium* (Hong Kong: The Chinese University Press).

69 一種慣常的做法是政府把議員提出的對政府法案的修正案接收過來後轉為由政府自行提出的修訂案。當議員提出的修訂案有可能被立法會通過時，政府便會採取這種"先發制人"的手段，既為政府挽回顏面，也避免憲法"危機"的出現。

產生的立法機關，並確立一個立法主導的政治體制，而政府則自立法機關產生。在中央的制止下，雖然英國人的圖謀沒有得逞，但英國人卻成功地以迂迴曲折的手法擴大立法機關的權力和提升其政治地位，通過建立"憲制慣例"，"永久"改變行政和立法的力量對比。這些手法包括引入立法局權力與特權法、政府帶頭賦予立法機關象徵性的崇高地位、政府官員不時要到立法會解釋政策、接受質詢和接受調查、強調政府必須向民選的立法局負責等。這些改變部分並且已經寫入基本法之中。當然，這些對行政和立法關係的改動的確對港英政府也造成少許掣肘，但畢竟回歸前的立法局仍大體上受英國人的操控，所以港英政府的管治未有受到嚴重影響。

一直以來，中央對香港立法機關職權的態度相當明確。中央不希望回歸後行政長官的權力好像殖民地總督那麼大，願意看見香港出現一個較殖民地政制為民主的政制，因此同意讓行政機關受到立法會的適度制衡，但卻仍然堅持行政與立法的關係應以合作為首務。除了否決權外，立法會的權力並不那麼大。立法會既無權過問行政長官的人事任命，沒有立法創議權，又不能自行動用公幣。即使是在行政機關向立法機關負責一事上，基本法也狹隘地規範了所謂負責的範圍。[70] 在中央而言，立法會不斷爭取擴大權力並對行政機關步步緊逼，企圖置政府於其領導之下，是匪夷所思的，也是不可接受的。

根據內地法律專家的論述，在中央眼中，回歸以來立法會的各種擴權行為，其犖犖大者有數項。第一，中央反對所謂"三權分

70 基本法第六十四條規定的特區政府對立法會負責的事項只包括：執行立法會通過並已生效的法律；定期向立法會作施政報告；答覆立法會議員的質詢；徵稅和公共開支須經立法會批准。

立”論，強調香港的行政與立法關係奠基於國家職能分工理論，不是西方的“分立分權”，故行政與立法之間既互相制衡也互相配合。第二，回歸後行政主導實踐困難，是由於立法會對政府過度制衡，行政與立法的配合機制沒有有效運作，而制衡的機制則達到極致。第三，立法會沒有遵循“法的效力等級”（即基本法作為母法的效力高於立法會自定的規則）原則的要求。立法會議事規則有關立法會的法案提案權和修正案提案權的規定，並不完全符合基本法，逾越了法的效力等級。[71] 第四，立法會過度利用財政審批權阻撓政府的施政計劃。第五，雖然香港的行政主導政制保留了一些行政向立法負責的內容，其中包括了行政機關接受立法會的質詢，但是立法會的質詢權力並不完整。它雖有提出質詢的權力，但卻不能引發全體議員的辯論，也不享有進一步的表決和追究責任的權力。第六，立法會可“就任何有關公共利益問題進行辯論”，但基本法中規定的地域範圍應限於香港特區。[72] 第七，根據基本法，立法會不具各行政調查權。行政調查權乃是立法會基於立法會（權力及特權）條例所賦予的權力，擴大對政府監督調查權。中央認為這是不符合行政主導的，也與基本法立法原意相悖。最後，既然立法會無權決定行政機關人員的任免，則它所提出的對高層官員的不信任動議辯論肯定是違反基本法的。

毫無疑問，中央對行政與立法的認知一定會與反對派人士、部分法律界人士和不少港人的看法相左，這正表示行政與立法關係

71　在立法會議事規則中未有提及是否禁止或限制議員提出涉及政治體制、政府運作和政府政策的法案的權力，未有提及是否禁止或限制議員提出涉及政治體制、政府運作和政府政策的修正案的權力，也未有提及是否禁止或限制議員提出涉及公共開支的修正案的權力。

72　立法會不可假公眾利益之名而進行辯論的事務包括：1. 有關國家利益或全體國民利益的事務；2. 中國憲法規定由國家機關行使權力的事務；3. 特區範圍內由中央政府管理的事務；4. 特區範圍內涉及中央與地方關係的事務；及 5. 基本法沒有授權予立法會管轄的事務。

的遊戲規則尚未確立，是各方勢力兵家必爭之地，也是回歸後香港重大政治衝突的主要來源。

行政長官和立法會的選舉辦法

回歸前後香港各方勢力爭議至為激烈的政治遊戲規則厥為行政長官和立法會選舉辦法的安排和演進。爭議的核心乃推行行政長官和立法會的普選的時間表和路徑。反對派要求馬上進行雙普選，而溫和與保守人士則主張循序漸進。港人顯然有溫和的民主訴求，但對民主發展卻存有不少顧慮，擔憂過速的政制變動會對經濟發展不利及損害中央與特區的良好關係。[73] 有關雙普選的爭議，各方面已論述甚詳，此處無需贅言。這裏需要指出的，是反對派一直以反共主張和爭取雙普選作為其鼓動民眾對中央和特區政府不滿的兩大手段。隨着港人對中央信任的上升和國家的興盛，反共市場已大為萎縮。中央在承諾香港可於二零一七普選行政長官後，雙普選作為政治議題的熾熱度亦已大為降溫。當然，這個議題即使在未來仍會是特區政治衝突的來源，特別是反對派仍然會不斷挑戰當前尚未經由普選產生的行政長官的政治認受性，企圖打擊政府的威信。

司法機關權力的擴大

在殖民管治時期，司法機關在維護法治方面有積極的作用，

---

73 Lau Siu-kai, "Democratic Ambivalence," in Lau Siu-kai et al. (eds.), *Indicators of Social Development: Hong Kong 2004* (Hong Kong: Hong Kong Institute of Asia-Pacific Studies, The Chinese University of Hong Kong, 2005), pp. 1-30; 及 Wai-man Lam and Hsin-chi Kuan, "Democratic Transition Frustrated: The Case of Hong Kong," in Yun-han Chu et al. (eds.), *How East Asians View Democracy* (New York: Columbia University Press, 2008), pp. 187-208.

形成了港人守法的觀念。但司法機關在社會上頗為低調。法院甚少挑戰殖民政府的政策和行為、發表政治性言論或以人權和自由的捍衛者姿態出現。

回歸後香港政治生態的一個重要變故，是司法機關在政治和政策上的權力和影響力大為擴張，且呈方興未艾之勢。司法機關的角色愈趨高調，呈居高不下之局。無論如何，要分析回歸後的特區政局和施政不能忽視司法機關的角色的變化。

造成司法機關權力擴大的原因甚為複雜，有幾個因素較為矚目。第一，回歸後香港法院有一本成文憲法（即基本法）可用，加上該成文憲法除了一般憲法所有的有關政治體制的條文外，它還有很多涉及人權和各種公共政策的條文，而人大常委會又授權香港法院可對大部分條文進行解釋，司法機關的裁決便產生了重要的政治性和政策性的影響。第二，回歸後香港首次得到終審權，而在國際社會中香港特別行政區的司法機關乃初生事物，其公信力在香港和在國際上尚未建立。因此，法院遂有明顯意向盡速確立自身的威信。為了達到目標，法院一方面刻意強調香港司法獨立，儘量迴避呈請人大常委會解釋基本法，另一方面則刻意突顯其對人權的高度重視。不過，在追求目標時，法院也曾招致中央的干預，對其威信造成一定打擊。[74] 第三，為了捍衛人權與自由，加上英國司法行為模式變遷的影響，[75] 司法機關愈趨樂意接受市民司法覆核（judicial review）的申請，而申請獲受理的門檻亦不高。往往政黨或社團會

74　香港的終審法院在一九九九年就港人在內地所生子女居留權案件作出判決。內地法律專家認為，判決中有關特區法院可審查並宣佈全國人大及其常委會的立法行為無效的內容，違反基本法的規定，是對全國人大及其常委會的地位和對一國兩制的嚴重挑戰。香港法院事後表示願修改有關立場，而人大常委會亦於一九九九年六月二十六日推翻有關居留權的判決。

75　二次大戰後，英國法院愈來愈多運用司法覆核手段以制衡政府，因而導致雙方不時發生摩擦。見 Anthony King, *The British Constitution* (Oxford: Oxford University Press, 2007), pp. 114-149.

挑選一名貧困市民向政府的法律援助署申請，獲得法律援助後便以申請司法覆核的手段控告政府，尤其是要求法院禁止某項政府決定或行動。即使司法覆核行動最終失敗，但政府的施政也會因此而受到延誤，政府或社會因此要付上沉重代價，其中最矚目的事例乃領匯延遲在證券交易所上市和維多利亞港填海築路計劃受到嚴重阻撓。司法覆核對政府施政造成重大影響，它已經成為政府官員在決策時的一項重要考慮，官員有時甚至由於擔心會遇到司法覆核的挑戰而不敢作出決定，避免因受法律挑戰而導致政府威信受損。與此同時，司法覆核實際上亦令法院通過裁決而間接獲得政治與政策的話事權。

第四，愈來愈多政治勢力（尤其是反對派）、社會團體和個人運用司法覆核手段挑戰特區政府，當中既有維護自身利益的目的，也有旨在衝擊政府威信的意圖。其共同點是他們以為假如把政府行為定義為對人權、自由或公義的侵犯的話，他們便容易得到法官的理解和同情，從而增加勝訴的機會。更為值得關注的是有些人因為不同原因不願意通過繁複和冗長的政治過程（例如廣泛諮詢、共識建立和立法）去達到目標，所以希望藉司法覆核作為快捷方式加以利用。結果是：司法機關要處理日益增加的政治和政策事項。

最後，行政與立法的爭執不休也造就了司法機關介入政治的機會增加。反對派尤其喜歡邀請法院去厘定行政與立法之間的權限或香港政治體制是否合憲等議題，例如臨時立法會是否違反基本法、功能團體選舉方式是否違反國際人權準則、行政長官發出的行政命令是否合憲合法、立法會議員提出對政府法案的修正案的限制為何等。

司法機關權力的擴大，在某些意義上可以說是現代社會的發展趨勢，對加強法治和防止行政機關濫用權力有積極意義，但在另一方面卻又令法院面對前所未有的政治風險，令法院的威信受到威脅，長遠甚至會損害司法機關履行其原來職權的能力。

首先，大部分港人並不習慣司法權關擔當政治和政策議題的裁決者的角色，不相信法官比官員或議員更有知識和睿智去處理那些問題。事實上，一些法院的判決的確受到社會人士的質疑（例如居留權和領匯事件）。法院過分介入政治和政策的爭議對司法威信會造成損害。第二，政治與政策法律化或司法化已經引起有識之士的憂慮，認為如果經由選舉產生的政府和立法會的決策權力愈來愈受到司法機關的侵蝕，不但會對香港的民主發展不利，亦會引致公眾對非由選舉產生的司法機關有怨言。第三，不少港人已經開始認為司法覆核程序已被濫用，阻礙政府施政和拖慢經濟發展。第四，法院愈多處理憲制性問題，在其極不願意請求人大釋法的心態下，香港法院的判決與人大常委會的立場出現相左的機會便愈大，從而增加了人大釋法推翻法院判決的可能性，導致司法機關權威受挫。第五，司法機關過分擴權也會減少中央對香港法治的信心。

近一兩年來，香港的司法機關似乎亦留意到種種對其不利的情況，並多次表明無意太多捲入政治與政策漩渦之中。一些跡象甚至顯示法院不希望人們濫用司法覆核程序以達到政治目標。當然，長遠的事態發展仍需拭目以待。

政黨政治的興起

政黨和政黨政治的冒起是回歸後香港政治生態的一大特色。在殖民管治時期，所有政治權力都掌控在英國人手上，意在爭奪權力的政黨根本無生存空間。上世紀八十年代初，港英政府單方面推行代議政制，實行所謂“還政於民”，在區議會和立法機關逐步引入功能團體選舉和地區直選成分，至低限度讓監察政府的權力可以公開爭奪，自此香港的政黨便有了一些發展空間。起初中央對香港政黨的出現持否定態度，擔心會加劇政治矛盾和衝突，以及煽起香港的反共情緒。中央尤其不接受行政長官擁有政黨背景，認為如果這樣特首便不能夠切實對中央效忠，更會不利於一國兩制方針的貫徹。不過，隨着政黨的冒起成為不可改變的現實，中央為應付反對黨派的緊逼便轉而支持與中央友好的政黨的發展。但對特首不可以有政黨聯繫一事，中央堅決反對的態度迄今未有絲毫動搖。

香港政黨發展的空間實際上是頗為有限的。政黨沒有執政的機會，只能獲得一些議會的監督政府的權力。港人對政黨的認同感和支持力不大，商界對政黨缺乏捐獻。香港成熟的公務員體制使政黨無法以官位酬傭支持者。高度發達的媒體在代表民意和為民請命方面是政黨的強勁對手。香港的精英分子大多視參政為畏途，政黨遂面對人才凋零的困局。

香港的主要政黨例如民建聯、民主黨、公民黨和自由黨在規模上屬於小型政黨，資源有限，研究力量薄弱，群眾基礎不大，而與其並肩作戰的社會團體不多。不過，由於政黨在立法會內擁有不少議席，它們在政治上所展示的能量與其在社會上所擁有的資源和公眾認受度並不相襯。正因如此，港人對政黨“權力過大”頗有微言。

在香港的獨特政治生態下，政黨其實在不同程度上扮演着監察政府的角色，反對黨派（民主黨和公民黨）固然盡可能以反對政府為己任，即使友好政黨（民建聯和自由黨）也不時藉反對政府以取悅群眾。本質上，所有政黨都受到民意和輿論的左右，以致它們縱有一些政綱其實際行為也往往因民意和輿論善變而不時變動，令市民難以對其信任。加上政黨的發展仍處於變動難測的態勢，因此與政黨的政治角色、政黨與政黨的關係、政黨應受何種規管、政黨的組織與運作應遵循哪些規則、應否制定政黨法等有關的政治遊戲規則尚未訂立，政黨政治變得難以捉摸，而行政機關的管治遂亦受到不利的影響，進而削弱行政主導的能力。

強大社會勢力的崛起

在整個殖民管治時期，港人享有頗高的集會結社的自由，但前提是不能以集體力量挑戰英國人的統治。香港的社會團體數量極多，但一般規模不大，組織鬆散，內部民主生活欠奉，且較多關注其成員的自身利益，介入社會或政治事務則較少。整體而言，港人的社會參與（social participation）程度偏低，所謂公民社會（civil society）更未成形。

隨着香港社會日趨現代化，人們教育水平上升，中產階級擴大，利益愈形分化及港人對香港的歸屬感抬頭，一些以關注公共事務為宗旨的社會團體陸續出現，而原有的社會組織亦走向政治化。“九七回歸”問題的出現，加上中英兩國政府的鼓勵，這類團體不斷湧現，並愈趨政治化。雖然港人的社會參與率依然不算高，但一個公民社會雛形已經誕生，各種社會勢力冒起，自然對政府的管治造成衝擊。

在眾多崛起的社會勢力中，商界、媒體和宗教團體最為矚目，亦對特區政府形成最大的挑戰。不過，這些社會勢力彼此之間並不結盟，而各自的內部亦存在分歧，這些情況在某程度上削弱了它們的政治能量。

商界力量的壯大主要並非反映在群眾政治、政黨或地區直選等領域之中，事實上商界在這些領域內的影響力有限，而且他們也不太願意在此進行政治投資。商界的政治力量上升，主要來源於中央的器重、政治體制的設計和商界政治期望的改變。

在殖民管治期間，除了英資外，商界的政治力量有限。英國人願意為商界提供一個良好的營商環境，讓商人可以發家致富，但在政治上他們卻只能託庇於英國人，並要默許英資財團的優越和特殊地位。香港的華資商人一般甘心接受這個與英國人的"社會契約"(social contract)，一直以來彼此相安無事。

不過，中央對商界的態度與英國人有異。為了穩住投資者對香港的信心，避免資金大量撤出，中央刻意抬舉華人商家的政治地位，並在政治上大加倚重。同時，為了顯示對高度自治的尊重，中央也不要求中資在特區的管治上發揮重大作用。[76] 此外，中央把資本家在政治上發揮主導作用視為維護香港資本主義制度的要素，這個認識亦令中央在政治上對商界照顧有加。當然，中央也希望商界能夠在政治上動員起來，積極爭取港人的支持，在群眾政治中擔當領導角色，但這實際上卻需要商人組織起來，並投放大量資源。可是，商人的表現迄今仍讓中央十分失望。不少社會人士亦認為商界不在政治上勇於開拓以促進其利益，反而渴望長期獲取政治"免費午餐"，對此頗有微言。

基本法規定的政治體制中的行政長官選舉委員會和立法會的功能團體議席都讓商界享有頗大政治影響力，從而保障其利益。

---

76 其中一個例子是中資機構在立法會內沒有功能團體議席。

特區政府因此相當依賴商界的支持並在施政上不得不向商界利益傾斜。

回歸前後商界的政治野心大為增強。商界人士不再甘於維持回歸前的政治次等被動角色，也不太接受由英國人培訓出來的華人公務員掌政的局面。他們希望擴大自己的政治影響力，特別是對中央和特區政府而言。他們也不希望特區的民主化過程太快，但卻期望中央和特區政府能夠為他們約束港人的民主和民粹訴求。

商界的政治影響力上升，但在貧富懸殊和階級矛盾日益嚴重，而商界的政治優越地位又未得到港人認同的情況下，批評政府與商界"官商勾結"和"利益輸送"的聲音便不絕於耳，在相當程度上損害了特區政府的管治威信。

回歸後不少香港的媒體視自己為"第四權力"(the fourth estate)，是人民喉舌，是制衡政府和政客的主要力量。不少港人亦認同此說並對媒體有所期許。香港的言論自由度極高，而它又得到司法機關的大力維護，因此媒體所發揮的政治能量非常大。它們不僅僅滿足於批評和制衡政府，實際上也着力於制訂公共議程（public agenda)，引導港人關注媒體認為重要的議題和政策，迫使政府就範。它們也力圖影響官員和政客的民望和政治前途。與其他社會或政治勢力比較，媒體的力量有過之而無不及。無論政府或政客都孜孜以求得到媒體的支持，媒體的政治力量更顯突出。

媒體特別是最暢銷媒體所扮演的巨大政治角色，在回歸前的香港是不可想像的。港英政府當然允許反共媒體對中國共產黨和中國肆意攻擊，但卻不會容忍媒體對其說三道四，更遑論惡言相向。事實上，港英政府能夠運用的恩威並施的手段多得很，在人權意識尚未高漲的時候那些手段不會遇上社會各方的反彈，更不會演化為政治風波。所以香港的主流媒體大致上對政府態度友善，不敢造次。

在回歸前的過渡時期，媒體其實已經開始對英國人不太客氣，質疑其沒有好好照顧港人的利益，但情況不算嚴重。相反，英國人卻刻意鼓勵媒體包括官方媒體以監察政府為己任，強調其作為"第四權力"的重要角色。當然港英政府希望藉媒體之力以抗衡中國政府，從而強化英國人對華的談判能力，但更重要的目標是要扶植媒體成為在回歸後香港制衡中央和特區政府的主要力量。

香港的媒體絕大部分是牟利的商業機構，本質上以迎合和滿足消費者的需求為鵠的，其自然傾向乃為民請命。回歸後社會上民粹意識抬頭，反權威、反精英主義瀰漫，加上經濟困難，政府施政失誤，及不少港人視特區政府有"親北京"傾向，主流媒體遂紛紛以攻擊政府和特首為取悅港人的手段，且往往流於謾罵、對人不對事、不盡不實、嘩眾取寵，極盡煽情之能事，對政府和特首的威信造成損害。由於要顧及廣告收入的緣故，媒體極少以財團為批判對象，所以政府便成為媒體的眾矢之的。回歸後的香港人權自由意識高漲，司法機關以維護新聞自由為己任，而行政機關又受到各方勢力的掣肘，民意亦傾向同情媒體，因此在面對媒體的攻擊時政府的立場甚為被動。

儘管如此，媒體的政治力量也不宜過分誇大。媒體之間競爭劇烈，互不相讓，加上其政治與政策立場分歧不少，難以形成聯合陣線對付政府。各媒體爭奪來自政府的消息，尤其希望得到獨家消息，這便提供一些機會讓政府爭取個別媒體的好感。媒體只有在連成一線反對政府某項政策或決定時才能產生最大的打擊力，但出現這種情況的次數其實不多。當不同媒體各自倡議不同的政策時，它們對政府所能施加的壓力便頗為薄弱。此外，媒體的公信力在回歸以後與日俱減，無疑削弱了它們的政治力量。不過，無論如何，媒體是一股龐大社會力量是不爭的事實，一天特區政府不能有效應對媒體的挑戰，則一天它便難以“強政勵治”。

回歸後天主教會和基督教會在政治上日趨活躍，尤其是在民主、人權、自由和公義等議題上。部分原因是這些宗教組織過去四十多年來改變了其原有的保守政治立場，從“出世”轉向“入世”，在世界各地積極介入政治，反對專制政府，支持和保護各國的反對和民主勢力，推動社會與政治發展，甚至在個別國家協助推翻當地政府。另外，不少教徒因為教義的關係而具有反共或疑共心態，畢竟共產主義的唯物論和無神論與天主教和基督教的一神論水火不容。無疑，這些宗教組織在香港的言行相對其他地方較為溫和，但在動員群眾參與各種針對中央和政府的抗爭行動中卻依然發揮關鍵作用，對特區政府的施政構成重大挑戰。

然而，教會的勢力尚未算十分強大。港人一般認為應奉行“政教分離”的原則，對教會和教士高調和積極介入政治，並與反對派結成同盟，頗不以為然。天主教徒和基督教徒的人數並不多，加起來約五十萬左右，當中不乏社會精英分子，因而作為一股政治力量不算太龐大，而且又不是大多數教徒都熱衷於政治。不過，兩教的國際聯繫廣泛，較有能力引發外來勢力向特區政府施壓。

香港社會內部的利益分化、觀點分歧和階級矛盾頗為嚴重，成為了壓力團體和利益團體不斷大量滋生的溫牀，而不少團體都以特區政府為遊說和施壓的對象。如何整合與滿足它們的利益和訴求對特區政府來說是一項重大的考驗。政黨、社會勢力、媒體、宗教組織、反對派和立法會又不時交纏在一起，形成一股較大力量向政府緊逼，使政府窮於應付。

民意因素的抬頭

隨着香港民主化的開展，民意在政治上的重要性必定與日俱增。特區政府及各方勢力都竭盡全力爭取民意的支持，務求在政治爭鬥的過程中佔有上風，整體形勢甚有“得民意、得天下”之意味。當然，各方面亦殫精竭慮力求影響民意。回歸前後，香港的政治文化出現變化，港人較前願意通過各種管道表達自己的意見，當中尤其重要的是愈趨普及的民意調查。不同勢力紛紛藉民意調查探測民意、肯定自己的立場和建議以及打擊對手。

平心而論，儘管民粹意識抬頭，而媒體及反對派又竭力激化港人情緒，但主流民意仍然偏向溫和務實，且高度重視社會安定，惟特區政府所受到的民意壓力仍頗大。作為一個非由港人普選產生的當權者，同時在港人眼中又是惟一有能力處理公共或大眾問題的機構，特區政府先天性便成為民意要針對和要監督的對象。此外，回歸後港人在不少政治、經濟、民生和社會問題上都缺乏共識，而且民意變幻莫測，政府在了解和回應民意上都遇到困難，更造就了各方勢力可以挾民意以令政府之勢。對特區政府而言，稍為值得慶幸的，是隨着港人對中央的信任上升和愛國意識抬頭，港人的反共情緒所衍生的對政府的民意壓力有顯著紓緩。

結語

在殖民管治時期，港英政府一權獨大，睥睨一切，自然在駕馭政治局面和實施有效管治上得心應手。[77] 基於種種原因，香港沒有出現反殖或獨立運動，所以英國在港的殖民統治從來沒有遭遇嚴峻考驗。另一方面，"殖民地"的政治體制內沒有制衡政府的力量。立法局議員由港督委任，不聽話者可被攆走，立法機關乃政府施政的俯順工具。司法機關一般尊重政府的決策和政治判斷，沒有成文憲法或人權法規可資利用以挑戰政府行為，而司法覆核作為推翻政府決定的手段尚不普遍。

殖民政府之外可以制約政府行為的法定機構極少，而且亦甚溫馴。社會上有實力的社會組織寥寥可數，稍有異志的往往受到政府的打壓和約束。商界基本上放棄了爭奪政治權力的野心，甘願在殖民政府的庇蔭下謀求發家致富。媒體受到政府的嚴格監控，在政府恩威並施的手段下向它輸誠，但同時在政府的默許下擔當反共的角色。民眾一般在政治上"冷感"，逆來順受心態明顯，雖然甚為關顧切身利益，但人權意識淡薄，而政治無力感則偏強。港人甚少以抗爭方式對付政府。

惟一有力與港英政府一拚的乃親北京愛國力量，但它在港處於邊緣位置。在中央對港"長期打算、充分利用"的政策下，除了一九六七年的反英抗暴鬥爭外，愛國力量反而長期受到港英政府的排擠和主流社會的孤立，更遑論對殖民統治形成威脅。

在港英政府管治下，政治遊戲規則主要由殖民統治者單方面訂立和把弄，為其利益服務。此套遊戲規則不但簡單易懂，而且相當穩定。它不但允許港英政府招攬華人精英分子成為其同路人，也

77　不過，在一九八四年中英聯合聲明發表後到一九九七年香港回歸前的過渡期內，港英政府的管治形態快速轉變，其管治權威和力量日益受到各方面出現的力量所掣肘或挑戰，已經需要面對管治困難的情況。港英政府一方面以民主派勢力平衡商界、親北京和保守力量，另一方面則鼓動港人的反共情緒來抗衡中國政府的壓力。其左支右絀的政治困境歷歷在目。

為政治安定奠下良好基礎。在少受各方力量掣肘的情況下，強勢的殖民地政府便成為可能。

然而，英國人在撤離香港之前，按照其以排拒中央為目標的港人治港藍圖，盡其最大能力改變香港的政治生態和遊戲規則，讓其扶植的政治勢力有更大的發展空間和鉗制行政機關的能力。中央所希望維特的香港制度五十年不變，在回歸前已經出現了巨變。

回歸以來，香港政局的一大特徵，厥為特區政府一誕生便受到政治體制內和體制外的各方勢力所包圍和衝擊，但政治遊戲規則卻尚未訂立，形成政府與各方勢力混戰之局。儘管各方勢力並非經常一致行動，但為了作出應對，政府官員不免要疲於奔命，但又往往勞而無功。各方力量不斷利用港人對中央的疑慮、對一國兩制信心尚未完全建立和社會階級的矛盾，以為民請命者姿態出現，以抨擊政府和建制為己任，處處制衡政府，阻撓政府施政，並以政府施政不力為突破口，否定現行政治體制，鼓吹政制民主化，意圖實現完全自治，把香港建構為獨立政治實體。在這個複雜的政治環境下，建立強勢政府甚為不易。

有意思的是不少港人（包括反對派人士）仍然緬懷港英統治時期的強政風格和行政效率，並以此為準則來批評特區管治不濟，但卻顯然或刻意忘記回歸前後政治生態的嬗變，及港英政府在撤離前所完成的種種弱化行政機關權力與權威的部署。

要大幅強化特區的管治，關鍵在於建構一股龐大管治力量，對上得到中央的支持和信任，對下獲得超過一半以上港人的信賴，在中間則能夠凝聚主流精英分子，而其政策重心則偏向務實溫和。在這股力量的主導下，促使各方力量向其靠攏或至少減少與其對抗。隨着港人對中央信任上升及國家意識抬頭，加上港人逐步認同一套建基於香港與內地加強經濟合作的務實政策綱領，[78] 以及他們對反對派的逐漸厭棄，出現這樣的一股政治力量並非不可能。事實上，只有強勢的政治力量才能有效駕馭回歸後的政治局面，它對中央效忠，以行政權力為核心，整合和統領各方面零碎分割的新興政治勢力，促使各種反對力量走向邊緣化，重塑適合於一國兩制的政治遊戲規則和確立香港長治久安的根基。毫無疑問，重塑遊戲規則的過程肯定會是一個各方力量激烈搏鬥的過程，最終的結果仍會帶來一些不確定性，亦很有可能不會完全符合基本法的立法原意，但卻必然會比現在的混沌狀態較有利於一國兩制的準確貫徹和香港的長期繁榮穩定。

---

78 劉兆佳："香港特區的管治與新政治主張的建構"，《港澳研究》，春季號，2007 年，第 1-8 頁。

第四章　沒有執政黨的政黨政治[79]

香港政黨政治的歷史很短，而所有的所謂政黨都是規模極小的政治組織。然而，從比較政治的角度來看，香港的政黨政治卻肯定是一種頗為獨特的政治現象，那就是“沒有執政黨的政黨政治”，亦即是說由一個不完整的甚至是“殘缺”（stunted）的政黨體系所衍生出來的政治現象。[80] 顧名思義，“沒有執政黨的政黨政治”指在執政黨缺位下，由眾多政黨在發展、互動和競爭過程中所衍生的各種政治現象。也就是說，香港的政黨並非是制定政策權力的政治組織。在不同程度上，它們的主要功能是影響、監督和制衡政府（即當權者），代表和反映社會上不同的聲音和利益，而它們的主要目標是要取得議會的議席和贏取群眾的擁護。從政治發展的視角而言，現階段很難斷定“沒有執政黨的政黨政治”在香港是一種短暫的、帶過渡性的政治現象，還是一種長期的政治現象，但無論如何，作為一種獨特的政治現象，它絕對具有一定的學術研究價值。[81] 具體來說，通過對這個政治現象進行分析，我們可以增加對香港回歸以來的政治變遷的了解。

79　本文曾於 2012 年的《港澳研究》冬季號刊登，在本書文字中略有修改。

80　在這篇文章中，我對“政黨”採用了比較寬鬆的定義。所有那些有意以實際行動爭奪政治權力的政治組織都被視為政黨，例如派出候選人參與行政長官、立法會和區議會的選舉。當然，如果用政治學的嚴格定義來作界定的話，則在香港能夠稱得上“政黨”的政治組織只屬鳳毛麟角。為了更好地分析香港的“政黨政治”，採用較寬鬆的定義是有必要的，而“沒有執政黨的政黨政治”的一大特點，正是香港缺乏強大的政黨。

81　見 Lau Siu-kai and Kuan Hsin-chi, “‘Foundation Moment’ and Political Parties in Hong Kong,” *The China Quarterly,* No. 163 (September 2000), pp. 705-720；和 *idem,* “Hong Kong's Stunted Political Party System,” *The China Quarterly,* No. 172 (December 2002), pp. 1010-1028.

"沒有執政黨的政黨政治"的獨特性

近代歷史經驗顯示，"沒有執政黨的政黨政治"在世界各地殊為罕見。政黨政治在人類社會中歷史不算長，籠統來説有幾個較常見的形態。在西方國家，政黨政治大概在十九世紀後隨着其民主選舉的發生而陸續出現。政黨政治一般表現為多黨競爭，政黨輪流執政的局面。當然，政黨政治在議會制、總統制或其他政治體制中特色各異，而選舉制度究竟用簡單多數制、比例代表制、多議席單票制、單一可轉讓投票制或其他制度安排又會對政黨政治造成不同的影響。此外，個別國家的歷史背景和文化差異對政黨政治也有重要的作用。然而，無論是一黨執政或多黨組成的聯合政府，西方國家總有執政（單數或多數）黨的存在，而它（們）同時受到不同的反對黨的制衡和挑戰。[82] 總體而言，所有的重要政黨都認同其國家的政治體制，包括選舉制度。值得注意的是，即便在高度激烈競爭的環境下，偶爾也會出現代表某些階層或方面的政黨缺位的情況。以號稱全球"最民主"的國家美國為例，代表勞工階層利益的"左翼"政黨便長期不存在或積弱不振。[83]

在社會主義國家，比較常見的是一黨專政或一黨獨大的局

82　當然，有些新興"民主"國家也不允許其行政首長具有政黨背景，但卻不等於説他們沒有類似"執政黨"的政治力量的支援。見朱世海，《香港政黨研究》（北京：時事出版社，2011），頁 135，附註 1。又見 Javier Corrales, *Presidents Without Political Parties: The Politics of Economic Reform in Argentina and Venezuela in the 1990s* (University Park: The Pennsylvania State University Press, 2002); 及 Juan J. Linz and Arturo Valenzuela (eds.), *The Failure of Presidential Democracy* (Baltimore: The Johns Hopkins University Press, 1994).

83　見 Robin Archer, *Why is There No Labor Party in the United States* (Princeton: Princeton University Press, 2007); 又見 Seymour Martin Lipset, *American Exceptionalism: A Double-Edged Sword* (New York: W.W. Norton, 1996) 及 *idem, It Didn't Happen Here: Why Socialism Failed in the United States* (New York: W.W. Norton, 2000).

面，很少出現超過兩個或以上政黨在平等和分權的基礎上聯合執政的情況。在這些例子中，政黨輪替或輪流執政的情況絕無僅有。反對黨通常比較弱，難以對執政黨構成實質的威脅，而政府很少通過全民普選的方式產生。大體來説，政黨政治呈現為“強執政黨、弱反對黨”的形態。

在另外一些實行民主選舉的國家，在頗長時間中也會出現“一黨獨大”的情況，原因是某個政黨因為特殊的政治情況或獨特的選舉制度而能夠長期控制立法議會中大多數議席（例如日本的自由民主黨、新加坡的人民行動黨、義大利的基督民主黨）或屢次贏得總統選舉（例如墨西哥的革命制度黨）。在這些國家中，反對黨一般處於弱勢，無法在選舉中取得優勢。[84]

世界上為數不少的所謂“有競爭的威權型”政體中，雖然實行普選，但無疑選舉制度不太公平，顯然對執政黨特別有利。反對黨並非完全沒有任何機會通過選舉取得政權，但執政黨始終擁有絕對優勢。[85] 在實行這種政體的國家中，在一段短暫的時間，偶然也會出現沒有政黨背景的政治強人執政的局面。[86] 俄羅斯的普京總統在其執政的初期確曾發生那種情況，但很快他便與聯合俄羅斯黨結盟

---

84 見 Samuel P. Huntington and Clement H. Moore (eds.), *Authoritarian Politics in Modern Society: The Dynamics of Established One-Party Systems* (New York: Basic Books, 1970); Kenneth F. Greene, *Why Dominant Parties Lose: Mexico's Democratization in Comparative Perspective* (Cambridge: Cambridge University Press, 2007); 及 Ellis S. Krauss, *The Rise and Fall of Japan's LDP: Political Party Organizations and Historical Institutions* (Ithaca: Cornell University Press, 2011).

85 見 Steven Levitsky and Lucan A. Way, *Competitive Authoritarianism: Hybrid Regimes After the Cold War* (Cambridge: Cambridge University Press, 2010); 及 Jennifer Gandhi, *Political Institutions Under Dictatorship* (Cambridge: Cambridge University Press, 2010).

86 Henry E. Hale, *Why Not Parties in Russia: Democracy, Federalism, and the State* (Cambridge: Cambridge University Press, 2007). 另見 M. Steven Fish, *Democracy Derailed in Russia: The Failure of Open Politics* (Cambridge: Cambridge University Press, 2005); 及 Richard Rose and Neil Munro, *Elections without Order: Russia's Challenge to Vladimir Putin* (Cambridge: Cambridge University Press, 2002).

並出任該黨的領導人，從此結束了“沒有執政黨的政黨政治”的局面。重要的是，即便普京在不隸屬任何政黨的時候，統一俄羅斯黨仍是他的忠實支持力量，而且絕對無意扮演制衡者的角色。

在那些實施獨裁、寡頭或威權統治的國家，反對黨一般不能合法存在，也不承認該國的政治體制。當權者不一定藉助執政黨進行統治，可以通過強人當政、軍人領導或部落 / 部族領導來控制政局。不過，在不少國家，政治強人、部落 / 部族領導、或藉政變上台的軍人都會組織以個人或極少數人為領導核心的執政黨來充當統治的工具。政黨政治在那些國家主要表現為“只有執政黨的政黨政治”。

總而言之，“沒有執政黨的政黨政治”甚為罕見。不過，在不少殖民地的獨立前夕，的確在表面上曾經有過類似現象。眾多反對或意圖推翻殖民管治的政黨已經出現，部分希望通過武裝鬥爭取得獨立。宗主國（特別是英國）為了“準備”（prepare）殖民地走向獨立，通常會先行刻意扶持對宗主國較為友善的政黨，然後引入立法機關的選舉（主要是普選），允許取得大多數議席的政黨在獨立前夕接掌部分管治職能，並在獨立後執掌國家政權。在獨立前的一段時間裏，殖民地的統治者（例如英國殖民地的總督）與由本地人組成的政黨分工合作，共同管治該地，形成“沒有執政黨的政黨政治”的表象。由於最終很快殖民統治者便要向本地人交出權力，下旗歸國，兩股勢力之間的摩擦不多，因此這種過渡性安排在一般情況下運作暢順。雖然在嚴格意義上，因為最終的和最要害的權力（軍事、保安、財政甚至部分內政權力）還控制在殖民統治者的手上，佔有立法機關多數或大多數議席的本地政黨不算是“執政黨”，但在現實意義上因為殖民統治者實質上已經放棄了管治的職能，而且“共治”的時間很短，那個控制立法議會的本地政黨應該說已經是“執政黨”了。由此以觀，殖民地獨立前夕所出現的“沒有執政黨的政黨政治”的表象其實只是一種過渡性的假象。所以，香港的“沒有執政黨的政黨政治”，在其他殖民地無論是獨立前或獨立後都極為稀有。[87]

過去我曾經指出，香港的“非殖化”過程是“沒有獨立的非殖化”過程，意思是香港沒有脱離殖民管治建立獨立國家的可能，只能以某種政治身份成為中國的一部分。從歷史的角度看，香港的“非殖化”過程本身也是十分罕見，因此香港出現其他地方罕見的“沒有執政黨的政黨政治”便不足為奇了。

中央對政黨的消極態度和“執政黨”的缺位

中央對香港政黨的發展基本上持負面消極態度。中央固然明白政黨在回歸後的出現是不可避免的，這是因為政黨一定會隨着選舉的引入而興起，而港人也一定會希望藉助一些“反共”的政治組織來代表自己的觀點和利益。事實上，為了應對反共民主派政黨的威脅，中央被迫在上世紀 90 年代初推動一些“有實無名”的“政黨”，例如民主建港聯盟（1992 年成立，2005 年與香港協進聯盟合併後改稱為民主建港協進聯盟）(民建聯）和香港協進聯盟的成立，同時鼓勵一些社會組織（例如香港工會聯合會［工聯會］，1948 年成立）派員參與議會的選舉。但這些舉措卻沒有改變中央對政黨發展的負面消極態度。當然，隨着時間的推移，中央對香港政黨的發展愈來愈以務實和從容態度對待，從最初的大力反對到後來的無耐

87 由於我沒有對古往今來所有的政治體制和政黨形態做全面查勘，我不敢説香港的情況絕無僅有，但肯定是鳳毛麟角。

容忍，但基本立場始終依舊。

回歸以來，在香港執掌政權的力量不是政黨，而是由中央委任的行政長官和他所領導的特區政府。根據基本法，行政長官既要對中央人民政府負責，也要對香港特別行政區負責。從制度的層面來說，行政長官是中央政府賴以全面準確落實"一國兩制"方針政策和執行基本法的關鍵人物，也是香港"行政主導"政治體制的核心。事實上，香港的法律也不允許特首有政黨的背景，任何人在參加行政長官選舉時必須放棄與任何政黨的聯繫。同一道理，香港特區政府的領導班子成員絕大部分都沒有政黨背景或聯繫，而進入班子的政黨成員也基本上以特首為效忠對象。

中央對香港政黨發展的立場背後的基本原則是：中國共產黨是在全國（包括香港在內）執政的"執政黨"，但在"一國兩制"、"港人治港"和"高度自治"的方針政策下，中共不在香港執政，但既然"保持香港、澳門長期繁榮穩定是黨在新形勢下治國理政面臨的嶄新課題"[88] 中共對香港的事務便不可能撒手不理，在確保"一國兩制"成功落實一事上它更責無旁貸。"一國兩制"的成敗不但涉及香港的利益，更關乎全國的利益。既然如此，行政長官在管治香港的過程中便不能夠在對中央負責的同時又向一個政黨負責。所以，中央很難接受一個有別於中國共產黨的香港的"執政黨"的概念，[89] 尤其是當這個"執政黨"可能還先要拿到港人的選票支援後才可以上台"執政"，它對"一國兩制"的解讀可能與中央不一樣，

88 引述來自"中共中央關於加強黨的執政能力建設的決定"（二零零四年九月十九日中國共產黨第十六屆中央委員會第四次全體會議通過），見《"中共中央關於加強黨的執政能力建設的決定"輔導讀本》（北京：人民出版社，2004），頁 30。

89 既然中國共產黨是包括香港在內的全中國的執政黨，則香港出現"執政黨"便與這個基本情況相互矛盾。如何在理論方面化解這個矛盾一時間說不清楚。如果香港的"執政黨"是中國共產黨的"分支"或附庸，則"港人治港"和"高度自治"便成為空談。

甚至可能出現不同政黨輪流執政的局面。更壞的情況是那個“執政黨”與中央經常處於不咬弦狀態，嚴重損害中央和特區的關係，使得準確落實“一國兩制”化為泡影。有見及此，儘管基本法沒有作出相關規定，香港特區籌備委員會在回歸前制訂第一任行政長官的產生辦法時，便規定了行政長官在上任時不可有政黨背景。[90]

當然，儘管行政長官沒有政黨背景，他也可能會特別倚重某一個政黨，例如他向中央提名那個政黨的成員為特區政府主要官員中的大多數，又例如他把該黨的政綱作為自己的施政綱領，從而形成一個“執政黨”形無實存的局面。不過，在行政長官名義上沒有政黨背景，在法律上必須向中央負責的情況下，加上香港特區的主要官員的任命權又牢牢掌握在中央的手上，中央畢竟會有辦法處理好來自那個所謂“執政黨”的困擾。

中央對香港政黨發展存有顧慮的另一原因，是中央為了穩定港人對“一國兩制”和香港前途的信心，曾莊嚴承諾中共不會在港公開活動，更遑論參與香港的各式選舉。既然提出“一國兩制”方針政策的中國共產黨不管治香港，則它也不會放心讓其他不受其領導的政黨在香港承擔管治的責任，尤其是那些有反共傾向、受西方勢力支配或不認同中央的“一國兩制”方針政策的香港政黨。[91]

再者，中央也不明白為何香港在回歸後需要政黨政治。既然

90 基本法原來沒有規定行政長官不可以有政黨背景，但香港特別行政區籌備委員會在 1996 年制訂第一屆行政長官的產生辦法時，特別作出有關規定。當年我也是籌委會委員，曾在會上提出究竟該規定是否符合基本法的問題，但不得要領。之後該規定又成為香港法律的一部分。然而，對我來說，該規定的“合憲性”(constitutionality) 尚待厘清。

91 中共一方面作出自我約束，但同時考慮到回歸初期人心尚未回歸，香港社會仍瀰漫着恐共情緒，反對派政黨很大機會在地方選舉爭逐中享有極大優勢，並迅速鞏固其主導地位。中央的擔心是，儘管那些政黨在基本法政制下不能成為特區的管治者，但在群眾政治中處於優勢地位的反共民主派政黨始終對“一國兩制”的落實構成威脅。

中央對港的“一國兩制”方針政策已經在《中英聯合聲明》中莊嚴宣佈，並全部寫在基本法內，而各類經濟、財政、貨幣、社會、民生和文化政策又頗為具體和詳細，而它們又在五十年內不可作出實質變更，則所有管治香港的力量都只能按照基本法的要求和指示治理香港。換句話説，理論上管治香港的不同力量都只能有一個共同的政治和政策綱領。無論特區由誰領導，政府的施政方針都只會是大同小異，不同政黨之間的爭鬥便沒有實質意義。反而黨爭會流於意氣之爭或變成個人恩怨的宣洩，香港的繁榮穩定會犧牲在黨同伐異之上。如果黨爭涉及支持和反對“一國兩制”兩股敵對勢力，則對香港更屬不幸。以此之故，“一國兩制”方針政策和基本法與政黨政治和政黨輪替便存在着無法彌縫的矛盾。

最後，香港的“執政黨”由於是經由某種“普及”選舉方式產生，則它必須向港人負責，並儘量回應其訴求，不然便無法選上。可是，大部分港人懷有反共、疑共或恐共情緒，由廣大港人擁護的“執政黨”與中國共產黨的關係會是緊張甚至對抗的關係。這個情況假如出現，不但“一國兩制”無法實施，連帶內地的政局穩定也會受到牽累。

在“反政黨政治”的大前提下，中央的對港策略處處都為政黨的發展設置障礙。除了不允許特首有政黨聯繫外，其他對政黨的發展不利的因素還所在多有。最有力的措施肯定是行政長官和立法會的產生辦法。在特首尚未普選產生之前，他是由一個由不同界別代表特別是精英階層代表組成的選舉委員會所選出。即使特首最後以普選方法產生，提名權還是控制在一個由各界精英組成的提名委員會的手上。所以，政黨在特首選舉過程中的角色仍是相當有限。

在立法會的選舉中，分區直選所用的比例代表制和功能團體選舉制度都不利政黨的發展。回歸前英國人和反對派屬意的地區直選的方法是英國國會選舉和前英屬殖民地慣用的"單議席單票制"(first-past-the-post system)(又稱"簡單多數制")。[92] 然而，這個選舉制度假如應用在香港的分區直選時，便容易出現反對派以稍多於一半的選票便取得絕大部分直選議席的情況。回歸前，特區籌備委員會在討論第一屆立法會產生辦法時便馬上否決了"單議席單票制"，並集中討論"多議席單票制"(multi-seat single vote system)和"比例代表制"(proportional representation)孰優孰劣的問題，並最後選定了"比例代表制"，理由是該制較為公平，而且又是大多數發達國家使用的議會選舉辦法。"比例代表制"的特點是鼓勵和允許小黨派的出現和發展，從而減少了議會由一個大黨控制的機率，客觀上發揮"打散"和弱化政黨的作用，同時加劇政黨之間的爭鬥。猶有進者，西方國家一般只允許經登記註冊和具有一定規模的政黨參與議會選舉，藉以扶持政黨的發展。[93] 香港的情況則截然不同。任何個人或團體(不一定是政黨)都可以參加實行"比例代表制"的地區直選。因此，在一些選區中不時會有一人名單的出現，或者由幾個沒有組織聯繫的人合組名單參選。結果是，香港的"比例代表制"其實是西方的"比例代表制"和"多議席單票制"(日本和台灣曾經採用但已經停用)的混合品。在香港的"比例代表制"下，不但政黨要與政黨競爭，還要跟個人競爭。由於香港的

92 這個制度下，所有的選區都只有一個議席，每一位選民只能投一票，在選舉中獲得最多選票的候選人勝出。"單議席單票制"其中一個目標與效果，是讓取得全部選票某個比例的政黨能夠在議會內獲得大於那個比例的議席，從而使到議會內出現一個擁有大多數議席並控制議會的政黨(majority party)的可能性大為增加。簡言之，"單議席單票制"有利於強勢執政黨及由其所領導的政府的出現。

93 個別國家(例如前聯邦德國)更規定，當選後的國會議員假如退出他在參選時所屬的政黨，則他在國會的議席便會懸空，嗣後由在議席補選中勝出的人填補。這項規定是要協助政黨維持黨內紀律，從而達到強化政黨的目的。

“比例代表制”用最大餘額法（largest remainder method）來決定選區內最後的一個議席屬誰，一些政黨為了爭奪那個議席，便分拆名單參選（即一個政黨提出多於一張候選人名單，這個情況在其他國家極為罕見），從而使得那些政黨內出現同室操戈的現象，削弱了黨內的團結性。

功能團體議席的選舉也有一定的抑制、削弱或防範群眾型政黨壯大的作用。功能團體選舉的目標，是要確保在立法機關的委任議席廢除後各界社會精英特別是商界翹楚仍然得以保存其政治優越身份和影響力，讓他們可以選舉自己的代表來反映和維護自身的利益，從而減少他們對參與群眾政治的需要和對群眾型政黨的依賴。此外，眾多的功能團體議席又把精英分子的利益細緻地分割起來，每個功能團體的代表因此只能是狹隘利益的代表，彼此之間難以協作，所以也難以扭成一塊成為強大的政黨。當然，有部分來自功能團體的議員會走在一起並成立政黨，比如自由黨和經濟動力，但它們在組織強度、內部紀律和群眾基礎上都比那些以直選議員為主體的政黨遜色。

再者，香港又沒有有利於政黨發展的政黨法。在其他地方，無論是一套完整的政黨法，還是分散在不同法律法規中的“政黨法”，其目標主要為確認政黨的地位和促進其發展，當然也會對其意識形態、內部運作、財務狀況和對外聯繫進行規管。個別國家則刻意利用政黨法禁止某些政黨的出現（例如德國統一前西德的憲法不允許納粹黨的存在）。在香港，既然中央對香港的政黨政治持保留態度，它自然不會推動政黨法的立法工作。在沒有中央首肯下，特區政府也沒有動機去捅哪個蜜蜂窩。有趣的是，香港的不同政治立場的政黨都不熱衷於訂立政黨法。原因非常簡單。所有政黨都不願意受到規管，更不願意公開它們的財政來源和它們的人事狀況。一般相信，反對派政黨有收受西方勢力、台灣、和境內與境外反共人士的捐款，而建制派政黨則獲得中資企業和本地大財團的資助。所有政黨都覺得，公開財政來源不但會打擊它們的聲譽，更會使部分捐款者卻步。當然，有了政黨法之後，香港的政黨可以有更廣闊的發展空間和得以更名正言順地開展活動，甚至令一些不是政黨但卻又與政黨競爭資源的社會組織在參政上受到限制，但那些“益處”對它們的吸引力迄今還是相當有限。因此，香港的政黨往往以社團或公司的身份運作，受到相關法律的監管和約束並因此而遇到不便。

中央對香港的政黨發展的消極態度對香港政黨的形態、發展和黨與黨的關係有着巨大而深遠的影響，愛國力量受到的影響尤大。中央對政黨發展的負面態度使到有意組織、參加或支援政黨的人士踟躕不前，尤以工商界及專業人士為甚。中央對“執政黨”的抗拒又使得原來已經對群眾政治有戒懼之心的香港的保守力量和工商界更不願意涉足政黨政治。這些力量固然不會致力於“執政黨”的建設，就連對那些號稱親工商界的政黨也只願意給予微薄的支持。在缺乏工商界和專業界龐大資源的支持下，政黨的發展必然會受到限制。[94] 最為明顯的，是建制力量不能因應反對派的政黨建設工作而主動積極提升其戰鬥力和組織力。結果是：當反對派愈益政黨化之際，建制力量的鬆散狀態卻無從改善，致使反對派在與建制派較量時享有優勢。特區政府在沒有所謂“執政黨”的支持下便要獨力、艱難地應付反對派的攻擊。回歸後特區的管治長期遇到不少困難，特別是在施政過程中無法取得立法會穩定和可靠的多數支

94 其實香港的工商界對於組織政黨本來已經顧慮多多，信心不足，再加上工商界組織渙散、缺乏具威望的領導人物，且又不願意投入巨資，因此就算有中央的鼓勵，他們組黨參政的決心也不會很大。這方面而言香港工商界的問政能力與日本工商界相比不啻天壤之別。

持，令政策的制訂和推行不時受到延誤，相當程度上削弱管治效能，並損害了特區政府的威信。

基本法第二十三條亦妨礙着政黨的發展。[95] 當然，由於二十三條立法工作尚未完成，迄今它的影響還不算太大。然而，假如立法過程成功的話，則政黨便不能夠從外國勢力獲取物質和組織上的支援。鑒於不少發展中國家的政黨尤其是反對黨都頗為依靠外部力量的支持，二十三條立法成功便等於説香港的反對黨會失去不少來自西方的物質上和精神上的承托和庇蔭。不言而喻，反對派堅決反對二十三條立法。

總的來説，中央不允許香港出現“執政黨”，而香港的法律環境和選舉辦法又對政黨的發展構成障礙。然而，立法會和區議會的分區直選的設置卻必然會引發議席的爭奪和政黨的出現。雖然那些政黨沒有機會爭奪“執政”權力，但立法會所擁有的各種權力和為立法會議員所帶來的名譽與地位已經足以讓各方政黨和有志之士垂涎三尺。政黨的出現自然會引起媒體和公眾的注意，政黨的領導人物又不免會以政治領袖自居活躍於香港的政壇。反對派政黨和人士雖然遠離執政權力，但他們卻被不少港人視為代表群眾監察當權者的力量，所以備受媒體的關注。由此以觀，雖然所有香港的政黨都沒有機會成為“執政黨”，但選舉、議會和媒體這三大政治平台卻讓它們在香港的政治活動中頗受關注。

95　基本法第二十三條規定，“香港特別行政區應自行立法禁止任何叛國、分裂國家、煽動叛亂、顛覆中央人民政府及竊取國家機密的行為，禁止外國的政治組織或團體在香港特別行政區進行政治活動，禁止香港特別行政區的政治性組織或團體與外國的政治性團體建立聯繫。”

制約政黨發展的其他因素

除了上文提到的與中央有關的因素外，還有其他因素制約着香港政黨的發展。其一是香港公務員制度的成熟與完備、用人惟才原則（meritocratic principle）的確立，以及行政資源的運用受到嚴格法律和制度的監管，剝奪了政黨利用公共職位和公共資源以招募黨羽和發展黨務的機會。

大量政黨代替物（party substitutes）的存在，可以取代一些重要的政黨功能，尤其是代表不同階層和界別利益或整合民眾的不同訴求方面。由於各方面不太看好政黨的發展前景，不同的利益群體便更會傾向倚賴政黨的替代品（party substitutes）來反映和維護其利益。那些政黨替代品的發展反過來又制約了政黨的發展。這些政黨代替物包括中央政府、行政機關、媒體、工會、工商和專業團體、教會、民間組織、公益機構、壓力團體和社會運動等。行政機關與媒體早於政黨的出現前已經相當發達，並扮演着代表和聚合民眾訴求的政治角色。香港高度發達的傳播媒體和為數眾多的民間組織在相當程度上取代了政黨的反映民意和代表各方利益的功能。

殖民管治後期，大約在上世紀六零年代末至一九九七年，英國人的懷柔管治手法愈臻成熟，香港人的人權觀念與保障與日俱增，人們所享有的各類政治自由（言論、集會、結社、出版）日益增加，當中與政黨發展關係最密切的是港人可以通過不少直接向當權者表達訴求、進行遊說和施加壓力的途徑，包括示威、抗議、靜坐、遊行、召開記者招待會、通過致電電台時事節目主持人提出要求或直接接觸政府官員。不少港人亦會就某項訴求或目標而組織起來，要求政府作出回應，而那些組織通常規模細小、組織鬆散、屬短暫性質和資源有限。港人尤其是年輕人愈來愈多運用各式新媒體和資訊科技進行直接的政治參與，政黨作為公眾間接參與政治的管道的重要性便難以提升。[96]

西方勢力雖然對反對黨派情有獨鍾，但來自西方國家的財政支持估計不多，反而道義上和政治上的支持卻不少，尤其是西方媒體和非政府組織（包括教會）所扮演的推波助瀾的角色。與其他新興民主國家相比，特別是那些經歷過"顏色革命"的國家，西方對香港的反對派的"政治投資"頗為有限。個別西方政界人士曾向我透露，他們的國家認定香港的反對黨在中國政府的嚴密監控下能夠上台執政的機會近乎零。"投資"在那些政黨之上"回報"有限，處理不好的話反而會觸怒中國政府，損害西方的國家利益。簡言之，西方勢力對香港政黨的發展的作用不大。

港人的複雜矛盾的政黨觀

港人對政黨的態度既複雜又矛盾，但總的來說不利於政黨的發展。在上世紀八十年代之前，港人對政黨的態度可謂一面倒的負

96 事實上，即使在西方國家，政黨代替品特別是媒體、社會運動、民意調查和各種直接民主參與管道（全民公決、集體抗爭）的大量出現削弱了不少歷史悠久的政黨的功能和地位。見 Kay Lawson and Peter H. Merkl (eds.), *When Parties Fail：Emerging Alternative Organizations* (Princeton: Princeton University Press, 1988); Theda Skocpol, *Diminished Democracy: From Membership to Management in American Civic Life* (Norman: University of Oklahoma Press, 2003); Russell J. Dalton, *The Good Citizen: How a Younger Generation is Reshaping American Politics* (Washington, D.C.: CQ Press, 2008); Richard Gunther, José Ramón Montero and Juan J. Linz (eds.), *Political Parties: Old Concepts and New Challenges* (Oxford: Oxford University Press, 2002); Frank Vibert, *The Rise of the Unelected: Democracy and the New Separation of Powers* (New York: Cambridge University Press, 2007); 及 Kurt Richard Luther and Ferdinand Müller-Rommel (eds.), *Political Parties in the New Europe: Political and Analytical Challenges* (Oxford: Oxford University Press, 2002).

面，認為政黨乃政客為了一己之私而進行政治鬥爭的工具，本身不但不代表高尚情操或政治理想，反而會陷社會於紛亂之中，甚至導致生靈塗炭。在相當程度上，港人尤其是老一輩對政黨的態度受到他們對中國近代史上政黨傾軋尤其是國共內戰所造成的亂象所影響。因此之故，在八十年代隨着九七問題出現而湧現出來的各類政治組織都不敢以“黨”自居，避免引起港人反感。

不過，隨着區議會、兩個市政局和立法局引入地區直選議席，政黨作為競選拉票機器的作用得到一定的公眾接受。在港人對中央存有疑慮之際，反對派的政治組織便成為了不少港人賴以與中央抗衡的手段並從中取得了港人一定的支持。港人逐漸對政黨產生了一些正面的看法，例如不再一面倒反對政黨的成立，而且慢慢認為民主發展與政黨發展相輔相成，政黨是民主政治的組成部分。[97] 儘管如此，港人對政黨的懷疑與不信任的態度仍然甚強。港人對政黨的支持度甚低。[98] 這種狀況過去三十多年一直沒有明顯改變。

其中一個原因是港人看不起那些只靠政治混飯吃的人，他們比較看重那些本身在社會上有成就但又願意通過公共服務回饋社會的人才。這類人才在香港的政黨中屬鳳毛麟角，難以顯著改善港人對政黨的觀感。其二，在現行的政治體制下，港人不認為政黨有很大的政治能力去為自己或社會解決問題。即使要解決問題，尤其是要儘快解決問題，政黨較其他辦法（例如通過媒體）亦不一定更有效。其三，港人認為行政長官不應該有政黨背景，否則他便不能夠維護整體利益或

97 Lau Siu-kai, "Public Attitudes towards Political Parties," in *idem* (ed.), *Social Development and Political Change in Hong Kong* (Hong Kong: The Chinese University Press, 2000), pp. 417-444; Lau Siu-kai and Kuan Hsin-chi, "Partial Democratization, 'Foundation Moment' and Political Parties in Hong Kong," 及 *idem*, "Hong Kong's Stunted Political Party System".

98 香港雖然是富裕社會，但港人對政黨在金錢上的捐獻卻少得可憐。

公平對待各方利益。這種觀點其實缺乏政治現實感，因為在矛盾分化瀰漫的香港，任何人當特首都只能夠凝聚部分勢力作為支持基礎，所謂“全民政府”只能是口號而非事實。第四，港人相信沒有任何一個現存政黨可以代表多數港人。第五，港人對所有政黨的執政能力都缺乏信心。由於所有政黨都從未有過管治經驗，港人沒有信心不足為奇。尤有進者，港人愈益明白香港將來的經濟發展，離不開與內地經濟不斷整合，更取決於中央在經濟上的大力支持。以反共為宗旨的反對派政黨斷無可能帶領香港走上經濟坦途。對不少港人來說，反對派政黨已經喪失了管治香港的資格，它們充其量只能做好監督政府的角色而已。第六，儘管對各方面有不少怨氣，港人卻並沒有強大的反中央、反建制、反現狀的訴求。即使有那些訴求，港人也不相信反對派政黨真有能力去滿足那些訴求。總而言之，港人對政黨的負面態度，嚴重制約了政黨的發展。近年以來，香港的黨爭越趨熾烈，甚至到了黨同伐異，水火不容的地步。港人對政黨的反感與厭惡也到了前所未有的高點。這為香港政黨的發展添加更多的障礙。

香港政黨的不斷起落與分化[99]

自 1843 年起直到 1997 年回歸中國這段期間內，香港是處於英國殖民統治之下。香港作為英國“殖民地”與絕大多數其他殖民地的主要分別，是它絕對沒有脱離殖民統治走向獨立的可能性。對此中國政府、英國政府和香港的老百姓都了然於胸。在漫長的香港

99 有關自一九八零年代初以來香港政黨的起落分化的詳細情況，可參閱朱世海著的《香港政黨研究》（北京：時事出版社，2011）。

殖民歷史中，從沒出現反殖運動或獨立運動。[100]既然如此，英國人不但沒有為“準備”香港獨立而扶植本土政黨的需要，反而對本土可能出現的自發性政治勢力處處設防，不允許它們威脅殖民政府的管治。此外，“殖民地”的政治權力為英國君主派來的總督所獨攬，而香港又沒有實質政治權力可以通過公開選舉而爭奪，政黨的發展因此缺乏合適的土壤。

二次大戰結束後直至1980年代初香港政治前途問題（所謂“九七問題”）出現之前，在英國人的允許下，香港在那段時間內出現了一些為數不多的精英政治團體，例如早期的革新會和公民協會和後期的香港觀察社。這些組織規模很小，無群眾基礎，成員大多是受西方文化薰陶的中產階層精英，因此精英傲慢心態濃厚。他們大體上認同殖民統治，惟希望得到英國人的青睞和獲得一些政治地位和影響力。儘管這些政治組織力量十分有限，但英國人對其卻心存疑忌，並不樂見其壯大起來。

香港政黨發展的契機在上世紀八十年代初突然出現，它源自香港“九七回歸”問題的提出、中英就香港前途問題展開談判並達成協議、英國為了“光榮撤退”而推行以構建民選產生的立法機關為權力核心的“代議政制”和“還政於民”的改革、中國政府承諾“港人治港”和“高度自治”、基本法許諾香港特別行政區的行政長官和立法會最終由普選產生等因素。[101] 此外，港英政府與中國政

100 1966-1967年在香港發生的“反英抗暴”運動乃香港左派愛國力量響應內地的文化大革命的政治行動，雖然打着“反英”旗號，但真正的目的不是要結束英國在香港的殖民管治。因此，這個運動不是一般認識的“反殖”運動。

101 與其他殖民地的經歷不同，香港的“非殖化”過程是一個“沒有獨立的非殖化”過程(decolonization without independence)。英國人將香港的治權移交中國而不是“還政於民”。伴隨着這個過程發生的是香港的“局部民主化”(partial democratization)，即在短期內較深刻的民主改革主要在立法機關發生，而行政機關的民主化則相對滯後。見劉兆佳，“沒有獨立的非殖民化：香港政府尚未完成的政制改革，”原載於《廣角鏡》177期，1987年6月16日出版，後來收錄在劉兆佳，《過渡期香港政治》(香港：廣角鏡出版社，1996)，第49-95頁。

府都積極物色和培育九七後的治港人才，從而鼓勵和推動了政黨的組織和發展。再者，“九七”回歸意味着政治勢力和利益的分配與再分配，從而激化社會衝突和引發政治組織的出現。“九七”回歸亦催生了支持“一國兩制”和明支持實反對“一國兩制”的力量之間的激烈鬥爭。

更為重要的，是英方一改其以往對香港政黨發展的排拒立場，由猜忌阻撓轉變為大力扶持，主要是對那些反共的和親英的政治團體而言。英方的盤算，是讓它們在回歸後能夠成為特區的政治領導，從而令回歸後的香港按照英方屬意的政治軌跡運行，令英國在港的利益獲得照顧，同時使到香港得以發揮促進中國“和平演變”的效用。

中國政府當然對英方的意圖了然於胸，亦明白到在親英和反共氛圍籠罩下的香港，反共的政黨有得天獨厚之利。為了應對此不利局面，中方採取了一系列措施。第一，中方官員不時利用公開與非公開場合表明它對政黨發展的保留態度，目的在於冷卻各方面對組建政黨的熱情。第二，為了不讓英方圖謀得逞，中方甚至不讓九七前英方單方面建立的政制過渡，不惜“另起爐灶”另立回歸後的香港政制。第三，考慮到中方不可能阻止反共政黨的冒起，並在港人疑共的氛圍下會在各級地方議會選舉中享有優勢，中方惟有鼓勵愛國人士組織政治團體（一般不叫政黨，例如民主建港聯盟、香港協進聯盟）參與選舉以作抗衡，同時部署它們成為日後支持特區政府的力量。隨着香港政治形勢的變化和時間的推移，中央對政黨的態度亦較前進取，惟基本上仍是顧慮重重。

香港的政黨可以籠統劃分為建制派政黨和反對派政黨。反對派政黨的最明顯特徵，是它們在不同程度上拒絕承認中央的權威、特區的憲制架構、特區政府的認受性和選舉制度的合理性。本質上反對派政黨應拒絕在政制架構內活動，例如不參與或杯葛行政長官和立法會的選舉，全力在政治架構外衝擊建制，但實際上它們選擇了同時在建制內和建制外發難，在一定程度上賦予現行政治體制認受性，同時也讓自己成為“半忠誠的反對派”（semi-loyal opposition）。

回歸前後立法機關的議席愈來愈多以選舉方式特別是地區直選產生，政黨的發展速度亦隨之而加快，部分論政團體或公民團體亦走向政黨化。時至今日，政治實力比較強而又在立法會內佔有若干席位的反對派政黨有民主黨（1994 年成立），由港同盟（香港民主同盟）和匯點合併而成）、民協（香港民主民生協進會，1986 年成立）、公民黨（2006 年成立）、社民連（社會民主連線，2006 年成立）、新民主同盟（2010 年成立，從民主黨分裂而來）、人民力量（2011 年成立，因人事糾紛從社會民主連線分裂出來）和香港工黨（2011 年成立）。屬於建制派的政黨有民建聯、工聯會、自由黨（1993 年成立）、經濟動力（2008 年成立，從自由黨分拆而來）和新民黨（2011 年成立）。然而，仍有相當數量的議席屬獨立人士所有。除了工聯會和工黨明確以勞工階層的利益為依歸外，其他政黨都缺乏清晰的階級取向。在政治作風方面，社民連和人民力量刻意以激烈手法（包括在議會內喧嘩和在街頭與員警肢體碰撞）進行抗爭，其他政黨則言行較溫和。總的來說，反對派政黨不但在政治立場上較偏激，在民生事務上也有較明顯的民粹與福利主義傾向。建制派政黨（除了工聯會）的民生立場則偏向溫和或保守。

政黨體系的特徵

經過三十多年的發展，香港的政黨系統(political party system)已漸見雛形。[102]所謂政黨系統，是指由多個政黨進行各式競爭和合作所組成的一個體系。香港的政黨系統呈現以下特徵：第一，政黨系統尚未穩定下來。無論是政黨的數目、政黨的社會基礎和政黨的政治綱領還在不斷演化之中。政黨的分化合併、舊政黨的消亡和新政黨的興起還會不時發生。第二，政黨之間的合作或競爭關係，仍在變化之中，尚未形成規範與制度。在政治遊戲規則還未確立的情況下，政黨之爭容易流於意氣之爭、政治道德化或人身攻擊。幸而暴力行為尚屬罕見。第三，黨內紀律仍然頗為鬆弛。由於政黨在香港仍是新興事物，政黨自身的權威、其對黨員所有的賞罰能力、其領導人所具備的威望及其在社會上所享有的聲譽未足以支撐有強大內聚力和強大領導力的政黨。內部矛盾在香港的政黨內是一個不容易處理的問題。相對而言，民主黨和民建聯有較高的團結性和紀律，原因是它們有較明確的政治意識形態，領導人有較長的合作歷史。民主黨的“大佬”對黨務有較強的操控能力；而就民建聯而言，由於該黨擁護中央的領導，中央在團結該黨和維持黨紀方面發揮相當作用。

第四，不同政黨之間的基本分歧是源於它們在政治立場上的巨大差異，尤其是對中國共產黨、對中央、對“一國兩制”、對民主改革和對特區政府的態度。這些差異不僅是認知性的，而且背後

102 有關政黨體系的理論探索，可參考 Scott Mainwaring and Timothy R. Scully, “Introduction: Party Systems in Latin America”, in *idem* (eds.), *Building Democratic Institutions: Party Systems in Latin America* (Stanford: Stanford University Press, 1995), pp. 1-34.

存有深刻的價值觀和信念的鴻溝，更有深層次的情緒對立。政治立場的差異把不同政黨分割為兩大政治陣營（建制派和反對派），而兩者又處於勢不兩立之局。第五，比較大的政黨例如民建聯、民主黨和公民黨都是跨階層的組合。不同階層的利益和聲音都在黨內存在，不容易協調好。自由黨雖然面向工商界，但個別領導人卻選擇在地區直選中出戰，實際上要兼顧基層人士的利益，因此往往在同時照顧不同階層的利益時顯得左支右絀。隨着香港的貧富懸殊情況日趨嚴重，階級矛盾日形突出，民粹意識飆升，各政黨的內部爭拗難以化解，亦削弱其內部團結及損害其公眾形象。第六，無論政黨聲稱是代表某一社會階層或者是跨階層，實際情況是香港的政黨與香港的社會階級並無緊密關係。一方面，香港人的階級意識並不強，階級鬥爭的情緒尤其薄弱。大部分港人都有意識地把自己歸類為中層人士。另一方面，代表社會階級的組織（工會、商會）也不強大，而且彼此之間矛盾不少。政黨一般都缺乏強大社會階級的支持。與此同時，政黨既然不用切實維護社會階級的利益，它們便在不用受制於社會力量的狀況下可以容易變更其行為以應對短期挑戰，因此容易有機會主義傾向，當然它們會因此而付出政治代價。

第七，不同政黨雖然與社會上的一些組織和團體建立了合作關係，尤其是在各級議會選舉期間，但這些關係並不密切，也不甚穩定。在大部分情況下，那些組織和團體早於政黨而出現，而並非經由政黨有意地組建起來作為政黨的附屬機構，例如工會、商會、專業團體、宗教組織和地方組織，它們的生存和發展並不倚靠政黨的支持。相反，政黨卻需要竭力尋求那些團體和組織的協助。然而，政黨和那些團體和組織之間卻存在着利益的矛盾和政見的分歧，彼此之間難以結合成有機的聯盟關係。第八，政黨的群眾基礎相當薄弱。極少港人參加政黨或其活動，其給予政黨在金錢上和其他方面的支持少之又少。儘管不少港人表示贊同這個或那個政黨的立場，但只有少數人認為有政黨可以代表自己的利益。事實上，不少人更認為政黨只為有野心的政客用以爭權奪利的工具而已。

第九，政黨相當依靠黨內個別有政治人物的威望作為團結黨員和爭取群眾的工具。港人對“政治明星”的認同高於對政黨的認同，而不少選民在選舉投票時往往考慮候選人多於考慮其所屬政黨。由此以觀，政黨作為一種政治組織離制度化之境甚遠。第十，政黨在爭鬥過程中較少比拚其政綱的優劣或政策研究的水平，反而較集中對對手做道德和人格的批判和羞辱、炫耀自己地區工作的成績或顯示個別領袖的個人魅力。政黨之爭往往流於意氣之爭和個人恩怨情仇，亦往往使各方勢成水火。

第十一，政黨藉自我改變或調整立場以應對社會和政治形勢轉變的空間有限。換句話說，一個政黨在其成立時所宣示的立場是它的“永久”立場，任何變動都有可能失去原有支持者的擁護，但能否因此而開拓新的支持基礎實屬未知之數。原因是，港人一般覺得政黨的能力有限，而且缺乏往績，因此人們特別看重政黨和政治人物的誠信，政黨在立場上的任何變動都容易被視為“轉軚”、背棄原則或機會主義，不再值得信任。支持中央、有明顯“親中”標誌的政黨固然難以改走中間路線以擴大群眾基礎，反對派亦害怕失去支持者而怯於與中央修好。港人這種政治心態無疑阻礙着政黨對政治環境變遷的適應力，令政黨之間陷入不必要的，又非它們喜歡的長期對抗的局面，更不利於政黨的健康發展。第十二，不少本質上應屬於政黨的政治組合刻意標榜自己不是政黨，而是政治上較“中性”的團體，尤其是專業人士的組織。儘管這些組織也派出成員參與立法會和區議會的選舉，但它們仍強調自己的目標是參與公共事務，為市民做事，而並非懷有政治野心或打算"吃政治飯"。這種在政治上自我約束的行為頗能反映香港的政治特色。

總而言之，經過了三十多年的發展，當中更經歷了由殖民政權到特別行政區政權的過渡，而香港的政黨又經歷了多次此起彼落，分化重組的過程，但目前香港的政黨依然數量眾多、規模細小、資源有限、群眾基礎薄弱、彼此之間爾虞我詐，而與其緊密聯繫的具備實力的民間團體或媒體亦不多。當然，香港的政治和政黨形勢尚在不斷變化之中。政黨的數目、政綱、社會基礎和彼此間的實力對比仍處於不穩定狀態。可以說，一個清晰和制度化了的政黨體系尚未形成，而所謂政黨政治亦頗為混亂。

公共議題的轉變和政黨政治的轉變

近兩年來，隨着港人對"一國兩制"的信心上升、對中央的信任增加、對國家的前景樂觀、民族自豪感抬頭、對反對派的支持下降，加上經濟前景不明朗、金融危機揮之不去、貧富懸殊問題突出，除了關心特區政府的管治素質外，港人對政治議題（政制發展、人權自由、中央與港人矛盾）的關注明顯降溫。相反，社會、民生和經濟議題則一躍而成為港人認為最迫切而政府又須優先處理的議題。隨着公共議題的轉變，過去一直以來以政治議題形成政黨分化的情況無可避免也會出現轉變。雖然迄今那些變化仍屬微妙且處於雛形，但已經足以用以窺探日後政黨政治的走勢。

多年來議會選舉的結果顯示，那些地區工作做得較好、關注勞工問題、爭取社會福利和重視社會政策，以至宣揚民粹主義的政黨和團體能夠取得較佳的成績。更為值得留意的，是公共議題的變化在反對派和在建制派兩大陣營內造成的衝擊。一直以來，兩大陣營內其實潛伏着不少的源於不同社會階層取向的矛盾，不過在共同的政治取態的大纛下，兩大陣營仍勉強可以維繫其成員的團結。[103] 但是，隨着社會、民生和經濟議題日益重要，兩大陣營內的裂痕亦加深，衍生了一些顯著現象。其一是工聯會與民建聯分道揚鑣，工聯會走較激進的勞工基層路線，而民建聯則採取較溫和的政策立場，但在大是大非的政治議題上則保持一致。其二是自由黨自從分裂之後，它力圖改變該黨過去親大財團的形象，希望以中小企業和普羅大眾的代表姿態出現，同時積極加強地區工作，開拓群眾支持。而退黨的前自由黨人則以經濟動力名義繼續走親商界路線。其三，民主黨在社會和民生政策上轉趨激進，積極利用各種官民矛盾和社會矛盾為"受害人"出頭，意欲樹立為民請命形象。社民連和人民力量的鬥爭手法愈趨激烈，不斷破壞議會秩序和詆毀、侮辱官員，為極小部分港人宣洩怨憤。公民黨囿於其高級精英分子身份不願走偏激路線，但仍盡可能以尖刻和對抗性言論抨擊政府，竭力發掘與公義和法治有關的議題以爭取服膺自由主義的中產人士的共鳴。工聯會和工黨作為兩大勞工組織競爭激烈，各自竭力爭取工人和僱員的支持，某程度上工聯會被工黨牽引至較偏激路線。整體而言，所有立法會黨派都在不同程度上走向激化。

103 回歸後民主黨不時發生黨員因不滿黨領導在社會民生事務上過分保守的事件，反映出在社會矛盾激化時維繫黨內團結的困難。

“執政黨”缺位下政府與政黨的關係

在“執政黨”缺位的情況下，香港的眾多的大大小小的政黨實際上扮演着影響、監督和制衡特區政府的角色，而立法會擁有的權力就是它們主要的政治手段，當中至為厲害的是否決政府法案和財政預算案的權力。[104]它們與政府的關係從頗為友好到十分敵對不等。部分政黨包括民建聯、工聯會、經濟動力和新民黨屬於較支持政府的建制派政黨，而行政會議更為民建聯和工聯會的代表預留位置。自由黨雖然屬於建制陣營，但立場飄忽。另方面，民主黨、公民黨、社民連、人民力量和工黨則是明顯的反對派政黨。然而，所有政黨與政府的關係其實並不穩定。建制派政黨不時會反對政府的政策或行動，但在大是大非的政治議題（主要指與“一國兩制”的重要原則、中央特區關係、基本法、內地發生的政治事件、香港的政制發展有關的事項）上卻肯定會站在政府一邊。反對派政黨與政府雖然在政治議題上南轅北轍，但在民生事務上也有不少的合作機會。不過，總的來説，由於所有政黨的生存與發展都取決於它們能否得到精英和 / 或群眾的支持，而後者又期望它們向政府爭取自己的利益和監督政府的施政，因此香港的政黨與特區政府的關係始終存在着某種張力，即便是建制派政黨也極不願意被標籤為“政府黨”。所以，政府與政黨之間永遠有着明顯的利益矛盾。簡言之，建制派政黨與政府是“兩張皮”，絕對不是“政治命運共同體”。

誠然，假如香港有“執政黨”的話，鑒於該“執政黨”必須在選舉中和在社會上贏取大多數選民和群眾的支持，否則有下台之險，它

104 有意見甚至認為香港所有的政黨其實都是“反對黨”，其區別頂多是它們對政府的反對程度有所不同而已。

的政治立場和政策取向必須要有相當的包容性和吸引力，因此也必須是務實的和溫和的。它也會盡力照顧各階層、各方面的利益，履行好利益整合與協調的功能，在施政時走一條中間溫和路線。由於香港沒有"執政黨"，管治香港、由精英挑選出來、以標榜理性務實、"不群不黨"、強調"公共利益"與"長遠利益"、和反對"政治化"的當權者沒有誘因或理由去竭力爭取大多數人的支持，因此容易陷入"過度理性主義"、崖岸自高或自以為是的窠臼，輕視甚至鄙視群眾的憂慮、不滿、愛憎與訴求，施政容易趨於過分保守，漠視社會上的強烈"短期"訴求、脱離群眾，讓人覺得政府高高在上，態度傲慢和固執。經驗説明，特區的管治者的精英政治心態其實容易變為激化官民對立和催化民粹情緒和激烈行動的因素之一。與此同時，因為它們沒有管治香港的職能，也沒有上台執政的可能，以"為民請命"自詡的政黨自然地也隨民意的變化、媒體的催逼和社會力量的壓力而在不同程度上走向激進化。由於它們無需兼顧社會各方面的需要，可以專心代表個別群體或階層的利益和訴求，或純粹從政黨或政客的狹隘利益出發。在這種情況下，政黨與政黨之間、政黨與政府之間、以至政黨與個別社會力量之間便容易發生矛盾和衝突。

此外，特區政府的領導人和高層官員不願意與任何政黨分享權力，[105] 就連建制派的政黨作為政府的支持者也沒有得到政府的平等對待，往往覺得以"小夥伴"（junior partner）身份與政府的"合作"只會帶來"有辱無榮"的結果。建制派政黨認為，假如政府的政策得當的話，則"邀功者"必然是政府自己，它們作為政府的支

105 其實中央也不想讓特區政府與政黨分享權力，擔心那會成為推動香港政黨發展的動力，並為"執政黨"的出現鋪路。因此之故，每當建制派政黨與反對派政黨搞所謂"多黨聯盟"就某些事情向政府聯手施壓時，中央的政治神經便會繃緊得厲害。

持者所得有限。相反，如果政府的政策引起民憤，支持政府的建制派政黨無可避免會成為眾矢之的。惟其如此，政府在立法會缺乏穩定、可靠的大多數議員的支持，很多時候要費盡功夫才能拼湊足夠人數的議員支持讓政府的法案通過或不讓反對派議員的舉動得逞。當然，在哪種情況下，政府與支持政府的議員進行某些政治交易是在所難免的了。

正由於香港沒有“執政黨”，而政府對政黨有所抗拒，幾乎所有的政黨都具有不同程度的、缺乏長遠發展前景的“永久的反對派”(permanent opposition) 的特質。在這種情況下，連帶立法會作為最重要的政黨的活動舞台也或多或少扮演着“反對者”的角色。在沒有明顯政治“希望”的環境中，政黨和其黨員容易變得憤懣不平，從而言行越趨偏激。當政府權威低落，民情又趨於偏激時，政黨的激進化的情況會更為明顯，而政黨與政府及行政與立法的關係也會變得緊張。

“沒有執政黨的政黨政治”的特點

走筆至此，是時候來個總結。總體而言，在“執政黨”缺位的情況下，執掌香港管治權力的力量實際上是一批沒有政黨為後盾的政治人物和職業官僚（公務員）。在不同程度上，香港的政黨其實都是“在野黨”以至“反對黨”。它們以立法會、區議會、選舉過程、媒體和民間社會作為活動舞台和發展的空間。由於起碼在可見的將來它們沒有執政的機會，加上制約政黨發展的主、客觀因素不少，香港的政黨政治遂呈現一些顯著特點。

既然所有香港的政黨其實都是不同程度的“永久反對派”，沒有上台執政的機會，因此大部分港人不認為政黨是他們表達訴求和爭取利益的重要手段。[106] 在政治功利主義瀰漫的香港，港人難以給予政黨充分的支持、工商財團不願意向政黨投入大量資源、人才不會藉助政黨發展政治事業。當然，人們有理由相信部分政黨得到境外力量（比如內地企業、西方組織、台灣）的資助或聲援，但那些方面的作用畢竟有限。所以，總體結果是：與其他國家和地區比較，香港的政黨規模細小，力量薄弱，組織和紀律不強，資源短缺，人才稀少，研究能力匱乏，群眾基礎薄弱，與社會各方面團體聯繫不夠。大部分政黨其實是很個人化的政治組合。即是說，政黨的生存與發展非常依靠個別領導人的能力和在黨內外的威望。因此，領導人的老化或錯誤判斷對政黨的生存與發展有巨大的影響。以此推論，"執政黨"的缺位，實在是阻礙香港政黨發展的最關鍵因素。只有一個完整的、同時包括"執政黨"和反對黨的政黨體系才可以取得港人的重視和支持。換句話說，只要掌握管治香港權力的勢力（主要指廣義的愛國力量）拒絕組織"執政黨"的話，則香港的政黨便會長期積弱不振。

從回歸後的管治情況來看，"執政黨"的缺位，可以說是導致特區管治困難的重要因素。[107] 不過，到目前為止，香港還沒有明確意見說為了發展和健全政黨政治，促進民主發展和實現有效管治，香港需要推動"執政黨"的建設。在某個意義上，"執政黨"的缺位和其他政黨的羸弱其實是"雙輸"的局面，對香港的民主發展、政局穩定、管治效能以至落實"一國兩制"都是弊多於利。

106 其他社會的"永久反對派"也碰到同樣的政治困局。見 Garry Rodan (ed.), *Political Oppositions in Industrialising Asia* (London: Routledge, 1996).

107 見劉兆佳，《回歸十五年來香港特區管制及新政權建設》（香港：商務印書館，2012）。

香港政黨數量眾多，此起彼落，政黨數目還沒有確定下來。香港沒有推動政黨發展、壯大和制度化的法律（特別是政黨法）和政策，但卻擁有與西方國家相比較不遑多讓的自由、人權和法治。因此，新政黨的成立，政黨的分化與重組、原有政黨的解散或結束十分方便。既然政黨沒有執政的功能，只是集中於議會議席的爭奪和爭取與行政機關進行利益交換，加上比例代表制的選舉制度安排，則小政黨尤其是激進的也有自己的生存空間。加上不少政黨頗為依靠個別政治人物的領導和支撐，具有政治野心的人更有強大個人利益的誘因去組織“屬於”自己的政黨。由於政黨的數目不斷變動，要形成一個穩定的政黨體系相當困難。不言而喻，穩定的政黨體系的缺位是導致特區管治困難和港人對政黨政治以至於對香港政治冷漠的原因之一。

香港政黨之間的競爭頗為激烈。競爭不單存在於建制派政黨和反對派政黨之間。在建制派和反對派內部，政黨之間的明爭暗鬥也十分普遍。導致鬥爭激烈的原因有幾個。其一是香港能夠提供予政黨爭奪的各類資源和好處不多。立法會的議席數量有限（目前只有七十個）。區議會的議席雖有四百左右，但對有意從政者來説卻吸引力不夠，而且區議會實際上也不是晉身立法會的最佳或唯一途徑。民間對政黨的捐獻和其他方面的支持不多，在僧多粥少的情況下使得政黨之間的爭奪更為明顯。在媒體上爭取“曝光”機會更是政黨必爭之地。政黨和政治人物費盡心思，各出奇謀，務求獲得媒體的垂青，而批評或攻擊其他政黨和政治人物的事例可以説無日無之。其二是香港過去的歷史（特別是反殖或獨立運動的缺位）沒有創造條件讓一些強勢政治領袖能夠脱穎而出，並以其威望取得其他領袖的擁護和群眾的愛戴，從而形成立體的政治領袖等級制度

(vertical political leadership)。意思是：擁有不同聲譽、地位和權威的政治領袖形成一個得到各方承認的等級體系(hierarchy),不同領袖在不同的等級中按次序排列,“下級”的領袖願意服從或尊重“上級”領袖的判斷或決定。與其他社會相比,香港的政治領袖制度基本上是平面的“同儕”關係(peer relationship)的政治領袖制度(horizontal political leadership),即是説領袖之間的地位差距不大,容易出現“誰也不服誰”的情況。在平面政治領袖制度主導下,領袖之間不時出現人與人的爭鬥便在所難免。長期以來,香港政壇累積了不少的個人之間的種種恩恩怨怨,而政黨之間的摩擦在相當程度上與此有莫大關係。

其三,建制派政黨與反對派政黨之間在一些根本性和原則性的問題上存在嚴重分歧,在可見的將來難以化解。它們對中國共產黨的態度、對“一國兩制”和基本法的理解和對特區政權的取態南轅北轍,而政見的差異又往往被解讀為道德和人格的高低,使得雙方的嫌隙更深,積怨越重。久而久之,意氣之爭便掩蓋了理性交流。最後,香港的貧富懸殊情況越趨嚴重,社會不公現象日多,民粹情緒高漲,導致了保守的、親商界的政黨和走群眾、民生和福利路線的政黨之間的衝突日甚一日。民生與福利政策立場的不同,又經常被視為道德程度的差異,使得政黨之間的對抗格局更為明顯。可以這樣説,就算沒有民粹主義的飆升,香港的“沒有執政黨的政黨政治”本身已經具有激化黨爭的元素。近年冒起的反建制和民粹情緒則對黨爭起着推波助瀾的作用。

由於政黨沒有執政的功能,它們自然也無需承擔施政失誤的責任。它們有政治誘因發表嘩眾取寵的言論和提出不切實際的要求。它們更有動機以激烈言行衝擊特區政府和其他建制勢力(比如

“地產霸權”或“大財團”)。社民連和人民力量的出現並在議會選舉中取得不錯的成績，加上激進社會運動的冒起，迫使其他的反對派政黨不得不採取偏激路線。號稱理性溫和的公民黨率先轉向，在言論與行動上越趨激進，其中最典型的是該黨在 2010 年夥同社民連一起發動挑戰中央與基本法權威的所謂“五區公投”行動。[108] 民主黨雖然願意走溫和對話路線，但其務實取態卻使它在 2012 年的立法會選舉中蒙受挫折，迫使它調校策略，重新走上較偏激路線。[109] 然而，反對派政黨越趨激進的政治主張和行動，無可避免地使得建制派政黨對反對派政黨極端反感，[110] 促使他們在政治上變得比前保守和強硬，從而加劇了兩派政黨之間的矛盾與衝突，彼此之間的“合作”和妥協空間越來越窄。[111]

近一兩年來，反對派政黨越趨激進化和建制派政黨對其的強硬反制行動導致了香港的政治衝突不斷升溫。人身攻擊、造謠中傷、對人不對事、非理性、情緒化和反智的事例屢見不鮮。港人看在眼裏甚為反感和擔憂，對政治越來越厭惡，政治疏離感不斷上

108 見李曉惠，“論香港反對派分化的歷史淵源、現實過程與未來走向——兼析民主黨的溫和與公民黨的激進，”《港澳研究》，秋季號（二零一二年九月），頁 42-66。

109 在 2010 年討論 2012 年的立法會產生辦法時，民主黨不顧其他反對派的反對和責罵，選擇直接與中央官員“談判”有關事項，並取得中央的一些“讓步”。然而，此舉卻引來了激進反對派人士的口誅筆伐，批評民主黨“出賣”香港的民主，向中共“投誠”。部分民主黨員也因此而退黨另組新民主同盟。甚至有意見認為民主黨此舉乃是它在 2012 年的立法會選舉中失利的主因。不過，究竟事實如何目前尚沒有足夠證據支持。

110 在 2012 年中，為了破壞新特首梁振英改組政府架構（由兩司十二局的架構改為兩司、兩副司和十四局的架構）的計劃，社民連的立法會議員發起“拉布”（通過不斷發言拖延時間阻撓有關計劃的立法工作進行）行動，迫使建制派議員不分晝夜留在立法會與他們周旋，弄得疲憊不堪，也打亂了新政府原來的工作計劃。這個“拉布”行動雖然成功令梁振英的政府架構改組計劃無法在立法會休會前通過，嚴重打擊了新政府的威信，但卻深深增加了建制派對反對派的敵意。

111 2012 年立法會選舉後，建制派議員和反對派議員爆發空前激烈的“霸位戰”。過去，建制派議員雖然佔立法會議席的大多數，但為了減少議會內的摩擦和避免讓人有建制派太霸道的印象，建制派議員總會讓反對派議員當上一些重要的立法會內的委員會的主席或副主席的位置。今次建制派議員“寸土必爭”的姿態表明他們有意“封殺”反對派議員，可能預示香港的黨爭有趨向白熱化之勢。

升，而對所有政黨的信任則持續走低。

政黨在利益表達（interest articulation）和利益彙集（interest aggregation）方面的功能頗為有限和片面。保守和商界精英的利益受到輕視，而勞工和基層的利益則被放大。對不少中產階層分子而言，香港不但缺乏真正能夠代表他們利益的政黨，反而產生了眾多漠視甚至損害他們利益的政黨，特別是那些肆意以激烈言行討好基層群眾的民粹型政黨。這個情況增加了精英和中產階層對政黨的戒心和怨懟，其客觀效果是中產專業精英抗拒加入政黨，從而限制了政黨的發展。政黨既然傾向代表較狹隘利益和觀點，不同階層和界別的利益矛盾因此與政黨之爭互相激盪，加劇了香港的政治衝突。既然不能充分和有效發揮"正常"政黨理所當然擔當的"利益表達"和"利益彙集"的功能，香港的政黨自然也不能夠好好充當民眾與政府的"中間人"（go-between）或"調停人"（mediator）的角色。在一個"殘缺"（stunted）的政黨"體系"裏，香港政黨的"代表"（representative）功能也只能是片面的，因為精英的利益相對於基層的利益一定會受到忽略。然而，與此同時，弱小的政黨亦難以有力和有效地真正地為基層群眾和勞工階層爭取到太多的利益。

在"利益表達"、"利益彙集"和"代表"功能薄弱的情況下，香港政黨往往將重點放在若干具體訴求上，比如政制改革、最低工資、全民退休金、改革稅制、勞工保障等。很少政黨能夠提出協調各階層利益、照顧各方面需要、為香港的長遠和整體發展作全盤思考的施政綱領，並立志成為"相容並包"（catch-all）的政黨。民建聯和民主黨比較有志朝此方向走，但離成功尚遠。民建聯還未能夠擺脫"親北京"和"親基層"的形象，因此無法取得商界和中產階層人士的認同。民主黨的“拒中”和“福利主義”標誌仍是揮之不去。[112]

在“執政黨”缺位的情況下，香港精英的利益和支持中央和政府的力量無法通過政黨來反映、聚合和組織起來。不同精英的利益和觀點仍然處於渙散和分化狀態。支持中央和政府的力量因此失去了一個重要的協調利益、調和分歧、團結合作和策動集體行動的組織手段。此外，那些有志從政的保守和務實的精英分子特別是中產專業人才也得不到一條問政和參政的管道。建制派因此便長期面對政治人才嚴重匱乏的困局之中。當民粹主義、福利主義、反建制、反權威和反精英等情緒籠罩香港時，保守和商界精英對香港的營商環境、國際競爭力和前途憂心忡忡。一直以來，他們倚仗中央和特區政府的保護，在“幕後”發揮政治影響力，但在香港不斷民主化的環境下，他們越來越知道那些維護自身利益的手段的效用會不斷遞減，然而對參與群眾政治則依然畏縮不前，這無可避免會減少他們對香港的信心，對香港的未來發展肯定不利。

由於政黨沒有制定政策和執行政策的權力和其相關的責任，政黨尤其刻意利用形象、作風、勇氣、品格去爭取群眾的支持。部分政黨更鋭意樹立剛正、誠信和可靠的公共“性格”，目標在於佔領道德高地。而事實上港人也傾向以政黨和政治人物的道德情操來衡量他們的可信性。[113] 所以，政黨之爭很多時候表現為道德、勇氣、價值觀和誠信之爭，彼此攻擊對手意圖不軌，居心叵測，從而導致各種各式政治陰謀論充斥於社會。一般來説，政策利弊的爭論比較容

112 就算在擁有“完整”的政黨體系的新興民主國家，其政黨通常需要經過較長時間才能夠擴大其社會支援基礎並演化為“相容並包”的政黨。可參考拉丁美洲的經驗。見 Herbert Kitschelt et al.(eds.), *Latin American Party Systems* (Cambridge: Cambridge University Press, 2010).

113 在古代中國，由於官員們經常以道德教化者自居，並視道德修養為為政者必須具備的最重要條件，政治爭鬥或政策爭論往往很快便轉化為道德攻訐。要置政治對手於死地，最有效的方法莫如對其進行惡毒的人身攻擊，貶損其人格和摧毀其威信。

易通過理性探討和利益互換方法處理，但圍繞着道德高低的爭鬥卻難以化解和調解，而爭鬥各方無論誰勝誰敗，都難免對對手的敵意增加，進一步破壞彼此間的關係，為政黨之間的合作添加困難。

政黨在立法機關的重要性雖然持續增加，但它們在社會上的支持度和影響力卻不斷下降。建制派和反對派政黨因為其政治立場的不同，各自在社會上有一批穩定的支持者。雖然各自的穩定的支持者都佔不到港人的半數，但作為可靠的支持力量，他們對兩派政黨的影響力頗為巨大，因為兩派政黨都不會為了爭取中間的群眾而開罪自己的基本支持者。偏偏這兩批支持力量又代表着政治上較有明顯傾向性的人，因此兩派政黨之間的妥協空間受到限制。[114]

政黨越來越受媒體和民意的影響，即使保守的建制派政黨也受到壓力。香港的政黨從一開始便遇到其他社會組織和力量的挑戰與競爭。部分社會組織和力量在政黨出現之前已經具有政治影響力，部分則在政黨出現之後才冒起成為政黨的競爭對手。近年來那些社會組織和力量的政治能力不斷上升，寖寖然有取代政黨的部分角色與功能之勢，從而進一步削弱香港政黨的政治地位與作用。其三是社會人士越來越不願意依靠政黨作為自己的政治代表或領袖。民間社會特別是媒體、民間團體和自發性冒起的社會組織和運動越來越多擔當民意領袖、政治代表和集體行動領導者的角色。更饒具意味的是源自民間社會的行動傾向視政黨為有私利的“利益集團”，儘量與政黨切割，不讓政黨“玷污”它們的工作和行動的“純潔性”和“無

114 美國也有相同現象，反映在民主黨和共和黨之間的“不是你死就是我亡”的嚴重對立狀況。見 Mickey Edwards, *The Parties Versus the People: How to Turn Republicans and Democrats into Americans* (New Haven: Yale University Press, 2012); Thomas E. Mann and Norman J. Ornstein, *It's Even Worse Than It Looks: How the American Constitutional System Collided with the New Politics of Extremism* (New York: Basic Books, 2012).

私性”。如此一來，不但政黨越來越難以通過藉助民間力量的支持來壯大自己，反而越來越需要跟民間組織競爭群眾和媒體的支持。更為不利的，是近年來有不少的例子顯示民間組織的設定公共議題和動員群眾的能力比政黨更優勝。這些例子包括反對天星碼頭和皇后碼頭的拆遷、反對建造高鐵、保衛菜園村、反對政府推行國民教育、反對發展新界東北地區等。政黨往往因突然出現的社會運動或集體行動而措手不及、陷於被動、從而反過來被社會力量所“領導”。

政黨越來越容易受到輿論和民意的左右。在相當部分情況下，與其説政黨領導群眾，不如説是群眾領導政黨。即便那些面向精英階層的政黨也往往不敢隨便忽視輿論和民意。就算某項政府的政策原先得到政黨和群眾的支持，甚至該項政策當初是由政黨提出，假如民意突然轉向反對該政策，政黨往往也會“反悔”，從而陷政府於進退兩難之地。由於回歸以來政治與社會矛盾不斷激化，民怨四起，民粹主義抬頭，激進社會運動蜂起，香港的政黨的立場和行動無可避免也變得越來越偏激。

長遠而言，香港政黨有碎片化（fragmentation）的趨勢。這一方面反映社會上矛盾分化越趨嚴重，另方面則反映“香港式”比例代表制和功能選舉辦法的政治效果。政黨偏激化的過程也是造成政黨不斷分化重組的原因之一。道理很簡單。隨着時間的過去，部分政黨的領導人會變得安於現狀，不思進取。他們雖然沒有取得管治權力的可能，但對於能夠當上立法會議員、取得一定的政治權力、並在社會上享有一定的地位和影響力，內心也難免有一些滿足感。即便是反對派政黨的成員，但其實也已經浸浸然變為“建制”中人，是“政治既得利益者”，所以不太願意過度動搖現行體制，更不希望出現“革命性”的改變。在這種情況下，黨內的其他人，特別是較年輕的黨員，無論是出於對現狀的不滿，或是基於自身利益考量，都有動機去挑戰黨內領導，促使政黨走偏激路線，或者另立門戶，成立較激進的政黨。

政黨越趨碎片化和激進化帶來一些不利於政黨發展的後果。其一是在建制派和反對派之間，以及在建制派和反對派之內，政黨與政黨之間的矛盾和摩擦越來越多，彼此之間的越來越進行合作。很多時候，政黨因過分重視自己的利益和自己的支持者的想法而罔顧整體利益。其二是政黨的政治能量隨着碎片化不斷下降，在政治舞台的影響力逐步減少。其三是政黨在港人心中的重要性和信任度越來越低。其四是政黨的制定公共議程和社會動員的能力持續走低。

行政立法關係越趨對立和緊張，且有方興未艾之勢。政府窮於應付因"殘缺"、偏激化和碎片化政黨體系所滋生的大量的來自不同利益群體的未經梳理和整合的零碎的訴求和意見。與此同時，在"執政黨"缺位的情況下，政府官員的精英心態和他們與社會的隔膜使得特區政府難以甚至無法有效整合那些相互矛盾的訴求與意見，提出能夠得到多數人支持的方針政策，從而實現有效管治和促進香港的長遠發展。恰恰相反，特區政府提出的各種各樣的政策建議和法案不少往往剛出台便遇到社會某方面的反對或抵制，包括那些政府官員滿以為可以造福群眾的民生福利政策。再者，隨着幾乎所有政黨的民粹化程度的提高和黨爭的激烈化，就連建制派政黨也越來越對特區政府擺出不輕易讓步的姿態，這便使得特區政府在管治上更加舉步維艱。[115]

115 這從新特首梁振英上台前後提出的各種政策建議絕大部分都遇到立法會的有理或無理的抵制中可見一斑。

結語

西方的政治理論對政黨十分重視，認為它們是民主發展的關鍵力量。沒有政黨所擔負的各種政治功能，尤其是代表不同聲音、整合不同利益和扮演政府與群眾的中介人角色，民主政權不但難以有效運作，而且有轉化為各類非民主政權的可能。西方學者對新興民主國家的政黨政治一般評價不高，認為它們仍然沒有建立起“成熟的”和制度化的政黨體系。[116] 東亞國家和地區的政黨更被視為發展落後的範例。[117] 香港的政黨政治跟香港的政治一樣沒有引起西方學者的興趣。不過，可以想像，假若他們對香港的政黨政治進行研究的話，他們肯定不會對它有正面的論述。

的確，“沒有執政黨的政黨政治”所衍生出來的政治現象和後果其實對香港現在和長遠的管治、行政立法關係、政局穩定、政策落實、政治人才培訓、政府與群眾關係、社會和諧等都不利。政黨

116 見 Scott P. Mainwaring, *Rethinking Party Systems in the Third Wave of Democratization: The Case of Brazil* (Stanford: Stanford University Press, 1999); Scott Mainwaring and Timothy R. Scully (eds.), *Building Democratic Institutions: Party Systems in Latin America*); Herbert Kitschelt et al., *Latin American Party Systems*; David J. Samuels and Matthew S. Shugart, *Presidents, Parties, and Prime Ministers: How the Separation of Powers Affects Party Organization and Behavior* (Cambridge: Cambridge University Press, 2010).

117 基於歷史和文化因素的影響，東亞國家和地區的政黨發展相對於西方國家較為滯後和不成熟。籠統來說，東亞國家和地區的政黨形態有幾個顯著特點。(1) 政黨比較弱小；(2) 歷史比較短；(3) 社會支持基礎薄弱；(4) 政黨較為着重處理一些實際事務，欠缺完整的政治與政策綱領；(5) 政黨之間的主要分野不在與經濟和廣闊意識形態的不同，而是基於某些價值的追求（比如反貪污、道德承擔）、領袖的政治魅力或地域主義與身份認同；(6) 政黨遇到來自利益團體和社會運動的強大挑戰；(7) 政黨體系頗為浮動，尚未制度化，政黨數目還在不斷變化，政黨之間的關係仍未固定下來。見 Russell J. Dalton, Doh Chull Shin and Yun-han Chu (eds.), *Party Politics in East Asia* (Boulder: Lynne Rienner, 2008). 可以看到，香港的政黨形態與東亞的政黨形態有雷同之處。當然，那些地方仍然有執政黨的存在，而香港卻沒有。從另外一個角度看，港人的政治文化就算在東亞地區也是頗為獨特的。他們對民主體制和政黨政治的效用都不抱期望。見 Yun-han Chu, Larry Diamond, Andrew Nathan and Doh Chull Shin (eds.), *How East Asians View Democracy* (New York: Columbia University Press, 2008), pp.1-38 and pp.187-208.

之間的鬥爭，建制派和反對派之內和之間的鬥爭越演越烈，就算是實際事務也會因迅速被政治化而變得難以處理。廣大群眾不但極度厭倦無日無之的政治鬥爭，亦對政府、政黨和政客反感和不信任。社會上瀰漫着政治疏離感和憤世情緒，政府要達至有效管治和推動香港的長遠發展殊為困難。在這種情況下，反對派的壯大和發展固然面對難以逾越的障礙，建制派精英要凝聚起來和理順彼此的利益分歧也是可望而不可即的事。

可以這樣說，"沒有執政黨的政黨政治"絕對不是一種均衡狀態（state of equilibrium），而是一種不穩定和不確定的狀態，所有涉及其中的組織和人物都不會滿足於當前情況，反而都要為此付出政治和個人代價。然而，將來哪個狀態會朝哪個方向變化，是走向一個比較完整的和有利於政治穩定的"有執政黨的政黨政治"或是走向政治隳壞、各方鏖戰不已的亂局，關鍵在於中央和建制勢力的抉擇。從最近幾年的政治形勢的發展，我想我們可以作較樂觀的估計。也即是說，中央會繼承過去對香港政黨政治的靈活策略，以更務實和開明的態度處理"執政黨"的發展。果如是的話，一個類似"執政黨"的管治聯盟將會逐漸建立起來，香港的政黨政治也將會進入新的里程，而"一國兩制"方針政策所希望達至的繁榮穩定也會有機會實現。

另外一個可能的重要發展是，香港的政黨政治會否從"非常態"的政黨政治向"常態"的政黨政治過渡。回歸後香港的政治已經出現從"非常態政治"向"常態政治"的不穩定和不斷波動的長期趨勢，這個可能性不可抹殺。所謂"非常態政治"指政治爭鬥圍繞着一些無法妥協的議題發生，比如政治理念、道德原則、核心價值，因此帶有零和遊戲的特徵。所謂"常態政治"則形容那些涉及到具體或實際利益的政治爭奪，一般可以通過互諒互讓來解決。[118] 假如"常態"政黨政治越趨明顯的話，則經濟、民生、勞工、貧窮和福利等實務性問題便成為港人最關心的問題，起碼成為與政治理念、道德原則和核心價值同等重要的議題，而政黨或其行為也會因此而作出相應的調整。[119] 長期以來，政治立場是劃分不同政黨的唯一或最重要標準。隨着"常態政治"的抬頭，以它們在經濟民生事

118 劉兆佳，"從非常態政治到常態政治：香港主流民意在回歸後的嬗變及對香港政治生態的重塑，"《港澳研究》，2012 年秋季號，頁 1-23。

119 近幾年來在香港小部分人當中出現了頗強烈的不同形式的"地方主義"(localism) 和"本土意識"(nativism)，在信念上和行動上堅決要跟香港與內地"融合"的大趨勢抗衡。它們突出並抬捧香港的自身利益、價值觀、生活方式和社會制度，肯定甚至歌頌英國對香港的殖民統治，鄙視內地同胞和敵視中央。有些人甚至把香港人重新界定為有別於內地同胞的另一"族群"(ethnic group)，將"香港人"與"中國人"對立起來，反對香港被"內地化"或"赤化"，更反對中央"干預"香港事務。雖然大部分的"本土"和"地方"主義者只是要求"高度自治"，但亦有極少數人鼓吹"香港獨立"。導致"地方"和"本土"意識抬頭的因素很多。較為重要的包括：(1) 部分港人沒有能夠從內地與香港的經濟"融合"中獲益，有些人甚至覺得自己是"受害者"。(2) 到香港來工作、經商、就學和旅遊的內地同胞越來越多，部分人與港人在文化、價值觀、生活方式和做事手法上有明顯差異，兩地同胞的摩擦有增無減。(3) 大量內地同胞來港購置物業和日常消費品，導致該等商品的價格上升或供應短缺，使一些港人不滿。(4) 為數不少的內地孕婦來港產子，另外有一些內地同胞來港使用香港的廉價或免費的公共服務，引起港人的不忿。(5) 內地不時發生的人權、法治、貪污、社會不公和官民衝突的事故，增加了部分港人對內地政府和制度的反感，加深了他們對香港走向"內地化"的憂慮和恐懼。(6) 過去港人習慣了瞧不起內地同胞，並懷有無法掩飾的優越感。隨着國家的崛起、香港越來越在經濟上依靠內地和港人日益擔憂香港的競爭力和前景，他們對內地同胞的優越感雖然仍在，但卻與一絲絲的憂患感和自卑感交織在一起，形成了心理不平衡，不斷竭力找尋一些仍然可以讓自己在內地同胞面前覺得有光彩或有面子的東西。在這種心理需要下，殖民統治遺留下來的一些東西特別是西方的價值觀、反共思想、殖民統治者遺留下來的一些建築物以至殖民統治本身都被褒揚為港人可以引以為傲的東西，並向內地同胞炫耀。梁振英當上新的行政長官後，"地方主義"和"本土意識"有進一步冒起之勢。梁振英的"紅色"政治背景和他與中央的密切關係引發了"西環治港"(意思是中央駐港聯絡辦事處直接管治香港)和內地"吞噬"香港的指控。由於"地方主義"者和"本土意識"者把梁振英與中央合二為一，所以特區政府也成為他們的鬥爭對象，所有政府的政策都被投以懷疑的目光，都從陰謀論的角度來審視。香港有些論者認為香港再次出現帶有"非常態政治"特點的"身份政治"(identity politics)，即"港人"身份認同者與"中國人"身份認同者及內地同胞的矛盾乃不可彌縫、無法協調的矛盾，是價值觀和"族群"的矛盾。我的看法則有所不同。到目前為止，抱持"地方主義"或"本土意識"的港人只佔港人中的極小比例，絕不代表主流民意。正因為他們人數少，所以覺得更需要用激烈言論和行動來爭取其他人的注意。此外，所謂港人和內地同胞的矛盾，其實在頗大程度上是實際利益的矛盾，反映香港還沒有足夠的主客觀條件去應付急劇增加的兩地互動和"融合"，特別是考慮到香港的細小和內地的龐大。隨着時間的推移和適當的政策、設施和條件的逐步改善，那些利益矛盾終將會有所紓緩。因此，那個表面上看似"非常態政治"的所謂"身份政治"本質上還應該主要是"常態政治"。

務上的立場來劃分政黨會變得越來越有意義。就算香港的政黨沒有按照經濟民生議題來分化重組，部分持不同政治立場的政黨也可以在那些事務（特別是勞工、民生和福利）上進行越來越頻密的合作。如此一來，政黨與政黨之間的關係會變得越來越複雜和不穩定，而政黨與政府之間的互動也會變得越來越複雜多變。不過，香港的政治鬥爭的激烈程度卻會因"常態政治"的抬頭而有所緩和。

第五章　中產階層與香港政治[120]

回歸後香港出現的一個重大變故，厥為中產階層的巨大轉變，而此巨變又對香港特別行政區的政治形勢產生了猛烈的衝擊。簡言之，香港在回歸後的政治混亂與管治困難在頗大程度上源於中產階層在結構上、心態上和行為上的顯著改變。誠然，這個改變雖然未至於衍生出無法阻擋的推動社會和政治改革的動力，但卻足以改變特區政府所面對的政治環境和社會上眾多政治勢力的生存與發展空間。由於中產階層人士人數眾多，其動員和發聲的能力強大，任何政治勢力都不可以漠視其利益、要求和感受。[121]

香港在 1997 年回歸祖國，要處理好那個維持和強化港人對"一國兩制"和香港前途信心的任務本來已經殊不容易，但不旋踵便受到亞洲金融風暴的猛烈轟擊。這個香港歷史上罕見的金融危機不單對香港造成沉重打擊，同時也暴露了香港經濟結構的不足和脆弱。與此同時，此次金融危機也結束了香港回歸前為時幾乎十載的由房地產"泡沫"帶動的經濟繁榮，並將回歸後的香港推入一個歷時甚長的經濟困難和調整時期。這個時期迄今尚未結束，而 2008 年源於西方國家的特大全球性金融"海嘯"對香港經濟又造成新的磨難，估計未來幾年甚至更長時間香港仍會受種種經濟波動與不明朗因素所折騰。

---

120 本文曾於 2013 年發表於《港澳研究》春季號，文字在本書中略有修改。

121 過去十年，尤其當我在香港特別行政區政府中央政策組工作期間，我不時與李明堃教授（前中央政策組全職顧問和前香港理工大學社會政策研究中心主任）討論香港中產的問題，獲益良多。本文吸收了不少李教授的觀點。

除了經濟環境欠佳外，香港在回歸後又多次受到人類歷史上罕見的致命傳染病（禽流感和非典）所摧殘。上任伊始和政治能力不足的特區新政府在應對政治危機和挑戰時進退失據，失誤頻繁，在社會上造成了頗大的怨氣與不滿。回歸十五年下來，當中大部分時間特區政府的民望偏低，經常受到各方勢力的衝擊，施政舉步維艱。雖然它在日常行政管理和應對具體危機方面仍能有良好表現，但在推動香港的長遠發展上則政績不彰，遂令港人對香港的國際競爭力和未來前景憂心忡忡，增加了他們對政府的憤懣之情。[122]

上世紀七十年代開始出現的貧富差距拉大的趨勢直到今天仍是方興未艾。香港目前貧富懸殊的嚴重性，在發達國家和地區之中名列前茅。與貧富懸殊相聯繫的各種社會不公現象（包括貧窮問題、個人發展機會不均等、教育機會不公平、社會流動機會不足）日益尖銳，加深了社會的矛盾，激化了政治的衝突，進而損害了社會的秩序和穩定。

各種經濟、社會和政治問題接踵而來，不但損害了新政府的威信，同時也磨蝕了香港的政治、社會和經濟制度的權威和認受性。此外，回歸前各方面對香港發展路線和政策綱領的"共識"也由於社會上出現截然不同且相互頡頏的"應對"香港發展挑戰的主張而不斷剝落。圍繞着香港應否進行制度和政策改革的爭論無日無之，但除了比較多人同意要加強香港與內地的經濟合作外，關乎社會、政治體制和民生事務的爭議離"共識"之途極為遙遠。回歸以來不斷煎熬香港的內耗與內鬥確實打擊了港人對自己和香港的信心，催生了頗為普遍的"坐困愁城"的憂悒感、無奈感和無能感。

122 見劉兆佳，《回歸十五年以來香港特區管治與新政權建設》（香港：商務印書館，2012）。

然而，能夠發揮積極性和團結人群的危機感或憂患感卻仍顯匱乏，遂使社會上瀰漫着各種各樣的憤世嫉俗、怨天尤人和民粹主義等負面情緒，造成了不利社會和諧的氛圍。

正是在回歸前後這個歷史巨變的時刻，香港的中產階層發生了重大的轉變。回歸前，香港的中產階層是一群不斷膨脹、充滿自信、頗為自負和對個人前景樂觀的人群。誠然，他們當中有部分人因“九七”回歸而對香港日後的政治狀況有擔憂，而且選擇了移民他國或“買政治保險”(通過各種辦法拿到外國護照)，但願意或“被迫”留下了的人卻因為部分專業精英的離去而獲得更多的工作和發展機會。此外，雖然中英兩國政府在回歸過程中合作欠佳，但整個過程尚算“順利”，大大減少了中產階層對前景的擔憂。

毋庸置疑，中產階層是殖民管治下政治穩定的基石。香港的自由放任的資本主義現狀切合中產階層的既得利益，他們從而不接受急劇的社會和政治變遷。然而，回歸後，尤其在亞洲金融風暴之後，香港的中產階層變成一群憂心忡忡、缺乏安全感、不滿現狀、彷徨、焦灼、憤世嫉俗和呈現明顯政治與社會疏離感的人。

在此之前，香港的低下階層是對現狀最不滿的一群人，但畢竟他們較多從自己的實際利益思考問題，而且期望和理想都不高，因此較容易被政府的福利與民生政策所安撫。回歸後中產階層的不滿，不單是源於切身利益受損，更是由於他們認為香港出現了一些有違他們的價值觀和原則的現象。因此，中產階層的不穩和怨懟絕對不能簡單通過經濟發展和政府“派錢”來消弭。

中產階層的不安與不穩，導致部分中產人士積極參與政治，包括抗爭行動及反建制的言論，也導致中產激進主義（middle-class radicalism）的抬頭。中產階層是主要的輿論的製造者和民意的領導者，他們的政治態度和行為對政府的管治和政局的穩定有相當大的影響。回歸後香港中產階層的質變在頗大程度上改變了特區的政治形勢和生態，總體結果是形成了一個政治動盪不安、政治衝突頻繁和管治艱難的局面。

從比較政治的角度看，過去二十多年來，各國和各地區的學者對中產階層的情況相當關注，亦深表憂慮。發展中國家和地區冒起中的中產階層的政治態度和行為，特別是他們在民主化過程中擔當的角色，乃較受歡迎的研究課題。[123] 然而，究竟中產階層是促進民主改革的動力還是一股保守的力量，則尚無定論，主要看在不同的社會內中產階層與其他社會階層的關係。假如中產階層的利益與上層的利益重疊的話，則中產階層不會以推動民主為己任；他們即便是民主運動的中堅力量，也只會要求有限度的，基本上以自己為主要甚至唯一受益人的民主改革。相反，倘若中產階層覺得自己的發展受到來自上層的壓抑，他們便較有誘因去推動民主改革，並有可能與低下階層結為聯盟挑戰既得利益勢力。相反，假如中產階層覺得他們的利益受到來自下層的威脅，他們便會與上層結盟或依附上層來壓制下層。在這種情況下中產階層便變成保守的甚至反動的政治力量。不少西方學者論斷，一般而言中產階層的確是推動民主發展的重要和常見的動力，但他們所要求的民主不是全面的民主，而是與自己的利益攸關的民主，因此“無產階級”或低下階層才是“完

123 可參考 Samuel P. Huntington, *The Third Wave: Democratization in the Late Twentieth Century* (Norman: University of Oklahoma Press, 1991); Dietrich Rueschemeyer and Evelyn Huber Stephens, *Capitalist Development and Democracy* (Chicago: University of Chicago Press, 1992); Seymour Martin Lipset and Jason M. Lakin, *The Democratic Century* (Norman: University of Oklahoma Press, 2004); Larry J. Diamond, *The Spirit of Democracy: The Struggle to Build Free Societies Throughout the World* (New York: Times Books, 2008); Jie Chen, *A Middle Class without Democracy: Economic Growth and the Prospects for Democratization in China* (New York: Oxford University Press, 2013).

成”全面民主化的政治勢力。

歐洲的中產階層在福利主義國家的呵護下基本生活條件不錯，但高失業率卻使得不少人無法追求有意義的事業發展和豐盛人生，年輕人的處境尤其惡劣。美國的中產階層自上世紀七十年代中開始所面對的各種困難與挑戰，更催生了汗牛充棟的學術與半學術著作。[124] 可惜的是，迄今專門探討和分析中產階層作為一個社會群體（social group）或類別（social category）的政治心態和行為的研究仍是寥寥可數，反而針對勞工階層和低下階層的著作卻俯拾皆是。其中重要的原因是基於中產階層是人數很多但卻是背景很複雜及組織很鬆散的一群人。中產階層內的眾多組成部分之間的各方

---

124 可參看 Barbara Ehrenreich, *Fear of Falling: The Inner Life of the Middle Class* (New York: Pantheon Books, 1989): Katherine S. Newman, *Declining Fortunes: The Withering of the American Dream* (New York: Basic Books, 1993); Wallace C. Peterson, *Silent Depression: The Fate of the American Dream* (New York: W.W. Norton, 1994); Robert B. Reich, *The Future of Success* (New York: Alfred A. Knopf, 2001); Robert B. Reich, *I'll be Short: Essentials for a Decent Working Society* (Boston: Beacon Press, 2002); Jacob S. Hacker, *The Great Risk Shift: The Assault on American Jobs, Families, Health Care, and Retirement and How You Can Fight Back* (New York: Oxford University Press, 2006); Nolan McCarty, Keith T. Poole, and Howard Rosenthal, *Polarized America: The Dance of Ideology and Unequal Riches* (Cambridge, Mass.: The MIT Press, 2006); Norton Garfinkle, *The American Dream vs. the Gospel of Wealth: The Fight for a Productive Middle-Class Economy* (New Haven: Yale University Press, 2006); Nan Mooney, *(Not) Keeping Up with Our Parents: The Decline of the Professional Middle Class* (Boston: Beacon Press, 2008); Robert B. Reich, *Supercapitalism:The Transformation of Business, Democracy and Everyday Life* (New York: Alfred A. Knopf, 2007); Jacob S. Hacker and Paul Pierson, *Winner-Take-All Politics: How Washington Made the Rich Richer And Turned Its Back on the Middle Class* (New York: Simon & Schuster, 2010); Robert B. Reich, *Aftershock: The Next Economy and America's Future* (New York: Alfred A. Knopf, 2010); Donald L. Barlett and James B. Steele, *The Betrayal of the American Dream* (New York: PublicAffairs, 2012); James Carville and Stan Greenberg, *It's the Middle Class Stupid!* (New York: Blue Rider Press, 2012); Michael J. Casey, *The Unfair Trade: How Our Broken Global Financial System Destroys the Middle Class* (New York: Crown Business, 2012); Thomas Byrne Edsall, *The Age of Austerity: How Scarcity Will Remake American Politics* (New York: Doubleday, 2012); Jeff Faux, *The Servant Economy: Where America's Elite is Sending the Middle Class* (Hoboken: John Wiley & Sons, 2012); Charles Murray, *Coming Apart: The State of White America, 1960-2010* (New York: Crown Forum, 2012); Timothy Noah, *The Great Divergence: America's Growing Inequality Crisis and What We Can Do About It* (New York: Bloomsbury Press, 2012); Joseph E. Stiglitz, *The Price of Inequality: How Today's Divided Society Endangers Our Future* (New York: W.W. Norton & Co., 2012).

面的差異十分大。尤其明顯的是中產階層缺乏明顯的“階級覺悟”(class consciousness)或“群體意識”(group awareness)。同時，他們大多不願意通過集體行動來達到自身的目標，反而喜歡以“單幹”方式來解決問題，尤其是自己的問題。所以，要概括性描述和分析所謂“中產階層”的政治心態和行為殊不容易，這便窒礙了學術界對中產階層政治的研究興趣。

香港的中產階層

儘管中產階層（或中產階級）是社會學者與政治學者常用的概念，[125] 但迄今為止，這個概念還沒有統一的定義。不同的學者經常以其理論取向與研究目標對中產階層作出界定，有關界定純粹是為了特定的研究專案服務，缺乏應用上的普遍性。因此，社會學與政治學內充斥着數量繁多的中產階層的定義。同樣的，在香港，中產階層一詞雖然在過去二十年越來越普及，但何謂中產階層則迄今言人人殊，莫衷一是。[126] 不同學者與論者以教育程度、職業、收入、社會經濟地位（socio-economic status）或生活方式來定義中產階層。根據統計分析，教育程度、職業與收入這三個變項（variables）的關聯度（correlation）相當高。然而，哪種生活方式才合乎中產階層人士的身份卻難以界定。事實上，中產階層渴求

125 “中產階層”與“中產階級”在社會科學中有不同的理論背景和涵義。一般而言，馬克思或其他左翼理論較多使用“中產階級”一詞，並把它納入階級鬥爭和社會發展的框架中作為分析手段。其他學者則較傾向運用“中產階層”一詞來形容一個社會群體或群組，當中並沒有其他的理論意圖。在這篇文章中，我選擇採用“中產階層”一詞來代表我的研究對象。

126 見呂大樂與王志錚，《香港中產階級處境觀察》（香港：三聯書店，2003）。又見 Tai-lok Lui, “Rearguard Politics: Hong Kong's Middle Class,” *The Developing Economies*, XLI-2 (June 2003), pp. 161-183.

的生活方式不但不固定，且有不斷提升的趨勢。當貧富懸殊的情況越趨嚴重之際，富人的日益奢華的生活與消費模式又每時每刻都通過媒體來炫耀，中產階層（特別是中產的上層）覺得自己“應當”享有的生活方式也呈逐步攀升之勢。[127] 按照個人觀察，生活方式與教育程度、職業和收入之間雖有關係，但頗為複雜。中產階層甚為着重文化與休閒的品味，並視之為自己“獨特”個性的呈現與發揮，但這些方面跟職業與收入沒有必然的關係。

大量的社會調查研究發現，當被問到自己是屬於上層、中層（當中又分為上、中、下三層）或下層的時候，超過百分之七十的被訪者都會説自己屬於中層，尤其是當中的中層。然而，這些人中有相當部分其實根本難以符合客觀意義的中層階層標準。儘管如此，從主觀的層面看，香港已經進入中層社會。[128]

我在本文中無意糾纏於何謂香港的中層階層的定義爭議中，因為這不是本文的關注點。鑒於我對中層階層的蜕變和其對香港政治所造成的衝擊感興趣，我因此特別關注教育程度較高並從事專業、行政管理、教育、社會服務和自由職業工作的中層人士的政治心態和行為的轉變。這些人的數量佔香港勞動人口的比例雖然持續增加，但仍屬少數（大概佔百分之二十左右），然而其政治能力卻絕對不可小覷。

香港殖民政府和特區政府統計處的數字顯示，港人的教育水平在過去四十年不斷提升，擁有大學或大專學歷的港人在十五歲以上的人口中的比例不斷增加（見下圖）：

127 不少中產家庭的丈夫與妻子都要出外工作，理由是非如此便沒有“足夠”的收入來達到中產階層人士“應有”的生活方式。

128 事實上，在所有的發達國家和地區，無論是西方或東亞社會，大部分人都會視自己為中層階層人士。

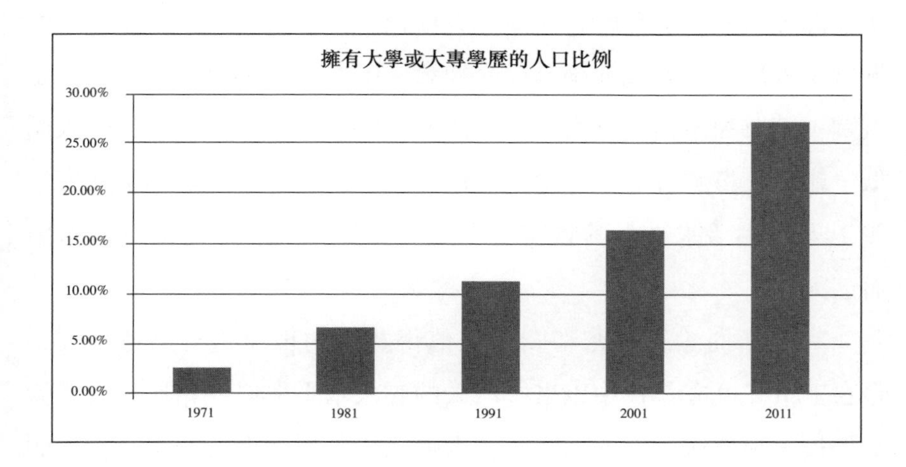

由於政府統計署在不同年份使用不一樣的分類方法來劃分人口的職業分佈，因此有關的統計數字難以相互比較，但我們仍可看到從事專業和行政管理工作的人在勞動人口中的比例持續上升。在這幾年中，輔助性專業人士（associate professionals）的增長速度則更為可觀（見下圖）：

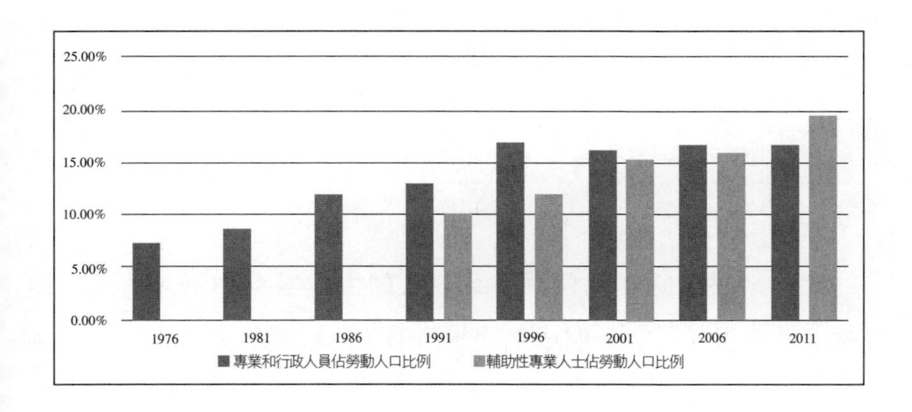

考慮到從事體力勞動工作的港人在勞動人口中的比例頗低，[129] 而大部分人基本上都幹着非體力或白領工作，所以從職業分佈的情況看，香港可以籠統地稱為中產社會。不過，不少白領工作其實是沉悶、簡單和不斷重複的活，不需要"腦力"的勞動，而且收入偏低，難以支撐"合適"的中產生活方式。因此，這些白領工人與藍領工人在生活水平上其實差異不大，只是在階層認同上有所區別而已。

和下面的論述有密切關係並值得關注的現象還有兩個。其一是自上世紀九零年代中以來，港人的收入水平與以往相比只有輕微的增長。根據統計處的數字，港人從主要工作中得到的每月收入的中位數（median income）為（見下表）：

年份	個人每月收入中位數（港幣）
1976	$ 742
1981	$ 1516
1986	$ 2573
1991	$ 5170
1996	$ 9500
2001	$ 10000
2006	$ 10000
2011	$ 11000

此外，香港的本地住戶每月收入的中位數則如下表所示：這些數字反映香港作為一個成熟的經濟體不可能長時期維持高增長率

129 粗略估計，回歸以後從事體力勞動的人應該不會超過勞動人口的三成。由於統計數字沒有"藍領工人"和"白領工人"的類別，因此難以對各自的人數做準確統計。

這一無可避免的事實，同時也反映亞洲金融風暴及其後遺症對香港經濟的衝擊的巨大（見下表）：

年份	住戶每月收入的中位數（港幣）
1971	$ 708
1976	$ 1425
1981	$ 2955
1986	$ 5160
1991	$ 9964
1996	$ 17500
2001	$ 18710
2006	$ 17250
2011	$ 20500

另外一組數字是量度貧富差距的堅尼係數（Gini coefficient）。此係數從 1971 年之後亦持續走高。在貧富差距拉大的現象之中包含着部分中產人士往下流的情況，也即是說中產階層內部亦出現貧富懸殊的狀況。在香港，貧富懸殊情況惡化，已經廣泛受到社會各界高度關注，它已經成為近年來港人認定為最嚴重的社會問題之一。造成這個情況的因素其實廣為人知，包括工業北移、服務業主導的產業結構、大批文化水平偏低的內地同胞移居香港、全球化所引發的激烈競爭、內地改革開放的挑戰、大財團的壟斷地位走強、資產增值的速度快於工作收入增加的速度、中產中層職位的流失與外移、低稅制、政府不願意承擔收入與財富再分配的角色等（見下圖）：

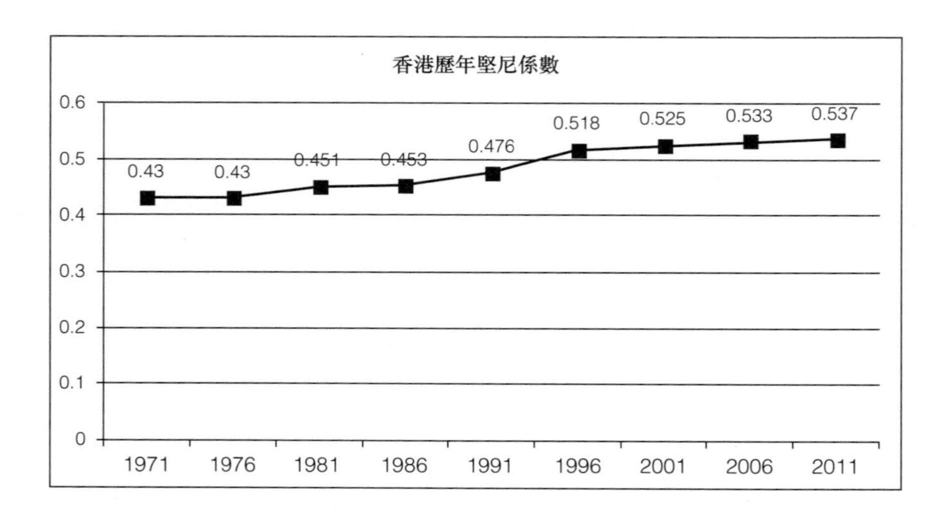

總體而言，香港中產階層一方面不斷擴大，但與此同時香港經濟的輝煌時刻已經逐漸過去，港人的收入的增幅逐步放緩，高收入的中產職位的比例下降，而香港的貧富懸殊的情況則日益惡化。[130] 回歸後香港中產階層出現"質變"與上述的社會變遷有密切關係。

香港中產階層形成的歷史背景

在探討回歸後香港中產階層的變化時，我們有需要了解其變化之前的形態和造成此形態的歷史背景。毫無疑問，香港的中產階層是歷史的產物，而且有一定的獨特性。雖然不少香港的中產人士受到西方文化和價值觀或多或少的影響，但他們卻又同時懷抱一些

130 見 Lau Siu-kai, "Social Change, Bureaucratic Rule, and Emergent Political Issues in Hong Kong, " *World Politics*, Vol. 35, No. 4 (July 1983), pp. 544-562; *idem*, "The Fraying of the Socio-economic Fabric of Hong Kong," *The Pacific Review*, Vol. 10, No. 3 (1997), pp. 426-441.

傳統華人社會的觀念。香港作為一個高度商業化的殖民社會本身的若干特點在塑造香港中產階層的形態方面的作用更不可小覷。

在探討香港中產階層形成的歷史背景時，我會把重點放在二次大戰後特別是上世紀七十年代以後的香港，主要原因是大部分的香港居民在戰後才視香港為其"永久"定居地，甚至是"安心立命"的"家園"。二次大戰前，香港的人口浮動不定，不少人將香港視為暫居之地，內地才是自己最終要返回的家鄉。換句話說，香港社會在戰後二、三十年以後才可算是一個擁有固定人口的"真正"或"正常"社會，而不是人們來來往往的暫居地。只有在一個"真正"或"正常"的社會中產生的中產階層才會有延續性和世代遞嬗的可能，並對該社會產生歸屬感和具有參與當地政治的誘因。從歷史角度看，有幾個因素對香港中產階層的形態的影響比較重要。

首先必須注意的，是香港作為一個殖民社會的獨特性。香港在成為英國"殖民地"之前是一塊荒蕪之地，人煙稀少，資源匱乏。英國人在十九世紀中葉通過不平等條約攫奪香港，主要目標不是為了擴張領土，而是為了在"遠東"建立有利於英國商人對華商業或經濟"入侵"的環境。香港作為英國"殖民地"的最突出之處，是"先有殖民政府，後有'殖民地'人民"。香港這個不尋常的開埠歷史，為香港這個殖民社會刻下深深的烙印。英國在香港建立殖民政府後，為了吸引各地尤其是中國人來港經商、投資、工作和定居，英國人從一開始便採取較為文明和懷柔的管治方式。儘管殖民者不允許華人染指政治權力，但卻讓他們能夠大體上在一個開放、自由、法治和政府少干預的經濟環境中發家致富、開創事業或至低限度享受比在內地更高的生活水平。二次大戰後全球反殖浪潮洶湧，大量殖民地紛紛獨立。在這個背景下，為了避免受到國際社會尤其是社會主義國家和第三世界國家的批評，香港的殖民管治走向進一步開明化，而且更多致力於經濟發展或民生改善，以求鞏固殖民政府的"認受性"。1967 年和 1968 年的"暴動"促使這個過程被進一步推進。簡言之，懷柔的殖民管治為華人社會的中產階層的形成提供了良好的土壤。

第二，作為一個由移民組成的社會，香港原先沒有一個強大的政治或經濟的上層階級（例如其他地方的皇族、貴族、大地主、大財團、望族），所以人們向上的社會流動（upward social mobility）碰到的阻力相對於其他社會較小，很多有能力、學歷、知識和野心的人都可以憑着自身的努力向上爬。誠然，英國人享有的權利和機會比華人為多，但遠遠沒有達到壟斷的地步。直到回歸前夕，殖民政府的最高層位置雖然絕大部分由英國人出任，但仍有數量很多的中、高層職位由華人擔當。事實上，殖民政府在香港中產階層的形成過程中發揮先導和關鍵作用，不少華人的中產精英來自殖民政府的官員及其後代。香港的資本主義經濟體系更是中產階層不斷膨脹和發展的搖籃，原因是在經濟領域中種族歧視與不平等的程度更低，所以華人在此的發展空間尤大。作為一個開放社會，香港為中產階層的興起提供優厚條件。

第三，由於中產階層的冒起沒有遇到一個龐大和凝固的上層階級的阻撓和壓制，中產人士對富人、大財團和"大家族"沒有惡感。相反，香港的所謂上層階級的成員本身也是移民和移民的後裔，不少也是經過努力拼搏才能取得進入上層的入場券，所以這些人往往成為不少中產人士心中的楷模，也是鼓勵他們奮鬥不懈的動力源泉。以此之故，香港冒起的中產階層沒有像一些其他地方的中產階層般與勞工階層或無產階級聯手打擊或推翻那個阻礙他們向上流動的上層階級。香港的中產階層反而對低下階層有戒懼之心。他們既瞧不起那些沒有能力提升自己社會地位的人，又害怕那些人在左翼分子或民粹主義者的教唆和鼓動下以激烈行動推翻現有體制。簡單地說，香港的中產階層是英國人建立起來的制度體系的"既得利益者"。

第四，由於戰後西方經濟快速復蘇，而且奉行自由貿易，加上中國因為西方國家的圍堵而被迫"閉關自守"和"自力更生"，香港遂取得了難得的發展機遇，並締造了經濟奇跡。來自內地和外地的資本、人才和勞工率先推動了製造業的起飛，讓香港蛻變為一個以輕工業為骨幹的工業城市。七十年代後期，順應內地的改革開放，香港的勞動密集型工業生產大舉北移，而香港的經濟則進入快速發展期。然而，伴隨着香港的"去工業化"（de-industrialization）出現的是香港經濟向金融業與現代服務業過渡。從中產階層形成的角度看，工業化特別有利於中產階層的擴大與發展，因為工業生產能夠創造大量優質的中產職位。這些職位一般比較穩定、具事業發展潛力、薪金和津貼優厚、工作時間適中，而且往往還附帶有不錯的退休生活保障。金融業與現代服務業為優秀人才尤其是能夠受惠於全球化和內地改革開放的人才提供回報極為可觀的發展機會，但大部分來自這兩個產業的中產階層職位在各方面卻比不上過去來自製造業的職位。因此，製造業的萎縮和金融與現代服務業的興起導致中產階層的分化，上層中產（upper middle-class）與下層中產（lower middle-class）人士的生存和發展處境及實際利益有着天壤之別。即便是屬於中層的中產（middle middle-class）人士，他們的日子也不太好過，不少家庭就算夫婦兩人同時工作，胼手胝足，亦只能勉強維持中產階層的基本生活水平，部分人甚至連這方面也追不上。“相對匱乏”(relative deprivation)的感受在中產階層中因此甚為普遍。

第五，從整個中國社會的發展歷程來説，現代中產階層出現的歷史很短，應該説只有幾十年。香港在戰後湧現的中產階層和其在社會中的重要性，在中國近代史上從未曾見。應該説，香港是華人社會中率先進入“中產社會”的。然而，香港中產階層形成的時間其實也不算長。今天，不少中產人士的上一代還不屬於中產階層，家庭中兩代人都是中產人士的例子在比例上不算很大。和以往的皇族和貴族階級不同，中產階層的位置不可以通過繼承取得。中產階層的下一代必須憑藉自己的努力和奮鬥才可以得到中產的地位。父母的幫扶當然重要，但並非決定性因素。惟其如此，中產人士“永遠”都對自己的兒女能否繼續保有中產位置有所擔憂。他們一方面竭力為自己的下一代付出和籌謀，另方面則渴望香港的經濟持續增長，為自己的孩子源源不斷製造優質發展機會。由於香港中產階層的歷史不長，香港的中產人士不像西方國家的經過多代更替的中產階層般那麼有自信和安全感，並形成自己的文化、生活品味、談吐舉止、政治態度和政治組織。這種對自己和自己的下一代能否保有原有的社會地位的憂患感一方面催促香港的中產人士努力拼搏，另方面則使得他們對社會公平(特別是競爭的公平性)尤其重視和執着。

第六，香港的中產階層既然在“開明”的殖民管治之下孕育成長，他們通過接受殖民教育和到西方國家留學接觸到現代西方的思想和價值觀，尤其是法治、自由、人權、公平、誠信和廉潔等觀念。特別重要的，是蘊藏於西方意識形態內的反共思想。不少香港中產人士的上一代或上兩代是為了逃避中國共產黨統治而移民到香港來，這些人絕大部分對中共深痛惡絕。不少香港的中產人士在老一輩的反共思想灌輸下，對中共的印象甚為負面，並對它有所畏懼。殖民政府和其控制的宣傳手段以至在香港出版的眾多反共媒體都長時間和連綿不斷地發佈反共言論和資訊，中產階層的思想心態無疑受到影響。在恐共和反共的氛圍籠罩下，大批中產人士在九七回歸前移民他方。留下來的人既有有能力離開卻選擇留下的人，也有沒有辦法移民外地者，大部分人則對香港未來有一定的信心。雖則如此，留下來的人密切關注香港與中央的關係、特區的管治和社會的變遷，任何被視為可能"損害"香港的人權、自由、高度自治和"港人治港"的事情，都有可能觸發他們的反彈。誠然，不少時候他們是過度敏感的，容易將事情上綱上線，而且不時誇大香港所受到的來自"北京"的威脅，使得自己恐懼莫名。香港中產階層的反共和懼共態度，使得他們較支持反對派的立場與行動，這從歷次兩級議會（區議會和立法會）選舉的結果和參與反對派策動的抗爭行動的人的背景中得以窺見。

第七，香港在戰後半個世紀中特別是上世紀七十年代中後期經濟快速增長，既使中產階層不斷膨脹，也塑造了中產人士的樂觀甚至過分樂觀的對經濟前景的預期。不少中產人士期望香港的經濟蒸蒸日上，不但不斷提高自己的生活水平和擴大個人的發展空間，更為自己的下一代的進一步向上流動創造條件。他們基本上沒有應對經濟寒冬的經歷，也缺乏承受挫敗的心理素質。與上一代飽經風雨的人相比，香港戰後成長的中產階層明顯欠缺自求多福、迎難而上、屢敗屢戰的氣魄。

第八，香港的經濟奇跡也在香港的中產階層之中產生了對自己和香港的過度優越感和過分樂觀情緒。不少中產人士相信香港的明天一定會越來越美好，而越來越好的未來是他們“應得”(entitled)的，無人可以剝奪的“權利”。他們相信香港是一塊“福地”，會為他們帶來源源不絕的福祉。進一步說，香港的中產人士過多地把自己的成功歸功於自己的努力和智慧，比較少想到西方經濟復蘇、源於美國的自由貿易思潮的擴散、內地的“閉關自守”、東西方角力、發展中國家的停滯不前與香港的獨特條件對香港和個人發展的作用。香港中產階層那份過度的志得意滿和躊躇滿志削弱了他們應付逆境的能力。

最後，從結構的角度分析，香港的中產階層是一個異質化(heterogeneity）程度相當高的社會群體，內部有着各式各樣的背景、利益和心態的次群體（subgroups)。簡單而言可有數個較為重要的劃分標準：

（1）任職於公營機構（政府、政府資助組織）或私營機構（工商機構)；
（2）屬於行政管理階層或屬於一般員工；
（3）專業人士、次專業人士或非專業人士；
（4）高收入人士、中等收入人士或低收入人士；
（5）在大型、中型或小型機構工作；
（6）大型機構管理人員、中小企老闆、中層管理人員或一般僱員；
（7）在機構工作、自僱人士和自由職業者；
（8）教育程度；
（9）工作有否需要經常往返內地；
（10）在外資公司、來自內地的國有企業與民企或本地機構工作；

(11) 在盈利機構或非營利機構（非政府組織、公益慈善機構）任職；

(12) 工作或所屬機構是全球化或內地改革開放的受益者或受害者。

(13) 近年有不少海外以至"海歸"高級專業人士及行政人員來港就業，一般享有高薪和優厚待遇，成為香港中產階層的"新貴"，但這些在內地成長的中產人士無論在言語上、心態上、做事手法或是在生活方式上與本地的中產人士格格不入，彼此形成不同的社交圈子。

(14) 出生於不同年代的中產人士有着不同的經歷、經驗、經濟環境和生存及發展機遇。來自戰後"嬰兒潮"的中產人士可以說是最幸運的一群，掌握了不少的發展和晉升機會，也累積了不少的地位、權力和財富。他們是他們的後來者豔羨的對象，也同時是受到妒忌和某程度上敵視的一群。

當然，各種各樣的中產人士共同之處不少，特別在他們的"核心"價值觀方面，但在生活方式、思想心態和行為取向上卻存在明顯差異。既然如此，中產階層的"群體意識"或"階級覺悟"（class consciousness）的程度不高。甚麼是中產階層的"階級利益"以至應如何促進其利益等概念非常模糊，"階級行動"十分罕見，而"階級鬥爭"的觀念幾乎不存在。

香港中產階層原有的心態與行為傾向

鑒於形成香港中產階層的歷史背景的獨特性，自然地他們的思想心態與行為傾向也呈現出特有的形態。簡單而言，中產階層既吸收了一些“先進的”西方價值觀，但由於他們成長於華人社會，並受到老一輩的薰陶，一些傳統中國的價值觀對他們的影響還是很明顯的，尤其是對家庭、教育、勤勞、權威尊重與社會穩定的重視。與此同時，與上一代比較，香港的中產人士懷抱更多的個人和社會理想，也更突出個人的自主、自尊和自身利益，而且個人主義傾向明顯，但作為一個高度商業化、理性化與物質化的國際商埠的市民，他們也具有鮮明的務實主義（pragmatism）和實用主義或功利主義（utilitarianism）傾向。此外，他們雖有溫和的社會和政治改革訴求，但那些訴求卻沒有強烈到驅使他們積極參與社會運動從而成為強大的推動社會變遷的引擎。可以這樣說，香港的中產階層是一個歷史尚短的新興社會群體，其階層文化還在形成與鞏固的過程之中。無論在思想上、觀念上、理想上或是在價值觀上，無論在中產階層的成員之間，還是在個人之內，新舊思想並存，矛盾與不協調的地方仍多，而反映在他們的政治行為上也是理想與現實，改革與保守，前進與停止（甚或後退）的不斷爭執和妥協。

無論如何，在發生嬗變前，絕大部分香港的中產階層人士都認同以下的一些信念、原則和價值觀。[131]

（1）自由、開放和公平競爭的資本主義體制最有利於香港的發展。政府的經濟角色是有限的，主要是維持資本主義市場的秩序，防範市場運作失效。政府應該是公平的仲裁者，不應偏幫任何經濟利益。反對大財團和大企業的經濟壟斷，但對政府在反壟斷上的角色則頗為猶豫。

131 見 Lau Siu-kai and Kuan Hsin-chi, *The Ethos of the Hong Kong Chinese* (Hong Kong: The Chinese University Press, 1988).

（2）市場是分配收入與財富的最公平和有效的機制。政府的角色應該是為最有困難的人提供基本的照顧。社會福利不是每個人都享有的與生俱來的權利，而是社會對無法照顧自己的人的關懷或救濟。

（3）相信香港是一個開放的、公平的、充滿機會的社會。任何人都可以憑藉自己的努力取得成就，改變自己的社會身份與地位。

（4）個人的不成功或失敗的主要原因是自己欠缺上進心、努力不足、運氣不好或其他個人的因素。社會因素比如家庭背景、政治體制、經濟制度、階級結構或公共政策不是基本原因。

（5）自由、人權、法治和公平乃普世價值或者是應該追求的價值。

（6）誠實、勤奮、自律、自重、自強、終身學習、迎難而上、上進心、奉公守法和循規蹈矩乃個人達致成功之要素。

（7）廉潔、用人唯才（meritocratic）、尊重程序理性與公義（procedural rationality and justice）、親民、高效率、高透明度和公平公正乃良好管治（good governance）或善治的要素。

（8）民主政府是長遠追求的目標，但必須從現實角度慎重考慮和推行，尤其要避免社會不穩和民粹主義的蔓延。

（9）教育在促進社會流動上至關重要，也是最公平的決定競爭成敗的機制。政府在促進教育機會均等方面有不可推卸的責任。

（10）在承認“香港人”也同時是“中國人”的大前提下，認同自己是“香港人”甚於認同自己是“中國人”。

(11) 大體上接受中央的“一國兩制”的方針政策，但對“兩制”的重視尤甚於對“一國”的重視。

(12) 傾向“精英主義”(包括精英所應有的“特權”與責任)，厭惡鼓吹平均主義(egalitarianism)的民粹思想。

(13) 強調精英“階層”應該是開放的群體，成員憑才幹與成就進入。反對任何形式的特權、裙帶關係和政治酬傭和庇蔭。

(14) 突出“自立更新”和“自重自強”，着重通過個人(包括家庭)努力和方法解決自己的困難，抗拒以集體行動爭取個人利益。

(15) 重視家庭(尤其是小家庭或核心家庭)的利益與作用。肯定孝道的意義，高度重視父母對子女的責任。

(16) 對西方傾慕，同時也有一定的國際視野和對國際事務的認識。

(17) 同時對物質性與精神性的東西有所追求。較年青的中產人士較為認同“後物質主義”(post-materialism)(比如重視環保與“綠色”生活)及“後現代主義”(post-modernism)(比如對兩性關係及家庭持較開放態度)等價值觀與生活方式。

(18) 對政治參與有一定的訴求，但同時具有明顯的政治務實主義(political pragmatism)和政治無效感(sense of political inefficacy)和無力感(sense of political powerlessness)。

(19) 國民身份認同感比較薄弱。不少人有一些“國際公民”(international citizen)的意識，認為民族主義乃落後思想。比較認同自己為“廣義”的“中國人”。比較認同“歷史中國"、"文化中國"和"民族中國"。不太認同"政治中國";認同自己為"中國人"的人顯著多於認同自己為"中華人民共和國公民"的人。

(20) 基本上肯定香港過去的殖民統治。雖然內心覺得殖民統治並非一件光彩的事，但卻正面評價英國殖民統治的作用和成效，對殖民歷史懷有緬懷之情，對殖民時期的遺物與遺風有特殊感情。

(21) 對內地的同胞、事物、社會和政府欠缺感情的投入。對社會主義缺乏好感。部分人甚至認為香港有"責任"和"義務"對內地事務和中央政府的作為表達關注，提出批評，甚至推動改變。

當然，不同背景的中產人士在信念和價值觀上有差異，譬如具有"商業"背景的中產人士較認同資本家、財團與"建制"的利益和觀點，而具有"公共服務"背景的人則較認同普羅大眾尤其是弱勢群體的利益和公平、公義和關愛等價值觀。不過，上述的香港中產階層的心態應該説是對該階層的精神面貌的概括性的描述。

社會變遷與中產的困難

打從二十多年前開始，來自全球化、內地的改革開放、新興經濟體的崛起、香港回歸祖國以至香港內部的種種變遷對香港中產階層的生存與發展環境造成了巨大的衝擊，為他們特別是年青一輩的中產人士帶來了嚴峻的挑戰。這些社會、政治和經濟的變遷，改變了中產階層習以為常的環境，迫使他們重新評估個人和香港的未來前景，也對他們的適應能力帶來考驗。然而，由於這些變遷綿延了很長的時間，而回歸前的“表面”繁榮與“九七回歸”所引發的各種政治衝突又掩蓋了其他的長期變化趨勢，因此社會上關注香港中產階層問題的人不多。不過，回歸後的金融危機、房地產價格崩盤和接着的為時頗長的經濟低迷狀態卻迅速將中產階層所面對的嚴峻環境充分暴露出來，使得不少中產人士猛然醒覺到世界的巨變。對很多中產人士來說，彷徨、迷惘、焦慮、不安、躁動和無助是他們共同的心理寫照。與此同時，社會各方面開始關注“中產問題”。

回顧過去，“九七”之前連續二、三十年的經濟繁榮、教育機會的迅猛增加、公營部門的持續擴張、社會流動機會上升，都為香港的中產階層提供了發展事業和累積財富的大好機會。不少中產階層實現了成功致富的夢想。可以說，中產階層是戰後香港的新興階級力量，亦是香港社會發展與經濟繁榮的見證者和既得利益者。中產階層之中，不少屬於戰後出生的“嬰兒潮”的一代，與戰後香港同步成長。這一代人經歷了香港的進步與發展。回歸前夕，他們之中不少事業已臻高峰，生活舒適，意氣昂揚，對九七後之香港，雖有政治憂慮但亦抱有期望。然而，期望愈高，失望愈大。九七之後事事“不如意”，令他們感到十分失望。

香港回歸中國的前景，九七之前困擾過不少中產階級，不少人因此移民外國，有些（尤其從事“公共服務”工作的中產階層人士）則投入推動民主政治發展的政治活動。為數達幾十萬的中產人士及其家人的移民，在一段短時間內為留下來的人騰空了不少優質的中產職位，增加了一些“幸運”的人的向上社會流動的機會，為香港製造了新的一批既得利益者。然而，由於不少那些“幸運兒”相對比較年輕，他們的“上位”卻又很快地“窒礙”了他們的“後輩”的上升空間，從而在後者當中產生了挫敗感和怨懟情緒。

那部分投身於政治活動與民主運動的人雖然為數不算多，但在社會上瀰漫着對香港前途擔憂甚至悲觀的氛圍下，這些中產階層中的政治積極分子仍能在某種程度上激化了香港的不斷政治化和持續增加的政治衝突，為日後的中產激進主義（middle-class radicalism）的壯大添磚添瓦。

亞洲金融風暴之後，不少中產階層人士財富蒸發，甚至成為負資產者。失去多年努力的成果，自然感到失望和不滿，一部分人就將自己所遭遇到的不幸及香港的經濟困境，歸咎於特區政府。中產人士遂成為特區政府的尖刻批評者。

更加重要的是，他們亦面對全球化步伐加快、香港經濟急速轉型、內地經濟崛興、香港逐漸失去優勢、香港與內地經濟加速融合。這種種變遷和趨勢帶來不少挑戰和衝擊。全球性競爭加劇，中產階層人士亦面對失去競爭優勢和需要不斷自我增值和"終身學習"的壓力，對職位可能不保和收入可能減少，感到焦慮。

對自身事業前途感到焦慮之外，亦擔心下一代地位不保。出於這種焦慮，他們對教育問題亦特別關心，牢騷不滿亦特別多。

尤其重要的是，這種種變遷和趨勢，令他們覺得過去賴以成功發展事業的機會結構和讓他們對事業發展能夠寄予期望和獲取回報的既有秩序，正逐漸瓦解。為此他們感到惶惑和苦惱。

面對激烈競爭及經濟萎縮，不少商業機構厲行節約以壓縮經營成本，裁員減薪之外，亦採取種種"資源增值"或將全職工作"非全職化"（如兼職化、短期合約化、專案合約化）的措施。部分私人機構又推行各種旨在提升運作效率的現代企業改革措施比如壓縮規模（downsizing）、外判（outsourcing）、架構重組（restructuring）或削減層級（delayering），而那些措施卻在相當程度上減少了部分屬於中層的中產職位，導致“中產下流”現象的出現。這些措施令受其影響的行政、專業與技術僱員感到職業缺乏保障，他們的收入及生活質素亦受到影響。即使還未被波及的，亦惴惴不安。

近年來，政府及公營部門間（因此亦波及受政府資助的非政府組織，如大學及社會福利及服務機構）所進行的種種具有濃厚管理主義色彩及將市場概念引入公營機構運作的改革措施（如服務外判、一筆過撥款，按量化指標評估學術表現）都對受影響機構的僱員，包括專業及行政人員，造成壓力，使他們感到利益受到衝擊和職業欠缺保障。

香港經濟結構的轉型對中產階層同樣帶來嚴峻的衝擊。自從上世紀八零年代中以來，香港的製造業加速北移，香港出現去工業化（de-industrialization）的巨流。起初受到嚴峻打擊的是製造業的工人，但在世紀之交，中產階層受到的影響越趨明顯。部分與製造業息息相關的中產職位隨着工業的外移而流失，從而減少了中產人士的就業機會。逐步取代製造業的是金融業、地產業和現代服務業。然而，這些產業雖然能夠提供優厚待遇和發展潛力的工作崗位，但數量在比例上畢竟有限，難以滿足人數不斷增加的受過高等教育和懷抱野心的年輕人的需要。對不少年輕的中產人士來說，他們的教育水平比上一代優勝，但無論是收入、財富或事業發展的機會卻比上一代遜色，內心難免感到憤憤不平。在部分家庭之內，教育水平較高的子女還要在經濟上依靠教育水平較低的父母，家庭糾紛遂因此而起，而年輕子女的愧疚與怨懟之情自難避免。

對中產人士產生重大影響的另一個社會變遷態勢，是貧富懸殊的嚴重性日甚一日。目前香港的貧富差距之大，是發達社會的表表者。更甚的，是香港的貧富差距還有進一步擴大的趨勢。在這個大趨勢下，不但社會的上層與下層的差距日益拉大，中產階層內部同樣出現兩極分化（polarization）的情況。專業與行政管理精英的收入與文員、秘書和低端服務業的僱員相比有天壤之別，說他們都是隸屬同一個社會階層，無疑絕不真實。

更為嚴重的，是經過戰後幾十年的發展，香港已經形成了一個走向封閉的上層階級。這個階級的成員連成一個鬆散的人際關係網路，竭力維護彼此的利益與"特權"。上層階級的主要成員包括大財團（尤其是地產和金融財團）與大企業的擁有者及管理者、高層政府官員、高端服務業的從業員（律師、醫生、會計師、大學教授）和其他高收入人士。[132]這些人憑藉其經濟實力、政治權力、人脈關係、對重要組織或結構的控制和家庭或家族資源的支配，極大地掌控甚至在某些方面壟斷了教育、就業、發展和致富的機會。可以說，不但大家族處心積慮為自己的後代謀福祉，就連信奉平等機會的中產專業精英也不遺餘力地為自己的子女籌謀，務求讓自己的下一代能夠延續精英的身份。私立"貴族"學校的勃興、"補習"學校的遍佈、放洋留學的盛行、家族與朋儕關係的"商業價值"的上升、"門當戶對"婚姻的盛行都令上層階級越趨封閉化，而那個越來越封閉的上層階級無可避免的堵塞了其他階層尤其是中產階層

132 在殖民管治時期，殖民政府與英國商人組成了一個緊密的"特權階層"，但其社會層面比較狹隘，能夠控制的資源與機會不算太多。回歸後的上層階級社會層面比較闊，但組織卻因為成員的背景較多元化而變得鬆散，，尤其是在英國商人的不能主導下，香港資本構成趨於複雜，來自各地的資本之間存在競爭關係。可參考 James T.H. Tang, "Business as Usual: the Dynamics of government-business relations in the Hong Kong Special Administrative Region, " *Journal of Contemporary China* 8(21) (1999), pp. 275-295; Anthony B.L. Cheung, "New Intervention in the Making: interpreting state interventions in Hong Kong after the change of sovereignty," *Journal of Contemporary China* 9(24)(2000), pp. 291-308; Anthony B.L. Cheung and Paul C.W. Wong, "Who Advised the Hong Kong Government?" *Asian Survey,* Vol. 44, Issue 6 (2004), pp. 874-894; 及 Lui Tai-lok and Stephen W.K. Chiu, "Governance Crisis in Post-1997 Hong Kong: A Political Economy Perspective, " *China Review* 7(2) (Fall 2007), pp. 1-34.

的向上流動機會，在他們心中產生極大的不平之氣，挫傷了他們對香港社會的信心與歸屬感，更使得他們對自己的子女的將來（特別是能否繼續留在中產階層）憂心忡忡。此外，上層精英的愈趨奢靡的生活品味在某程度上通過各種媒體和廣告向下傳播，不斷提升了何為合適的中產生活水平的認知。自置房子、汽車、到外地旅遊、名牌用品、高檔休閒消費等已經成為中產人士"必備"的東西，也是他們營營以求，但卻又往往可望而不可即的"海市蜃樓"。這種期望與現實的落差無疑在不少中產人士當中製造了挫敗感，但同時又驅使他們更辛勞地工作，使得他們的生活（特別是家庭生活）素質與精神健康持續惡化。

在上述種種變遷和趨勢的交互衝擊下，中產階層過去的穩固地位出現動搖。他們面對失去工作、降級、工資下調、工作時間越來越長、家庭生活素質下降、事業發展遭遇阻滯、甚至貧困化等多重問題的困擾。為此他們感到缺乏安全感、自信心不足、憤懣和焦慮不安，也就是容易理解的事。

上述種種大趨勢的發生，無疑在某程度上動搖了部分中產人士原有的信念、價值觀和對香港社會的認識，提升了中產階層的不滿和怨懟、推動了中產階層激進主義和憤世嫉俗情緒（cynicism）的抬頭，驅使部分中產人士投身政治，並讓部分中產人士拒絕接受香港的建制和現狀。

從體來說，超過一半的中產人士仍舊接受"主流"的價值觀和對香港社會的固有認識，但其中有為數不少的人已經開始質疑、揶揄甚或摒棄那些被他們貶斥為不合時宜的"舊東西"。從各方面的調查和研究所得，可觀的少數派（substantial minority）中產人士在心態上已經出現若干明顯或微妙的變化，而變化的結果是一群陷入混亂和彷徨狀態的中產人士。[133]

首先，這些人不再一股腦地相信個人、自己的下一代和香港的前景一片光明。他們認為香港正處於國際競爭力萎縮、發展停滯不前、社會一籌莫展和政治內耗不已的困局，而此困局難以在可預見的將來打破。在這種局面下，個人、家庭和香港都將會受到長期的困難的煎熬。

第二，對香港和個人的前途信心不足和憂心忡忡反過來使得部分中產人士對香港原有的經濟制度與公共政策的信心動搖。究竟香港的自由放任的資本主義經濟體系是否繼續適合香港？市場作為分配收入與財富的機制是否失效或變得不公平？政府過去在社會和經濟發展中的有限角色是否應該堅持下去，還是應當加以擴大？日趨難以容忍的貧富懸殊情況是"自然的"與不可抗逆的現象，還是可以通過政府的介入和公共政策的配置予以糾正的痼疾？香港社會還是不是一個公平的社會？"階級鬥爭"在香港是否已經出現？這一系列不容易有簡單和明確答案的問題，多年來困擾着不少中產人士。

第三，經濟發展與物質主義作為香港流行的價值取向也受到部分中產人士的懷疑甚至批判。"中環"價值［即以金錢與享樂主義（hedonism）為核心的價值觀］被視為庸俗和腐朽的東西。一些中產人士尤其是年紀較輕的開始嚮往心靈和精神方面的追求。後物質主義（post-materialism）或後現代主義（post-modernity）的主張

133 見 Ma Ngok, "Value Change and Legitimacy Crisis in Post-industrial Hong Kong, " *Asian Survey,* Vol. 51, No. 4 (2011), pp. 683-712; Lau Siu-kai, "Middle –Class Discontent and Hong Kong Politics in the Wake of the Asian Financial Crisis." (Unpublished paper, 2003); Eliza W.Y. Lee, "Governing Post-Colonial Hong Kong: Institutional Incongruity, Governance Crisis, and Authoritarianism, " *Asian Survey,* Vol. 39, No. 6 (1999), pp. 940-959.

在社會上有一定的市場。對小部分人來説，事業發展上的挫敗，正好從非物質或後物質方面的追求中得到撫慰與補償，同時可讓自己覺得因懷抱更高尚的道德情操和生活品味而恢復自豪感。保育、環保、愛護動物、節能、都市規劃、綠色生活、反對地產霸權、抗拒金融霸權、社區與鄉村保存、為弱勢群體請命等過去較少受關注的議題都紛紛被提到公共議程（public agenda）上來，受到社會各界一定程度的關注，也成為各種新興社會運動的主題與訴求。

第四，本着對公平與公義的追求，中產人士一般對香港貧富懸殊惡化的趨勢不單感到憂慮，也感到不滿甚至憤怒。不少中產人士對不少上層人士（特別是其下一代）的奢華生活、財富炫耀、道德水平和人格修養不以為然，認為是腐朽萎靡文化的具體表現，教人鄙視。他們又認為上層精英蓄意減少其他社會階層的人向上流動的機會，好讓自己的子女能夠避免來自其他人的競爭。他們普遍覺得上層精英所顯示的社會責任感和對弱勢群體的關愛不足。不少中產人士甚至覺得一些上層人士的權力、地位和財富的取得並非來自自己的才能或通過公平的競爭，而是藉助特權、家庭背景、對政府的過大影響力、不恰當的“尋租”（rent seeking）手段或特殊“關係”來得到。過去中產階層對上層的敬重與羨慕雖仍存在，但嫉妒和敵意亦隨處可見。可以説，中產階層與上層階級的矛盾已經不是甚麼秘密。不少中產人士認為中產階層與上層之間一直存在的非正式“社會契約”（social contract）越來越不受後者的尊重。在那個“契約”下，中產階層願意容忍相當的貧富差距以換取大量的可供中產人士及其下一代向上社會流動的機會。既然上層分子已經“違約”，則中產階層便有理由不認同香港現行的自由放任的“港式”資本主義制度及在此制度下上層分子所享有的特權和巨大財富，甚至對其提出挑戰。另一方面，儘管中產階層一般瞧不起低下階層的人，但部分中產人士對貧窮、向下社會流動、收入差距等問題卻已經開始有新的理解與體會。越來越多人傾向從"社會"甚或"社會學"的視角分析那些問題，認為它們的產生與形態其實是與香港的社會、政治和經濟結構與制度有關，甚至是來自"階級壓迫"，而不完全是個人失敗所致。這些中產人士因此對低下階層的人寄予同情，並願意為改善他們的處境盡一份力。

第五，總體來説，直到今天，我們仍舊可以説中產階層是香港現行的制度體系下的既得利益者。然而，隨着中產階層的兩極分化日趨嚴重，無論是在"上流"或"下流"的中產人士之中，認為香港不是公平社會的人比比皆是。他們眼中的不公平，主要指參政機會、教育機會、就業機會、事業發展、醫療照顧和法律服務等方面的不公平。總括來説，我們甚至可以説中產階層比低下階層對香港社會更不滿意，理由是中產人士對社會公義有更高的理想與道德要求。當然，大部分中產人士渴望的公平社會是為所有人提供公平機會（equal opportunity）的社會，而不是所有人的生活狀況都差不多（equal outcome）的社會。他們可以容忍相當程度的貧富差距，但香港過去十多年來貧富差距的擴大，卻是超越了他們的容忍極限的。與回歸前相比，目前香港中產階層對香港社會的認同感、信任度和支持率都是偏低的。

第六，不少中產人士認為政府做事越來越不公平。儘管他們認同貧富懸殊情況惡化主要由全球化、內地經濟騰飛、香港產業結構轉型和外來競爭造成，但他們也抱怨特區政府未有負起應有的責任和採取適當的措施去縮窄貧富差距。他們相信政府在"積極不干預"或"小政府、大市場"的幌子下逃避它應有的責任，致使問題愈益嚴重。他們確認政府偏幫大商家，尤其是地產財閥，任由他們巧取豪奪，魚肉百姓。他們對香港存在“官商勾結”情況深信不疑。另一方面，不少中產人士覺得相對於低下階層，中產階層最受政府冷待與漠視。他們抱怨他們有份納税，但在社會福利上卻受惠不多。部分人甚至認為一些低下階層人士濫用公共福利與服務，更有一些本來有工作能力的人卻拿了政府的救助而逃避工作。中產人士對那些“不應該得到幫助的窮人”（undeserving poor）得到政府厚待尤其厭惡，當中包括不少來自內地的新移民，因為那些人的所作所為違反了香港的主流價值觀。當不少中產人士飽受生活與工作的煎熬時，他們對貧困社群的同情與關顧也打了折扣，對近年來爆發的帶有強烈福利主義色彩的民粹主義尤其深痛惡絕。

第七，中產階層對政治體制的懷疑和不滿日甚一日。毋庸諱言，香港的“局部民主”（partial democracy）不可能滿足中產人士對西方民主的嚮往，尤其是當回歸前夕英國人為了完成“光榮撤退”不遺餘力地通過大量宣傳與行動激發港人的民主訴求。不少中產人士將回歸後特區新政權在管治上的失誤與偏差與香港的政治體制聯繫起來，認為後者允許上層階級特別是地產財團有過大的政治影響力，從而產生“官商勾結”的惡果。回歸前中產階層對殖民政府頗為支持，但對特區政府卻明顯信任不足。殖民政府被認為較能“公平”對待各方面，更能巧妙地協調好不同工商勢力的利益。特區政府則被視為厚待商界，尤其是個別本地大財團。基於這種理解，中產階層認為特區政府不單處事欠公允，而且敗壞了香港原有的制度、程序、做事方式和價值觀，使中央承諾的“保持香港原有的制度與生活方式五十年不變”化為空談。中產階層也因為回歸後的施政混亂而覺得特區政府的領導人與公務員的政治智慧、能力、判斷和應對危機的本領庸劣，難堪大任，因此產生了政治不滿、不安與疏離感。從另外一個角度看，中產階層與政府過去的"社會契約"(social contract)在回歸後開始失效。對不少中產人士來說。在這個契約下，中產階層願意接受一個並非民主選舉產生的政府，以交換政府為中產階層營造一個公平、開放和充滿發展機會的環境。中產階層顯然覺得回歸後的香港特區政府沒有也缺乏能力履行它的契約責任。既然如此，則中產階層質疑特區政府以至香港政治體制的認受性便在情理之中。如此一來，雖然大部分中產人士厭棄政治，但小部分人則走向積極的政治參與，既表達怨氣，發洩不滿，同時也意圖改變現狀。

中產階層的政治不滿還包括他們討厭官員的政治作風不夠開放和"親民"，認為現有吸納社會精英與諮詢民意的機制"銹化"與運作失效，覺得政府因循守舊、不思進取、也不善變通。政府屢屢向政治壓力低頭、向民粹要求屈服、因為短期政治需要而權宜決策或改變政策，在在都令中產階層失望與憤慨。大量的民意調查發現，與商界和低下階層比較，中產階層最不信任特區政府。鑒於中產階層人數從多，他們對特區政府的負面印象和情緒無可避免不利於特區的有效管治。

香港的中產階層政治

當香港中產階層從一個回歸前志得意滿、積極樂觀的穩定社會群體嬗變為一個回歸後憤懣不平、焦慮不安的不穩定的社會群體，香港的政治局面和生態也自然地出現混亂不經、衝突頻繁和管治維艱的現象。與此同時，隨着一個教育水平越來越高而且人數不斷增加的中產階層的崛起，他們的公民意識（civic consciousness）和公民責任感（sense of civic duty）也會隨之而上升。他們對政府工作的問責性、透明度、公平性、有效性和回應積極性（responsiveness）也會有較高的要求，而中產人士對參政和問政的訴求愈趨殷切更是不爭的事實。就算在“正常”情況下，中產階層的冒起本身已經是政治發展的重大變化，迫使當權者調校管治方針以作回應。然而，當中產階層的不安不穩、對政治的期望增加和參與政治的動機同時發生時，中產階層的政治便帶有一些特別不利於政府施政的作用。[134]毫不誇張地説，在諸般形成特區管治困難的因素之中，中產階層的躁動肯定是關鍵。誠然，中產階層的政治不滿雖然導致了部分中產人士更熱衷於參與將矛頭指向中央和特區政府的政治活動，並孕育了回歸前得未曾見的中產激進主義，窒礙和扭曲了“一國兩制”的實施，但我們也無須過分誇大其政治影響。畢竟，直到今天我們仍然可以説香港的中產階層是一股本質上溫和保守的政治力量，是香港政治和社會安定的中流砥柱。回歸後香港雖然經歷了重重的施政困難、連綿不斷的抗爭行動和沉鬱的政治氛圍，但與不少其他發達國家與地區相比，香港還是一個政局穩定、社會有序和治安良好的地方。

總體而言，儘管香港中產階層的政治文化和行為模式已經發生了明顯的變化，但務實主義和保守心態仍然頗為突出。也就是説，中產階層無疑對香港的政治、社會和經濟現狀有不滿之情，但對於是否應該大幅改變現狀卻猶豫不決、舉棋不定，因此也難以鼓

134 在大部分國家和地區，中產階層的形成與膨脹都為當地的政治帶來新的氣象與挑戰。最近的例子包括俄羅斯，由中產人士發動的示威行動有方興未艾之勢，而行動的目的是針對政府的誠信、透明度和是否能夠回應國民的訴求。見 Joshua Taffa, “Reading Putin: The Mind and the State of Russia's President,” *Foreign Affairs*, Vol. 91, No. 4 (July/August 2012), pp. 126-133.

起勇氣，義無反顧地行動起來推動政治與政策的改革。他們的建基於"個人主義"的思想心態也限制了他們的政治運作空間，同時使得那些以中產人士為骨幹的大型和持久的社會與政治運動難以發動起來，從而降低了中產階層的政治能量。然而中產階層的不安與不穩卻在社會上衍生出大量的負面情緒與氣氛，包括悲觀論、陰謀論、憤世論（cynicism）、命定論（fatalism）、香港福地不再論、懷疑論、反權威論、今不如昔論等消磨個人積極性的論調，"毒化"了回歸後香港的社會氣氛，加深了各種各樣的政治矛盾，使得強勢政府與有效管治無從實現。

香港的中產階層之所以難以策動大規模和曠日持久的衝擊特區政府和現有制度的運動和行動的主要原因有幾個。首先，香港的中產人士仍然是一群以個人和家庭為利益與行動中心的人，他們關注的始終是自己的利益和需要，並着重以個人和家庭的資源和辦法去解決自身的問題。比如說，與其聯同他人去推動教育體制的改革，他們寧願千方百計讓自己的子女進入"名牌"學校或出國留學。又比如說，他們寧願選擇移民外國或留在香港儘量賺錢，也不願意集合起來向中國政府竭力爭取他們在回歸後的權益。大部分中產人士是"政治個體戶"，喜歡獨立行動，標榜"不群不黨"。

第二，雖然不少中產人士不滿甚至鄙視上層階級，但迄今他們還沒有把後者視為"階級敵人"。他們不能確定"打倒"上層階級對自己必然有利。仍有不少中產人士欣賞上層精英的成就，覺得自己仍然有機會憑藉個人的拼搏進入上層的行列。更為重要的，是大部分中產人士始終沒有把勞工或低下階層當作政治盟友，對他們仍然懷抱傲慢、不屑和輕蔑的階級優越感。中產人士尤其害怕各式各樣的民粹主義、福利主義和"大政府主義"，認為對自己的利益和價值觀構成嚴重威脅。

第三，中產階層的政治無力感（sense of political powerlessness）和政治無效感（sense of political inefficacy）依然沉重，消弱了他們的政治能動性。政治無力感指政府與政策不會因自己的行為而改變，而政治無效感則指自己缺乏必須的條件（例如知識、能量、關係、手段）去影響政府和政策。

第四，中產階層對於香港應朝哪個方向發展缺乏共識。他們對過去和現在的制度和政策雖有懷疑，認為不一定符合香港未來發展的需要，但對於是否應該改弦更張，以至如何改弦更張，則言人人殊，莫衷一是。很多人甚至是陷入迷惘、混亂、彷徨的泥沼之中而難以自拔；他們不知道為甚麼香港在回歸後遇到那麼多的困難和挑戰，也不知道解決問題的辦法在哪裏。社會上多如牛毛的分析、解說與建議不但無助於理清思路，反而產生更多的疑惑與不安。在這種進退維谷的社會氛圍下，要求中產人士抖擻精神、團結奮發、大幹一場無疑是天方夜譚。以此之故，回歸十五年下來，圍繞着政治與政策的爭論還是無日無之，造成大量的內耗與摩擦，反過來更加深了中產階層的憂慮和消極情緒。

第五，中產階層對現行政治體制、政府和政客的表現縱有不滿，但對於民主改革卻態度複雜矛盾。大部分中產人士對西方民主制度有一定的嚮往，希望香港能夠一步一步走向民主化。不過，過去十多年來在西方國家出現的一些現象卻令不少中產人士認真反思西方民主的價值和效用。那些現象包括美國共和與民主兩黨之間的黨同伐異和決策機制的癱瘓，源於西方、席捲全球並為世界各地人民帶來極大痛苦的金融海嘯與債務危機，歐洲福利國家（welfare state）的無以為繼，美國的極端貧富懸殊，西方資本家和巨富的貪婪與無恥，西方的霸權主義和文化傲慢，西方的過度個人主義與自由主義等。不少中產人士既渴望通過民主化讓自己有更多的政治參與機會，從而使得特區政府更俯順民意、更包容各方和更公平施政，但卻不希望民主化帶來政治不穩定、加劇管治的困難、損害香港與中央的關係、激發民粹風潮和福利訴求、改變香港的簡單低稅制、催生金錢政治、強化政府對經濟和社會的管制和產生"大多數人的獨裁"（majority tyranny）等負面後果。中產階層這種"矛盾民主觀"（democratic ambivalence）驅使他們一方面支援民主改革，但另一方面卻顧慮重重。[135]過去數十年香港的民主運動雖以中產人士為主體，但它卻無法動員中產階層的廣泛與強力的支持，致使民主運動長期停留在積弱狀態，難以煥發強大戰鬥力。

中產階層所懷抱的精英優越感使得他們缺乏對政府官員和政客的尊重、敬佩與信任。回歸以來各種施政失誤，加上長時間的經濟困難與社會內耗，都讓不少中產人士厭惡政治、不滿特區政府、蔑視從政者、討厭嘩眾取寵的媒體和躁動不安的群眾。政治疏離感（political alienation）和憤世嫉俗情緒在中產階層之中極為普遍。

中產階層對政黨的印象尤其差劣。中產人士一般認為香港的政黨的素質低下，而且往往把黨派的利益凌駕於香港利益之上。近年來連綿不斷的黨爭尤其使中產階層擔憂與憤怒。回歸以來發生的大型示威遊行凸顯這樣一個情況：香港缺乏可以代表和聯繫中產階層，協助他們表達政治訴求的政治仲介組織。大量中產人

---

135 見 Lau Siu-kai, "Democratic Ambivalence," in Lau Siu-kai et al. (eds.), *Indicators of Social Development: Hong Kong 2004* (Hong Kong: Hong Kong Institute of Asia-Pacific Studies, The Chinese University of Hong Kong, 2005), pp. 1-30; *idem*, "Democratic Ambivalence Revisited," in Leung Sai-wing et al. (eds.), *Indicators of Social Development: Hong Kong 2006* (Hong Kong: Hong Kong Institute of Asia-Pacific Studies, The Chinese University of Hong Kong, 2008), pp. 1-24.

士走上街頭，正好反映現有的聯繫和代表中產利益的仲介組織如政黨和功能組別的立法會代表未能發揮有效作用。事實上，中產人士認為自己缺乏政治代表，認為香港的政黨主要代表上層、商界或勞工基層，而政府的施政也主要是向那三方面傾斜。雖然客觀來説民主派政黨應該比較能夠反映中產的價值觀和利益，但它們的民粹主義主張和激進行為卻甚令中產擔憂。總而言之，當政黨作為組織與動員中產人士參政的"機器"和管道力量薄弱時，中產階層的政治能量便無從發揮出來。此外，即便在較理想的情況下，考慮到中產人士的個人主義傾向，要一而再、再而三地動員中產階層參政，絕不容易。政黨固然如此，政客更是不堪，而香港長期缺乏政治魅力和魄力的領袖已是不爭的事實。

第六，要組織一個中產階層政黨殊不容易，因為中產階層內部分化，缺乏一致的利益與政治取向，而且中產人士不喜歡"黨"、"群"，參與政治組織和活動需要付出巨大的機會成本。功能組別選舉立法會議員的安排亦起着分化中產階層的作用，理由是專業及行業的內部團結削弱了中產階層的"階級"團結性。

第七，香港沒有所謂的"執政黨"，權力基本上掌握在沒有政黨背景的特首與他所領導的官僚集團的手上。政府雖然需要周旋於立法會內的政黨之間以謀求施政暢順，但它卻缺乏領導、組織和動員群眾的本領、手段甚至時間。"執政黨"的缺位，其實在某程度上解釋了為何中產階層參政不積極，因為一個名符其實的執政黨不可能不緊緊依靠中產階層為它的群眾基礎。[136]

第八，中產人士對中國共產黨領導的中央政府始終有所顧

136 劉兆佳，《沒有執政黨的政黨政治——香港的獨特政治現象》，《港澳研究》，冬季號，2012 年，頁 52-81。

慮。回歸前那種恐共情緒雖然已經不復存在，但不少中產人士始終對中國共產黨懷有一些莫名的畏懼，主要不是擔憂自己個人的安全，而是憂慮自己的事業和利益會否受到影響，特別是隨着中國的崛起，越來越多個人就業與發展的機會與內地有關。中產人士覺得近年來中央"干預"香港事務的例子越來越多，而內地發生的與人權有關的消息又令他們反感。實際上，香港回歸以來不少的政治行動其實都有衝着中央而來的意味，參與者雖以中產人士為主，但大部分中產人士卻以敬而遠之的態度對待。

在上述眾多因素的限制下，香港的中產階層政治主要呈現以下特點。

首先，在政治參與上中產階層甚為分化。大部分中產人士政治參與程度不高，但少數人則越來越熱衷於政治，而那部分少數人的數目呈持續增加之勢。中產中的政治積極分子包括教育工作者、自由職業者、公共和社會服務提供者。近年來，隨着大專教育的普及和大專生畢業後碰到不少就業和事業發展的困難，大學生作為準中產人士的政治參與熱情有所提升。中產階層激進主義一般發生於少數人之中，他們的抗爭對象主要是特區政府和建制勢力（尤其是那些中央的堅實支持者）。相反，建制派內激進力量（一般被稱為"極左"力量）比較薄弱。事實上，在中央的約束下，建制勢力內即便有激進力量，它們的表達和活動空間也只會很小。不過，儘管大部分中產人士對政治失望和冷漠，但不等如說我們可以置之不理，原因是他們所發揮的政治效用也不可小覷。

其次，中產階層的激進主義基本上排除了各種暴力成分。在維護穩定的大前提下，中產階層抗拒那些擾亂治安和攪亂社會的流血暴力手段。他們大體上不贊成以"非法"方式推翻政府。他們強調以和平、理性、非暴力（non-violent）抗爭方法來施加政治、民意和道德壓力迫使中央和特區政府順應他們的要求。事實上，無論是回歸前或回歸後，以中產人士為主體的政治行動都基本上沒有暴力成分。[137] 不少中產階層的積極分子認為，非暴力抗爭手段不單切合他們作為飽受教育之士的身份，而且在港人普遍渴求穩定的環境下最為有效。中產政治積極分子覺得非暴力手段可以讓他們快速進佔道德高地，繼而以崇高的政治與道德理想作呼籲而贏取媒體和公眾的同情與支持。

第三，中產階層的內部分化和利益矛盾使他們難以出於"階級覺悟"而團結起來，形成一套共同的政治主張，並以之作為集體行動的綱領。在中產階層"碎片化"（fragmentation）的情況下，各個碎片各自為政，"八仙過海，各顯神通"，中產階層的集體政治力量無從發揮。然而，中產階層人士的普遍不滿和憂慮和他們塑造輿論和民意的能力卻對香港的政治氛圍形成了一些明顯的負面影響，大大加大了特區管治的困難。其一是社會上瀰漫着悲觀、抑鬱和不滿的情緒。其二是群眾對政府和中央的怨氣和不信任高企。人們的要求和期望遠遠高於政府的應對能力。其三是香港在政治上的分化對立程度增加。其四是港人的政治無力感與疏離感維持在較高水平。其五是泛政治化的政治氛圍。人們傾向用懷疑和憤世嫉俗的態度看待政府、政治、政策和政治人物。具體事件或實際事務很容易轉化為原則上的歧異、價值觀的對立和政治理念的摩擦。香港政治很容易便轉化為帶有"零和遊戲"性質的、難以調和的政治對立與道德的對抗，在頗大程度上"毒化"了回歸後的香港政治和社會氛圍。

137 回歸前以中產階層為主的大型政治抗爭行動的高峰為於 1989 年發生的數起與北京"六四風波"有關的遊行示威。參與人士雖有接近一百萬人之多，且情緒高漲，但秩序依然和平與井然。

在香港這個民主化水平偏低但卻是高度自由開放的政治環境裏，任何心懷不滿和怨懟的群體與勢力都不難找到辦法申張自己的觀點和訴求，阻撓政府的施政，並造成管治上的諸般困難。

第四，相對於中央、特區政府與建制勢力，香港的中產階層擁有龐大的"腦力"或"智力"資源（intellectual resources）。他們的政治與道德論述能力頗高，對群眾具説服力和感染力，容易取得社會各方面的認同。媒體是他們的最佳和最重要的政治平台，特別是新聞從業員本來就是中產政治積極分子的中堅力量。其他平台包括公眾論壇、街頭演講、政治廣告、聯名發表的聲明、民意調查、專欄文章、政論文章、學者言論與分析、網上發表與討論、學術研究報告、課堂講授、師生交流等。在部分媒體上展示出來的政治場景充斥着鬥爭、矛盾、對抗、謾罵、語言暴力、人身攻擊、造謠中傷、虛假消息等報導與傳播，給人一種香港已經陷入政局不穩、道德敗壞、社會動盪和人心浮躁的印象。當然，大部分人都不太相信媒體，也知道所謂"媒體現象"（media phenomena）不等於是真實現象（real phenomena）。然而，在媒體的渲染和散播下，很多人會覺得香港當前正在受困於秩序混亂、前景黯淡和政府無能的亂局之中，原來已經不安焦躁的情緒會進一步放大，對政治生態的不良影響不言而喻。

第五，社會運動是中產階層激進主義又一載體。雖然不少中產人士深信香港的法治在理論上公平但在實際上卻對那些缺乏財力的普羅大眾不公平，他們仍然認為在牽涉到公共利益、政府行為與弱勢群體的訴訟中，香港的司法人員基於其對人權和公義的執着會較同情中產人士的觀點與訴求。所以，一些以中產人士為主的組織和團體便喜歡藉助司法訴訟來達到改變政府政策的目標。他們往往巧妙地利用香港的法律援助制度，以最低的金錢花費來觸發法律爭端，並在過程中取得不錯的成績。

第六，與法律訴訟比較，社會運動在中產階層政治中的角色更為顯赫。無論目標是表達性的（expressive）或是實質性的（substantive），中產人士認為自發性的、組織鬆散的、短暫的、因特別事件或議題而產生的社會運動是不錯的抗爭手段，因為它們能夠引起港人的廣泛關注，並對當權者造成政治壓力。再者，參與者付出的代價與機會成本不高，而且不需要作長期承擔，比較能夠符合忙碌的中產人士在時間與金錢上的“預算”。近年來香港出現許多大大小小的社會運動，其目標十分蕪雜，包括政制改革、保育、環保、不滿特首表現、不滿中央表現、社會福利、勞工權益、國民教育、聲援內地異見人士、城市規劃、房屋和土地政策、老人問題等不一而足。不過，“超大型”而又持續甚久的社會運動則頗為罕見，與“平反六四”有關的政治行動應屬一例。如果細心分析的話，則很多以中產階層為群眾基礎的社會運動都與中產階層的物質利益或切身利益關係不大，大部分反而是那些涉及到政治、社會和道德層面的議題，但它們又往往是特區政府難以有足夠資源或在短期內可以處理好的難題。尤有進者，那些難題又牽涉到香港的政治、經濟、社會和民生發展方向，中央與特區的關係，政府在那些發展上的角色的大小，個人與社會的相互責任，短期與長期的成本與效益的分攤，不同年代的人在付出與收益上如何公平分配，發展與保育孰輕孰重等社會上還缺乏“共識”的大議題。所以，政府實際上很難滿足中產人士的願望與訴求，而中產人士因此又難以衷心擁戴政府。

第七，行使選舉權與被選舉權自然是中產階層參與政治的常見方式，然而總的來說中產階層在投票方面的積極性不是很高，實際上與低下階層相差不遠，主要原因是後者由於政黨、工會、地方團體和群眾組織的動員而提高了投票率。一般而言，當中產人士踴躍投票時，反對派會從中獲益，但一些中產的選民有時特意通過不投票向反對派表達不滿並施以"懲罰"。不過，中產階層的投票行為頗為飄忽，因此香港的議會選舉的投票結果帶有一些不確定性，這無疑"永遠"為香港政局的變化注入一些不穩定性。

第八，中產階層的政治行為較少針對其他社會階層。雖然反對"官商勾結"和"地產霸權"的聲音在香港清晰可聞，但要求政府向大財團和大富豪"開刀"以達至縮減貧富差距目標的政治行動卻極少。中產人士普遍覺得香港的稅制對自己不公平，認為中產人士承擔了過多的繳稅責任，但從政府方面得到的福利與服務卻有限。不過，縱然如此，中產階層仍然認為簡單低稅制對香港整體有利，不應該隨便改變。他們也不太願意讓政府通過稅收而取得太多財政資源，因為他們擔心那些資源會用在幫助那些不值得幫助的人的身上，或被能力不強的政府浪費掉。此外，中產階層覺得有錢人總有各式各樣的辦法逃稅避稅，如果是的話則繳稅的重責便更會落在自己的頭上。所以，縱使中產階層對上層有怨言，但卻還沒有產生於上層進行"階級鬥爭"的衝動。

同樣地，就算中產階層瞧不起低下階層的人，並認為他們得到政府的特殊眷顧，但卻對那些弱勢群體並無惡意與敵意。畢竟中產階層自己也認為香港的貧富懸殊情況太嚴重、太難以接受也太代表不公義，中產人士反而對低下階層的人寄予一定的同情，也希望他們能夠獲得適當但不過分的福利照顧。因此，在香港的中產階層中尚沒有出現類似美國右翼勢力所策動的削減給予弱勢群體福利與財政支援的行動。

簡言之，雖然香港出現了中產階層激進主義，但它卻沒有引起以中產階層為骨幹的"階級鬥爭"。

第九，論政團體或組織作為中產人士參與政治的管道愈趨顯著。在香港，各類論政團體或組織在香港的數目可觀，但一般規模細小，壽命短促，能夠長期堅持下去的不多。智庫（think tank）是近年來頗受中產人士歡迎的論政團體。中產人士特別是學者認為智庫能夠發揮他們作為專業人士和有識之士的公共功能。儘管香港缺乏公共政策研究的人才，而絕大部分智庫的資源與人手都短缺，但它們所發表的研究報告、提出的政策建議和對形勢的分析在引導群眾關注個別問題或議題、影響人們對政府、官員和政治人物的態度、促使各方面支持或反對個別政府政策和訂立公共政策議程（setting the public agenda）等方面卻肯定有一定的效用。事實上，絕大部分的智庫都視監督政府、月旦人物、評論時事、為民請命和主持公義為要務，它們與政府之間無疑存在某些張力。正當特區政府本身的政策研究能力薄弱、政策提出前往往缺乏深思熟慮、而官員的公開論述能力又不高的情況下，民間智庫的政策研究無論如何粗疏，其建議如何粗糙，群眾便容易被智庫的觀點所左右，從而產生對政府施政的懷疑與不滿。

最後，集體抗爭行動越來越成為中產階層表達訴求和宣洩怨氣的管道。過去的歷史說明，香港的集體行動例如遊行、示威、靜坐、抗議、集會、佔領公共地方等較"激烈"的行動假如沒有中產階層的積極參與，其規模和人數會相當有限，大概數千人之譜。倘若中產人士踴躍投入，則有數萬以至數十萬人參加的大型抗爭行動才會出現。2003 年 7 月 1 日的"五十萬人"參與的反對基本法二十三條立法和不滿特區政府的大規模示威遊行是很好的例子。從歷史的角度看，那次行動也標誌着中產階層開始走向政治活躍化以至激進化。據分析，在2003年的"七一"大遊行參與者之中，約四成擁有大專或以上學歷，大約三分之二屬在職人士；而在在職人士之中，略多於一半從事專業或行政管理工作。換言之，大遊行有頗重的中產階層成份。"七一"大遊行人數之多，出乎各方面的意料之外：大量平常沉默、不依附或參加政治組織的中產階層人士竟然默默走上街道，以具體行動宣洩對香港現狀的不滿和對將來的憂慮。[138] 那次大遊行之後，以中產人士為主的大型示威遊行已經成為特區政治生態的常見現象。從中產人士的角度看，走上街頭已經是他們所願意參與的"最激烈"行動，因為一般來説信奉個人主義的中產人士不喜歡"拋頭露面"來表達自己的困難、惶惑和痛苦，理由是此類行為是"掉面子"的事，除非不如此則不能平復內心的鬱結。根據學者的研究，那些積極參與示威遊行的中產人士對政治參與其實也抱着矛盾和惶惑心情，還抱有一些對政治冷感與抗拒的態度，因此難以義無反顧地持續投入政治。[139] 不過，縱然如此，當中產階層越來越不介意參加大型示威遊行時，他們對香港政治所發揮的衝擊作用自然不可低估。

總括而言，中產階層通過各種參政與問政管道，的確在政治上發揮重大的作用，對特區政府的管治造成了不少的制約與障礙。從正面角度來説，中產階層在政治上的介入，特別是他們所提出的意見和建議，其實也對香港的管治有所裨益。然而，客觀地説，特區政府在各種限制下無法積極回應，更遑論滿足，廣大中產人士的

---

138 可參考陳韜文編，《七一解讀》(香港：明報出版社，2004)。

139 見 Francis L.F. Lee and Joseph M. Chan, "Making Sense of Participation: The Political Culture of Pro-democracy Demonstrators in Hong Kong," *The China Quarterly*, No. 193 (March 2008), pp. 84-101.

訴求與不滿，所以也難以取得中產階層的信任與擁戴。鑒於中產階層在社會上的影響力龐大，它對特區政府的低度支持對特區的管治構成一些難以克服的困難。好在大部分中產人士還是溫和保守的人，而中產階層的激進主義也未至於過分，香港的中產階層因此只能説是一股懷抱改革意向（reformist）的勢力而不是一股具有革命抱負（revolutionary）的力量，而作為改革勢力也還是在思想、利益和行動層面尚未統一的力量。

結語

現代中產階層的出現在人類歷史中為時尚短，但它被認為是社會上的重要穩定力量。作為一股溫和務實的政治勢力，中產階層發揮調和上層和下層的矛盾的正面作用。假如中產階層不安、不穩和憤怒的話，則政治安定便失去保證。雖然中產階層以革命力量的姿態出現的例子極少，但作為一股改革力量，中產階層在最近四十年的確在眾多國家和地區的民主化過程中擔當關鍵的角色。[140]

回歸以來，香港的中產階層的政治積極性由於內外環境的變遷而不斷提高，部分中產人士甚至願意走上激進之途，但總的來説，香港的中產人士仍然是一大群溫和務實的人。他們有改革的意向，但態度猶豫。他們對中央與特區政府有不滿，但只屬意一步一腳印的推行政治體制變革。他們對上層有怨懟，對下層有輕蔑，但卻從未想到要搞階級鬥爭。他們對個人和下一代的前景擔憂，但卻不覺得應該通過集體行動方法來應對。

---

140 見 Barrington Moore, Jr., *Social Origins of Dictatorship and Democracy: Lord and Peasant in the Making of the Modern World* (Boston: Beacon Press, 1966). 另見附註 1。

儘管如此，當一個龐大的、擁有相當的話語權、能夠發揮民意與輿論領袖功能的中產階層處於焦慮、煩躁、不安和憤怒狀態時，它必然對香港特區的管治、政府工作的進行和政治與社會秩序造成負面衝擊，也帶來社會的不斷內耗，損害發展的生機。其他發達社會都同樣面對中產階層不穩的難題，然而各地政府基本上也都是束手無策。

香港特區政府其實在回歸後很早便覺察中產階層的問題和不滿，但苦無良策應對。一個手上資源有限的"小政府"在全球化和種種結構性變遷的環境中難以單獨推動經濟高速增長，為中產人士開創大量的社會流動機會。香港的簡單低稅制度乃香港繁榮的基石，更受到基本法的保障，特區政府難以通過大幅改變香港的稅收制度來顯著縮減貧富差距。由於政治民主化牽涉到中央與特區的關係，也關係到香港的營商及投資環境，所以特區政府也只能謹慎從事，無法高度滿足中產階層的民主訴求。

無可置疑，特區政府可以利用一些政治手段和政策工具來改善與中產階層的關係，提升他們對政府的支持。改進管治手法、增加政治包容性、提升施政的公平性、適當提高對中產人士的協助、要求大財團和大富豪對社會多作"貢獻"、儘量滿足中產人士的住屋與置業願望、改善教育體制、素質與公平性、為中產人士提供更多的參與政府決策過程的機會等方法都會有一定作用，但卻不能有奢望。

展望將來，中產階層仍然是一股政治上不穩定的力量，而且其躁動情緒會更甚，中產階層的激進主義也會導致更多的政治紛爭與摩擦，但其溫和保守性格卻大概不會有太大的改變。特區的管治在這種情況下仍會艱難，香港的長遠發展仍會受阻，但政治與社會仍會保持一定的安定。

第六章　香港主流民意的嬗變與政治生態的重塑[141]

常態政治與非常態政治

政治學者很多時候把政治現象劃分為兩大類，即常態政治和非常態政治。當然，這種區分帶有鮮明的價值判斷，認為常態政治是“好”的政治，而非常態政治是“壞”的政治。儘管如此，一般相信大部分人都會喜歡常態政治，認為那是“治”的表現，而非常態政治則往往被視為“亂”的象徵。

作為政治學概念，常態政治通常指圍繞着物質或實際利益而爭奪的政治，主要涉及經濟、民生、權力、地位等方面的矛盾摩擦。不同社會階層、利益團體、地域組織和民族種族群體之間的政治爭奪，往往都與物質利益的分配有關。典型的常態政治乃階級政治，而社會上的主要政治黨派可以按照其不同的階級取向而加以劃分。保守黨派以特別照顧中上階層為己任，主張維持現有體制和政策，而以改革相號召的黨派則倡議改變現有體制、政策和人事佈局，並以中下階層為其社會支持基礎。在常態政治下，不同政治勢力都大體上接受和認同既有的憲制安排，並願意在政治體制之內活動和爭奪。由於涉及的東西主要是物質或實際利益，常態政治較多通過交易、妥協、協商、互讓和互諒方式進行。爭奪各方往往願意

141 本文曾於 2012 年的《港澳研究》秋季號發表，在本書中文字略有修訂。

從大局和長遠角度出發，儘量不損害彼此之間的關係，不爭取短期的、局部的或階段性的“大獲全勝”，盡可能讓對手有下台階或不致空手而回，希望各方面在將來能夠繼續不斷進行良性政治互動。

非常態政治則截然不同。產生非常態政治的因素，主要是價值觀的歧異、意識形態的不同、信念或信仰的差別、語言的差異、種族或民族的衝突、宗教的紛爭、身份認同的分化和其他關乎精神層面的東西。這種種的矛盾分歧，往往牽涉到思想傾向，容易觸發強烈情緒反應，形成意氣用事傾向和非理性行為。各走極端和堅持對抗是非常態政治的普遍現象，暴力行為亦非罕見。非常態政治既可以在政治體制內發生，也可以在政治體制外出現，更可以表現在體制內、外勢力間的合作與衝突。在非常態政治下，執政黨派和反對黨派在政治立場上存在鴻溝，反對黨派不僅質疑執政者的認受性，更否定政治體制的合法性。簡言之，在非常態政治下，政治遊戲是“零和遊戲”。

除了在極端情況外，在大部分社會內，常態政治與非常態政治同時並存，其比重隨形勢、事件、議題和時間而異。不過，一些社會可被視為由常態政治主導，而另一些社會則受非常態政治主導。西方發達國家一般為常態政治的表表者，但近年來也出現明顯變化。[142] 近二十多年來宗教、民族關係、移民政策、家庭價值觀、

142 Jonathan Rauch, *Demosclerosis: The Silent Killer of American Government* (New York: Times Books, 1994); Stanley B. Greenberg, *The Two Americans: Our Current Political Deadlock and How to Break it* (New York: Thomas Dunne Books, 2004); Kevin Phillips, *American Theocracy: The Peril and Politics of Radical Religion, Oil, and Borrowed Money in the 21st Century* (New York: Viking, 2006); Mark A. Smith, *The Right Talk: How Conservatives Transformed the Great Society into the Economic Society* (Princeton: Princeton University Press, 2007); Fareed Zakaria, *The Post-American World* (New York: W.W. Norton, 2008); Ronald Brownstein, *The Second Civil War: How Extreme Partisanship Has Paralyzed Washington and Polarized America* (New York: Penguin, 2008); 及 Thomas E. Mann and Norman J. Ornstein, *It's Even Worse Than It Looks: How the American Constitutional System Collided with the New Politics of Extremism* (New York: Basic Books, 2012).

同性戀、升掛國旗、語文政策、學校應否強制學生禱告、多元文化主義或單一美國文化主義等“非物質”爭議在美國造成嚴重政治和社會撕裂。“後物質主義”（post-materialism）思潮在西方國家的擴散，同樣把不少精神性的元素引入政治領域之內。[143]

究竟常態政治或非常態政治在個別社會佔主導地位，與主流民意的取態，有十分密切的關係。在政治領域，為了自身的利益，不同黨派會不斷調校其政治和政策立場，務求適應主流民意的轉變，令自己能夠無論在常態或非常態政治下皆能生存、發展和取得政治權力。

香港的政治歷程：從非常態政治到常態政治

過去近三十年來，香港經歷了整體上從非常態政治到常態政治的嬗變，但常態政治的出現，只不過是近年來的事。當然，這並不表示非常態政治從此壽終正寢，它還會不時出現並引發政治風波，因此轉變規程不時出現反復。即便如此，這個不平凡的嬗變過程，標誌着香港從英國殖民地回歸到中國的特別行政區的漫長和曲折的過渡，同時也顯示了中國的“一國兩制”方針政策在克服了不

143 例見 Ronald Inglehart, *The Silent Revolution: Changing Values and Political Styles among Western Publics* (Princeton: Princeton University Press, 1977); *idem*, *Modernization and Postmodernization: Cultural, Economic, and Political Change in 43 Societies* (Princeton: Princeton University Press, 1997); John K. White, *The New Politics of Old Values* (Hanover: University Press of New England, 1988); Arthur M. Schlesinger, Jr., *The Disuniting of America* (New York: Norton, 1992); Joseph S. Nye, Jr. et al. (eds.), *Why People Don't Trust Government* (Cambridge，Mass.: Harvard University Press, 1997); Susan J. Pharr and Robert D. Putnam (eds.), *Disaffected Democracies: What's Troubling the Trilateral Countries* (Princeton: Princeton University Press, 2000); Thomas E. Patterson, *The Vanishing Voter: Public Involvement in an Age of Uncertainty* (New York: Alfred A. Knopf, 2002); John Kenneth White, *The Values Divide: American Politics and Culture in Transition* (New York: Chatham House, 2003); and Samuel P. Huntington, *Who Are We? The Challenges to America's National Identity* (New York: Simon & Schuster, 2004); Wayne Baker, *America's Crisis of Values* (Princeton: Princeton University Press, 2005); 及 Nolan McCarty et al., *Polarized America: The Dance of Ideology and Unequal Riches* (Cambridge, Mass.: The MIT Press, 2006).

少艱難險阻後最終在香港得以較全面落實的可能性。回顧這個歷程，對於如何更好地貫徹“一國兩制”會有很大的啟發作用，對於如何更好推動港人的“人心回歸”，也會有不錯的參考價值。

自二次大戰結束，直到上世紀八十年代初期，英國殖民管治下的香港基本保持了政治穩定、施政有效、經濟繁榮、社會有序等眾多其他殖民地罕見的狀況。港人大致上對政治並不熱衷。[144] 殖民地內以香港總督大權獨攬為核心特徵的政治體制，基本上從來沒有受到港人的質疑。上世紀七十年代中開始出現的來自那些深受西方教育薰陶的上層中產分子的政治訴求，也只不過是在認同殖民管治的前提下尋求更多的分享政治權力的機會。社會關注的重大事項，不外乎是一些與港人切身利益相關的經濟、社會、勞工、福利和民生問題。[145]

認同和支持中華人民共和國政府及質疑殖民管治的勢力相對薄弱，在政治上處於邊緣位置，且不時受到港英政府有形和無形的歧視和打壓。香港的主流精英和社會一貫對愛國力量採取排拒和蔑視態度。1967 年的源於內地文化大革命的“反英抗暴”行動經港英政府以武力平息後，愛國人士的處境更為艱難。在中國政府銳意不改變香港的殖民地身份和致力保持它的繁榮穩定的基本國策下，愛

144 Lau Siu-kai and Kuan Hsin-chi, *The Ethos of the Hong Kong Chinese* (Hong Kong: The Chinese University Press, 1988); *idem*, “Public Attitudes Toward Political Authorities and Colonial Legitimacy in Hong Kong,” *The Journal of Commonwealth and Comparative Politics*, Vol. 33, No.1 (March 1995), pp. 79-102; *idem*, “The Attentive Spectators: Political Participation of the Hong Kong Chinese,” *Journal of Northeast Asian Studies*, Vol. 14, No. 1 (Spring 1995), pp. 3-24; Lau Siu-kai, “Democratization and Decline of Trust in Public Institutions in Hong Kong,” *Democratization*, Vol. 3, No. 2 (Summer, 1996), pp. 158-180.

145 Lau Siu-kai and Wan Po-san, “Social Conflicts: 1987-1995,” in Lau Siu-kai (ed.), *Social Development and Political Change in Hong Kong* (Hong Kong: The Chinese University Press, 2000), pp. 115-170.

國力量也只好偃旗息鼓，成為與主流社會共存但卻又相互分隔的狀態。香港的華資商人縱使在二次大戰後迅速崛起且愈益財雄勢大，但他們深知無法動搖殖民政府的絕對權力，所以只能自願壓抑政治慾望，甘心擁護殖民管治，並通過各種輸誠表忠的姿態，以求獲取管治者的恩寵、吸納和封賜，從而與殖民統治者形成一個經濟財富與政治權力共榮共濟的"非神聖同盟"。可以說，在上世紀八十年代初之前，香港一直處於常態政治之中。

上世紀八十年代初突然浮現的香港前途問題及接踵而來的中英談判，徹底改變了香港的政治格局。中英展開談判後不久，港人便清楚知道英國在港實行了近一個半世紀的殖民統治，將必然會在1997年終結，而中國將會於同年在港恢復行使主權。自然地，由於英國在港的管治行將終結，港英政府的管治權威面對迅速萎縮的命運。為了達致"光榮撤退"的目標，也為了在撤退前維持管治上的自主權和保存政治顏面，英國人一方面引入"代議政制"政革，逐步把權力移交予由港人通過選舉而產生的立法機關，藉此換取港人對港英政府的繼續支持，贏取國內與國際的讚譽，同時計劃通過普選來催生和強化擁戴它的反對勢力，並拉攏此新興勢力去抗衡那些原來擁護殖民管治但卻逐漸投向中方的保守建制勢力（當中以商界最為關鍵）。凡此種種，都是為了鞏固其統治根基和達至"光榮撤退"。

另一方面，英國人一反其過去限制和約束港人的反共情緒和活動的慣常做法，明目張膽地鼓動港人與中國政府齟齬和對抗，並策動反對派充當其"拒中"的先鋒。這樣做的目的，是要動員香港的內部力量反制中國政府和愈益壯大的愛國力量，令自己在殖民管治的最後歲月中有足夠能力去保障英國的利益和扶植"親英"或"親西方"的未來香港特別行政區的管治者。由於港人在回歸前對英方的信任遠高於對中方的信任，對香港的前景憂心忡忡，對愛國人士諸多疑慮，因此英國在港的政治部署頗為成功。

英方政治部署的另一面，是防止中方成功培植"親中"的政治接班人。顯而易見，中方的成功意味着英方的失敗，也意味着英國在港的利益在九七回歸後失去保障。所以，港英政府不但拒絕回應中方有關共同培植日後治港人才的建議，反而處處制肘和壓抑愛國人士。當然，中方最終了解到它只能單方面扶植未來特區的政治人才，所以試圖通過委任港事顧問、區事顧問、人大代表、政協委員、特區預備工作委員會委員、特區籌備委員會委員等部署以為應對。如此一來，原來一直蟄伏的愛國力量便被釋放出來，加上不少屬於港英建制的人士的歸來，以及新興愛國人士的出現，愛國陣營也在不斷壯大，不過始終無論在社會影響或人才的數量和品質上無法與歷史悠久、在社會各處盤根錯節的"親英"陣營相頡頏。

在回歸前十多年的過渡期中，不但中英之間爭鬥不絕，親中和親英兩股勢力亦不斷傾軋，社會亦因此而高度分化，香港遂形成為高度甚至過度政治化的社會。在回歸前一年左右，英方意識到如果堅持與中方鬥爭到底，它只會是大輸家，而它所扶植的"親英"勢力，亦會在回歸後難以立足。經仔細考量後，英方聰明地調校了它的對華與對港策略，放棄對抗手法，轉而與中方合作處理回歸的各項工作。從中方的角度而言，為了達致平穩過渡，為了提升港人和國際社會對香港前景的信心，考慮到大部分治港人才仍只能來自原來的港英建制，所以中方允許全體公務員過渡到新的特區政府，並成為絕大部分的主要官員；不少原港英政府的支持者也繼續擔任重要公共職務。相反，只有少數"親中"人士獲得重要的政治任命，這與他們的原先預期落差甚大，難免會產生極大的怨懟之情，從而加劇了他們與原港英建制人士的不信任和摩擦，大幅削弱了他們對特區政府的支持，並深化了回歸後特區管治的困難。

反對派在回歸前已大為坐大，但在回歸後失去了英國人的庇蔭，又受到中央和特區政府的反制，不能夠在政治體制內有大作為。他們不接受基本法規定的特區政治架構，集中力量在體制外運作，大力動員輿論和民意作為鬥爭手段，支援其在立法會和區議會內的少數聲音，向中央、特區政府和愛國力量不斷展開攻擊。由於反對派在社會上有相當的群眾和輿論支持基礎，其政治戰鬥力頗為頑強，對回歸後的政治格局造成重大影響。

回歸後的首半年左右，香港出現了短暫的政治淡靜的局面。[146] 原因是：港人對中央對港的政策放心，對首任行政長官董建華的"老實人"形象有好感，而香港的經濟仍處於令人亢奮的"泡沫"狀態。但自從九七年底開始，香港不但遭遇到前所未有的亞洲金融風暴的猛烈衝擊，更接連受到過去罕有聽聞的傳染疾病（例如禽流感、非典）的蹂躪。港人在生命財產同時受到嚴重威脅之際，卻正是管治能力尚待磨煉的新政府主政及新舊政治勢力交戰正酣之時。一時間政治烽煙處處，鬥爭此起彼落。所有重大經濟、社會、民生問題都難逃迅速轉化為政治鬥爭議題的命運，董建華成為眾矢之

146 Lau Siu-kai, "The Eclipse of Politics in the Hong Kong Special Administrative Region," *Asian Affairs*, Vol. 25, No. 1 (Spring 1998), pp. 38-46; Lau Siu-kai and Kuan Hsin-chi, "Back to Politics-as-Usual? The 2000 Legislative Council Elections," in Kuan Hsin-chi et al. (eds.), *Out of the Shadow of 1997? The 2000 Legislative Council Election in the Hong Kong Special Administrative Region* (Hong Kong: The Chinese University Press, 2002), pp. 1-29.

的，而特區的管治則面臨極為嚴峻的考驗。[147] 2003 年 7 月 1 日爆發的數十萬人參與的反基本法第二十三條立法的大規模遊行示威更是各類矛盾併發的高峰。

簡言之，自上世紀八十年代中開始，隨着中英雙方在香港事務上發揮關鍵作用，新政治勢力興起，舊政治勢力奮起以求自保，而港人又高度關注各項圍繞着香港前途的政治議題，包括“一國兩制”方針、中央對港事務的處理手法、中英在政制和其他問題上的爭鬥、政制爭議、“六四事件”等。回歸後出現的金融危機、傳染疾病肆虐、特區政府施政的失誤等問題又衍生出圍繞着管治失效而來的種種政治、政策和政制等問題，並與原來的部分政治問題交纏在一起，形成一個極度政治化和政局動盪的局面。可以這樣說，香港的非常態政治綿延了二十多年，直到 2005 年後隨着董建華下台、曾蔭權上台並繼而連任、香港經濟復蘇、特區施政有所改善和香港與內地加強經濟合作等情況發生後才出現明顯的轉機。然而，2010 年以來，特別是 2012 年梁振英領導的新一屆特區政府上台後，非常態政治有重燃之勢。儘管如此，展望未來，從各種因素分析，反復雖然難免，常態政治應該可以不斷延續下去，“一國兩制”的方針應該得以更全面和準確地落實。不過，孕育非常態政治的因素仍然存在，並不時有新情況的出現，由此而產生的政治摩擦

147 Lau Siu-kai, “Tung Chee-hwa's Governing Strategy: The Shortfall in Politics, ” in Lau Siu-kai (ed.), *The First Tung Chee-hwa Administration: The First Five Years of the Hong Kong Special Administrative Region* (Hong Kong: The Chinese University Press, 2002), pp. 1-39; *idem*, “Political Conflicts in Post-1997 Hong Kong, ” *Security Dialogue*, Vol. 28, No. 2 (June 1997), pp. 243-246; *idem*, “Hong Kong' s Partial Democracy under Stress, ” in Yue-man Yeung (ed.), *New Challenges for Development and Modernization: Hong Kong and the Asia-Pacific Region in the New Millennium* (Hong Kong: The Chinese University Press, 2002), pp. 181-205; 及劉兆佳，“行政主導的政治體制：設想與現實”，載於劉兆佳編《香港二十一世紀藍圖》(香港：香港中文大學出版社，2000)，頁 1-36。

仍會不斷對香港的政治生態造成困擾。

非常態政治的主要表徵

在長達二十多年的非常態政治主導下，香港出現了一些突出的政治現象：

（1）行政機關與立法機關經常僵持不下，政府的法案和政策往往因為政治、意氣或對人不對事的緣故而受到立法機關的阻撓或拖延。政府難以進行有效管治，重大政策難以出台，大型基建工程難以上馬，特大危機（例如非典疫病、禽流感、金融風暴）難以對付，香港的發展難以強力推動，香港的經濟競爭力不斷下降。

（2）社會各方面缺乏共同目標，各自為政，相互傾軋，無法集中力量向共同目標邁進。政治生態不利於凝聚社會對公共政策、政策改革和發展路向的共識。

（3）社會爭議高度政治化、情緒化、非理性化、泛道德化和不斷出現人身攻擊和人格詆醜的現象。反智、反精英和反權威意識泛濫。

（4）各類權威（政府、精英分子、社會賢達、宗教領袖）淩夷，民粹激情澎湃，社會秩序混亂。

（5）社會高度分化對立，鬥爭頻繁。

（6）最矚目和廣受關注的議題和爭論範疇離不開認同中央或反對中央、支持或衝擊特區政府、循序漸進的民主發展或一步到位的民主建設、人權、自由、法治、如何維護國家安全、如何對待內地發生的政治事件、行政機關與立法機關權責的劃分、中央與特區的權力界限、特區高度自治的本質和內容、人大釋法、特區司法機關的憲法權限等政治議題。

(7) 決策模式與過程高度政治化和意識形態化。反智現象突出。專業判斷和科學知識要讓路予政治鬥爭的需要。各個勢力的短期和局部政治利益考慮往往淩駕在香港的整體和長遠利益之上。

(8) 政府與人民的關係處於緊張狀態。政府難以取得民眾的尊重和信任。港人常常以陰謀論審視政府的一舉一動，不但主要官員不時遇到質疑和攻擊，即使標榜"政治中立"的公務員亦不倖免。[148]政府內部士氣不振，擔憂動輒得咎，少做少錯的心態瀰漫。

(9) 媒體扮演推波助瀾、挑撥離間、煽風點火、造謠生事和群眾動員的角色，部分反共、反政府和鼓吹民粹主義的媒體更意圖成為可以左右大局的力量。媒體中人以"第四權力"自詡，甚至以自己為匡時濟世之主力自命。部分電台"烽煙"（聽眾致電電台表達意見、宣洩不滿或對政府和其他機構作出投訴）節目主持人箕踞自大，力圖製

148 Lau Siu-kai, "The Rise and Decline of Political Support for the Hong Kong Special Administrative Region Government," *Government and Opposition*, Vol. 34, No. 3 (Summer, 1999), pp. 352-371; *idem*, "Political Attitudes towards the Old and New Regimes," in Lau Siu-kai et al. (eds.), *Indicators of Social Development: Hong Kong 1997* (Hong Kong: Hong Kong Institute of Asia-Pacific Studies, The Chinese University of Hong Kong, 1999), pp. 157-200; *idem*, "Attitudes towards Political and Social Authorities," in Lau Siu-kai et al. (eds.), *Indicators of Social Development: Hong Kong 1999* (Hong Kong: Hong Kong Institute of Asia-Pacific Studies, The Chinese University of Hong Kong, 2001), pp. 55-91; *idem*, "Socio-economic Discontent and Political Attitudes," in Lau Siu-kai et al. (eds.) *Indicators of Social Development: Hong Kong 2001* (Hong Kong: Hong Kong Institute of Asia-Pacific Studies, The Chinese University of Hong Kong, 2003), pp. 29-75.

造政治議題和行動，儼然以人民領袖自詡。

(10) 人民對不同黨派的認同和信任有明顯差異。支持中央和特區政府的愛國愛港力量備受港人貶視奚落，而反建制和現行體制的反對派以在野之身則較得到港人的支持。然而，總的來説，所有黨派在行政長官並非普選產生、立法會只有部分議席由地區直選產生和港人對政黨態度冷淡的情況下其實都是規模細小、群眾基礎有限和社會信任度不足的政治組合。[149]

(11) 不同黨派的政治綱領有明顯差異，主要反映在其政治立場上，尤其是集中在對中央、內地政治和人權事件、特區政府施政、政制發展等議題上。雖然受惠於基本法的巧妙安排，愛國愛港力量主導了行政機構和立法會，但由於其內部矛盾不少，難以在所有事情上團結一致。加上愛國愛港力量中有部分勢力需要爭取民眾的支援，港人的反共意識便在其中發揮一定的分化作用。反對派在政治體制內雖屬少數派，但他們在體制外卻是主流派，他們因此可以結合體制內外力量，發動各式各樣的輿論和群眾行動，與愛國愛港力量展開鬥爭，使香港陷於連綿不斷的政治爭鬥之中。可以説，反對派主攻，愛國愛港力量則主守，而主守的一方又往往招架乏力。

149 Lau Siu-kai, "Public Attitudes towards Political Parties," in Lau Siu-kai (ed.), *Social Development and Political Change in Hong Kong* (Hong Kong: The Chinese University Press, 2000), pp. 417-444; Lau Siu-kai and Kuan Hsin-chi, "Partial Democratization, 'Foundation Moment' and Political Parties in Hong Kong," *The China Quarterly*, No. 163 (September 2000), pp. 705-720; *idem*, "Hong Kong's Stunted Political Party System," *The China Quarterly*, No. 172 (December 2002), pp. 1010-1028; 及 Kuan Hsin-chi and Lau Siu-kai, "Cognitive Mobilization and Electoral Support for the Democratic Party in Hong Kong," *Electoral Studies*, Vol. 21 (2002), pp. 561-582.

（12）不同黨派的社會支援基礎、政治組織和動員方式也有所不同。愛國愛港力量隨着不斷壯大而愈形蕪雜，觀點和利益差異甚大，協調工作艱巨，而最大的黏合劑是各成員對中央的擁護，因此中央有一定的整合作用，但作用不應高估。愛國愛港力量包含傳統的愛國力量（俗稱左派）、因回歸在即而向中央靠攏的新興愛國勢力、原港英建制分子、公務員隊伍、工商界人士、鄉事勢力等。愛國愛港力量是跨階層的組合，但基本上較傾向倚靠商界和基層的支持。相反，反對派也是一個跨階層的勢力，以深受西方價值觀薰陶的中產階級專業人士（特別是從事自由職業者或公共服務提供者）為中堅。他們攏絡了不少代表中產和基層人士的地方、專業、宗教和壓力團體。更為重要的，是反對派得到大部分主流媒體或明或暗的支援。而西方勢力又不斷給予各類型的支援。事實上，愛國愛港力量與反對派的鬥爭，蘊藏着行政與立法、"親中央"與"反中央"、不同階層之間以及西方勢力與中國的摩擦。這些摩擦在相當長時間內難以消弭。

（13）在政治鬥爭瀰漫的氛圍下，不少突出的經濟和民生問題都會迅速被反對派轉化為高度政治化議題，並上升為對特區政府管治的合法性和香港政制的認受性的質疑，力圖突顯政制民主化的關鍵意義。

（14）大大小小的集體抗爭行動（示威、遊行、靜坐、請願、記者招待會、堵塞交通、圍堵官員、暴力衝突）此起彼落，目標既是利己的，也有利他的；有功利性質的，亦有發洩情感的。絕大部分行動是衝着特首或政府而來的。

常態政治的主要表徵

自從 2004 年左右開始，一些非常態政治的表徵陸續減退，而常態政治的表徵則相繼浮現。雖然非常態政治現象遠未消退，尤其是一些激進的建基於狹隘社會支持的力量冒起並不時策動激烈行動，但香港的政治局面已經呈現新的氣象。政治形態的變化，既反映了主流民意的嬗變，也是政治形勢急速轉變的結果。

香港特別行政區中央政策組和本地大學過去多年來進行的大量民意調查，都發現港人所關心的問題愈來愈多是一些與他們有切身關係的事物，包括經濟發展、產業結構的調整、香港與內地經濟融合、就業問題、樓價和物價飛漲、空氣污染、貧富懸殊、貧窮問題、流行性傳染病、教育素質、青少年吸毒等。政治和政制民主化問題是人們不太關心的事項。港人普遍要求特區政府優先處理他們關心的問題。

2004 年後，由於社會各界大部分時間圍繞着經濟、社會、民生和生活質素問題進行討論，香港的政治局面相對平靜，沒有出現過去一段日子的激烈鬥爭的事故。自從 2003 年 7 月 1 日數十萬人大遊行以來，香港再也沒有出現過相同規模的集體行動。比較矚目的較大型的遊行示威卻仍有數起。其一，全國人大常委會在 2004 年 4 月就香港政制發展問題對基本法有關條文進行解釋，而解釋的結果又被不少港人視為拖慢香港的民主發展步伐的舉措，約有一萬人左右參與反對人大釋法的抗爭行動。其二，2011 年的“七一”遊行有約六萬人參加，目標主要是不滿政府施政和政府提出的立法會議席出缺的處理辦法。其三，約有七萬人參與 2012 年的“七一”遊行，主要針對剛上台的梁振英政府和抗議中央介入行政長官的選舉。其四，2012年7月29日約有三萬多人參與"反國民教育"遊行。

2004年以來，一些重大政策議題，例如規管政府竊聽和秘密監察的立法、2012年的行政長官和立法會選舉辦法的制訂、全國人大常委會對2017年行政長官和及以後立法會普選的決定、政府就商品及銷售稅向公眾進行諮詢、醫療改革的公眾諮詢、防止行政長官貪污受賄的立法、反種族歧視立法等都涉及人權、民主和港人切身利益等重大問題，在社會上都只引起了有限度的爭議。可以想像得到，這些議題在回歸後最初的幾年肯定會是"爆炸性"的議題，特區政府也必然會因為它們而疲於奔命，而且在政治上飽受衝擊。

反對派

相反，反對派刻意製造尖銳政治爭端的政治能量逐步下降。即使在過去，他們主動製造政治議題和主導公眾討論的能量其實頗為有限，主要不過是利用港人對中央和特區政府工作的不滿和對經濟、社會和民生情況的怨氣，挑動港人反政府和反建制的情緒，提升社會上的民主訴求。不過，值得留意的，是跟回歸前不一樣，反對派的主流勢力在回歸後減少了悍然挑釁和對抗中央的言論與行動，發動群眾到中央駐港機構門外示威的事例也不算多。然而，他們卻把特首視為中央的化身而予以無情撻伐。

如前所述，反對派一直賴以動員群眾衝擊政府的議題，主要是政治議題，或經政治化後的其他議題。常態政治抬頭的特徵，是政治議題愈來愈少，而要把其他議題政治化，亦愈來愈困難。為了開啟政治爭端，煽動民眾對政府的不滿，增加自己的政治資本，反對派愈趨傾向以攻擊政府日常施政的失誤或不足之處、個別政策新獻的爭論、個別部門和官員的缺失、或政府用人所引起的爭議為鬥爭手段。又或者刻意以立法會、法院、媒體或集體行動去阻撓政策的制訂和執行，特別是基本建設專案，堵塞政府樹立政績的機會，營造政府管治失效甚或無能的形象。然而，這些伎倆往往是雙刃劍，損人而又損己。久而久之，反對派為反而反，置香港整體利益於不顧的嘴臉更為突出，令他們自己的公信力也浸浸然下沉。

最具啟示性的事有幾宗：其一，在 2005 年末，反對派成功阻撓了特區政府提出的推動政制向前發展的方案的通過，認為該方案民主程度不足且欠缺民主承擔，惟該方案卻得到超過一半港人的支持。為此，反對派付出了重大政治代價，其民主承擔亦受到各方質疑。其二，2010 年，激進反對派五名立法會議員辭職，並藉着補選發動“五區公投”行動，目的在於挑戰中央與基本法的權威。此次行動不單沒有得到其他反對派的支持，更得不到廣大群眾的認同，結果以慘敗告終。

反對派在常態政治下自然也希望利用非政治性議題來鞏固和強化其政治力量，不過迄今為止尚未取得實質成效。主要原因是他們缺乏那些具備相關專業知識的人才，尤其是在金融、經濟和內地與香港合作等領域。但當他們着手處理一些涉及社會、民生、福利等課題時，他們又往往過分受到理想主義、浪漫主義、教條主義或民粹主義的驅動，或受困於內部欠共識，或過度受制於部分支持着他們的群眾和集體的訴求，難以提出切實可行而又能夠獲得多數人支持的建議或主張。再者，反對派頗為受到他們不是執政力量，而是“永遠的反對派”的身份所困擾。在政治功利主義仍然瀰漫的香港，“永久的反對派”可謂沒有政治前途，港人不會認為他們有能力解決他們的問題，覺得他們只能擔當制衡或監察政府的角色。因此，在政治議題短缺的環境下，反對派便要面對如何避免走向衰敗的威脅。

事實上，面對常態政治的抬頭，反對派面對着迫切的轉型問題，但當中困難重重。首先，反對派素來以理想、原則、信念、反共、西方價值等意識形態性的政綱作爭取港人支持的手段。要扭轉意識型態取向，改行務實路線，絕非易事。他們當中不少人滿腔熱血加入反對派，個人付出了一定的代價，也可能為此而連累了親人與朋友。要他們放棄或者大幅改變立場委實困難。此外，過去港人之所以信任他們，是認為他們立場堅定。當港人對香港前景迷惘且缺乏信心時，立場清晰和穩定的人能夠給予他們安全和可靠的感覺。反對派如果改弦易轍，必須要冒被港人視為"轉軚"的政治風險，從而失去公眾的信任。再者，反對派即使願意改變立場，並得到理解或同情，也不保證他們可以獲得一批新的支持者，但卻肯定會失去部分原來的支持者。那些本來認同其他黨派的人多數不會改變其認同對象，因為無論反對派如何改變，他們總不能變得與其對手一模一樣。對於那些尚未有認同對象的人來說，轉變了的反對派也不見得特別有吸引力。這類所謂"中間派"或"獨立"人士，一般在政治上較為消極被動，就算他們當中部分人決定支援反對派，他們的支持力度亦只會偏低，與反對派失去的積極分子對他們的熱情幫助有天壤之別。

最後，反對派要令中央相信他們是真的"覺今是而昨非"也非容易。中央不會隨便相信他們的政治取態已經出現重大轉變。即使相信，在反對派正在走下坡之際，他們的"統戰價值"亦大大下降，但"統戰"他們的成本卻不斷上升，原因是那些多年來追隨中央並渴望得到回報的人不喜歡看到他們的長期對手"投奔"過來與他們爭奪中央的“恩寵”。在面對眾多改變立場的風險時，反對派最容易或最輕鬆的選擇，是以不變應萬變，尤其是對那些派內的既得利益者而言（年齡偏高而又早已享有社會或政治地位者），因為他們要承受的可能代價較大。可是，這種以不變應萬變的消極態度，卻令派內的第二、第三梯隊的成員不滿和沮喪，並十分擔憂個人的政治前途。派內老一輩和較年青一代便時起齟齬，甚至出現公開摩擦和分裂，損害反對派的團結及其政治聲譽。

儘管如此，主流反對派亦試圖採取一些策略，以求突破困局。他們進一步減少針對中央的挑釁性言行，不時強調其“愛國情懷”。民主黨不支持 2010 年的“五區公投”行動並在 2011 年採取妥協態度從而讓政府提出的政改方案得以在立法會通過是明顯例證。主流反對派嘗試找尋和利用各種可能與中央溝通的管道，藉以釋出善意。不過，由於反對派的組成頗為蕪雜，當中有不少人屬死硬反共人士，這些人的激烈反共言行往往又抵消了其他人的“修好”努力。不過，主流反對派卻又力圖把特區政府和中央區別對待，在向中央示好的同時大力阻撓特區政府施政，並不斷批評特首以中央馬首是瞻，罔顧港人利益，在此他們與激進反對派分別不大。然而，中央卻視他們對特區政府的攻擊等同於對中央的攻擊，因此反對派與中央的關係始終無法有明顯的改善。

在面對困局但卻又找不到出路的處境下，反對派士氣不振，彷徨不安，內鬥不斷，而且不斷進行分化重組。更重要的是反對派內激進勢力的抬頭。2005 年底，一群因在 2003 年反對基本法第二十三條立法而聲譽鵲起的大律師加入了反對派陣營，並以自己為核心宣告將要成立一個名為公民黨的新政黨。該黨於 2006 年正式成立，宣稱主張既推動民主發展，又致力與中央溝通，務求取代早於上世紀九十年代初已經出現，但卻因為長期反共而與中央交惡而陷入困局的民主黨在反對派中的龍頭地位。可惜，公民黨的反共本質、極度親西方傾向、對抽象"原則"的執着、對中國共產黨和國情認識貧乏，加上自信過勇、崖岸自高、過分注重政治清流形象、缺乏政治經驗、欠缺群眾基礎、鄙視妥協和退讓、過分倚賴反共媒體的推崇和宣傳、過分着重民意對其言行的即時反應，不旋踵便與中央結怨，喪失與中央溝通的機會。與此同時，公民黨面對難以招募新黨員和影響力下墜的困境。由於公民黨的領導人對自己過度期許，承受挫折的能力有限，他們很快便失去了一直標榜的理性風格而陷入意氣用事之陷阱，令不少原有的支持者唏噓不已。[150] 公民黨的不成功，代表着反對派試圖進行政治轉型以應對常態政治來臨的嘗試並未取得成功。

為了突破政治困局，反對派很快便進行另一次嘗試。他們覷準了 2007 年底港島地區立法會議席補選之機，成功遊説原政務司司長陳方安生"代表"反對派出選。陳太在回歸前乃港英政府刻意培育為特區領導人的公務員，並享有頗高的民望，但對無法適應香港回歸中國的事實。雖為特區政府第二把手，但卻未能與中央和特首董建華和洽相處，最後掛冠而去。在蟄伏兩三年後，陳太高調復出，以批評政府和鼓吹民主為己任，一時風頭無兩。可是，陳太轉投反對派陣營，願意為"振興"反對派而努力，但卻無法獲得該陣營的中堅分子的信任。事實上，陳太對中央的曖昧態度，更令不少反對派人士產生疑慮。很多港人對陳太的突然"轉軚"，也感到難

150 過去兩三年，公民黨的黨員分別針對港珠澳大橋建造和外傭居留權問題提出司法覆核，但那些行動卻讓大多數港人覺得該黨為求打擊特區政府和捍衛抽象公義原則而罔顧港人的感受和利益。港人對此反彈甚大，公民黨為此付出了沉重政治代價。

以理解，不少人認為是個人恩怨作祟，所以難以對她完全信任。事實上，儘管陳太贏得了補選，但卻失去了先前的“超然”政治形象，又不能夠發揮團結和壯大反對派的振衰起頹作用。反對派原來寄望陳太能夠協助他們重開與中央溝通的門路，而陳太本人也曾以此自詡。可惜，陳太向反對派靠近，卻反而令她失去中央僅存的信任，從而感到意興闌珊。至此反對派另一次轉型努力又以失敗告終。

反對派的轉型失敗，歸根結底是他們無法徹底公開揚棄其反共主張、認同中央對港政策和對“一國兩制”的詮釋、放棄對內地事務的干預、割斷與西方勢力的聯繫和減少與特區政府的對抗。他們明白到自已的主張已經落後於變動中的政治形勢且與主流民意背道而馳，但反對派卻缺乏足夠的自我改變的動力。

不過，反對派轉型不成，卻成為激烈勢力抬頭的誘因，另外一個原因當然是香港的貧富懸殊的情況日漸惡化，群眾對社會不公平現象的怨氣與日俱升。2006 年社民連（社會民主連線）的成立及後來（2011 年）自社民連分裂出來的人民力量的出現代表反對派的進一步分裂和香港政治的進一步對立分化。激進力量把政治與社會民粹主義提升到更高的水平，暴力抗爭行動不斷升級，政府官員和建制派政治人物成為焦點衝擊對象。激進力量同時也把“溫和”反對派視為敵人，批評他們放棄原則，與建制勢力妥協。除了激進黨派之外，一些激進民間組織和組合也紛紛冒起，當中年輕人扮演了矚目的角色，而互聯網和其他先進通信工具更是不可或缺的政治動員手段。這些民間自發性的政治行動往往不受政黨的領導或協調，甚至對政黨有懷疑和抗拒。民間的組織和組合一般規模不大、缺乏明確領導、團結性有限、彼此之間協調程度不高，而且存在時間不長。它們比較集中在“後物質”議題（保育、環保、文化）上進行動員，偶爾亦會涉足政治性議題（例如國民教育）。由這些組織和組合發動的抗爭行動雖然不會持久，但它們何時出現、由那些議題引發、殺傷力有多大以至那些人會參加卻是極難預測的，因此為香港的政治局面注入不少不確定因素。

總體來說，激進力量的抬頭，從側面印證了反對派的衰落，反映了反對派在制定公共議題上能力的走弱。激進力量的出現、其對年輕人的依賴和其對激烈鬥爭手段的倚重進一步令反對派失去主流民意的認同。激烈行動的增加，引起了社會的關注，並在表面上令人產生香港陷入政治動盪之局，當然實情並非如此。

媒體

媒體的處境與反對派有雷同之處。在常態政治下，媒體缺乏大量可供“炒作”的火熱政治議題，也失去了一個可供它們輕易地把非政治議題迅速轉化為政治議題的有利民意環境。在非常態政治下，由於首任特首董建華的個性和處事風格被不少港人詬病，媒體很容易便把董建華打造為萬惡之源，成為港人可資發洩其不滿和挫折的“實物”對象，使他備受批評、嘲笑、揶揄和踐踏，而不計較此舉是否公平。自董建華下台後，媒體便少了一個可供政治煽情之用的人物。隨着經濟和民生問題的上升，而這些問題又較難加以高度政治化，即使政治化但又不可能完全把矛頭指向特區政府，媒體的政治影響力特別是主導公眾討論議題的能力已經今非昔比。事實上，隨着民意氛圍的變化，香港的商業導向的媒體為了吸引受眾也必須調校其取態，從而重民生而輕政治便成為媒體的新趨向。房屋、貧窮、貧富不均、“地產霸權”、勞工、教育、空氣污染等涉及到社會和民生的問題受到媒體廣泛的關注。當然，偶爾有個別具爭議性政治議題出現時，例如首批副局長與政治助理的任命、填補立法會議席出缺的安排、官員和政客的不當行為、特首曾蔭權的“貪小便宜”事例、中央“插手”2012年的特首選舉、特首梁振英的“僭建”和“誠信”問題、國民教育的推行，媒體必定如蟻附膻，極盡煽情之能事，但卻無阻大趨勢的前進。

常態政治的另一表徵，是所謂電台“名嘴”的沒落。當港人怨氣有限而政壇又頗為平靜之際，無論“名嘴”如何鼓其如簧之舌，或散佈誇大歪曲之論，都愈來愈引不起公眾的共鳴和感覺，反而促成其公信力的喪失和受眾的萎縮。

行政立法關係

在常態政治下，行政立法關係亦有一定程度的改善。部分反對派的立法會議員開始較願意在社會民生問題上與特區政府合作，並逐步減少對特區政府的惡意攻擊。當然，極少數的激進議員的敵意攻擊是變本加厲，但實際影響有限，而且引起港人的不滿。在個別不涉及重大政治原則的立法和政策事項上，特區政府甚至需要尋求個別反對派議員的支援，以抵消部分親政府議員的反對。在一些社會和民生問題上，部分親政府議員甚至會與反對派議員連成一氣，共同反對政府的提議，2007年7月政府在營養標籤規例和種族歧視條例的修訂遭到立法會的否決，便可見一斑。無疑，由於行政和立法機關之間本質上存在矛盾對立，追求和諧的行政立法關係乃緣木求魚，且亦非健康現象。但始終既互相監察又互相合作的行政立法關係較有利於有效施政和促進發展，更對減少社會爭鬥內耗有相當裨益。

主要政黨

在常態政治下，中央和特區政府享有較反對派較高的民望和支援，並可以藉此去擴大其社會支持基礎。部分反對派人士轉投愛國愛港陣營，或者轉以“獨立人士”身份出現。不過，屬於愛國愛港力量的主要政黨（民主建港協進聯盟〔民建聯〕、工聯會和親商界的黨派）卻受惠有限。民建聯的民望在 2003 年因為支持特區政府的基本法第二十三條有關維護國家安全的立法而陷入低谷，並在同年年底的區議會選舉中慘敗，而自由黨則因臨陣倒戈導致第二十三條立法慘敗而上揚。不過，沒過多久，民建聯的民望卻拾級上升，並在 2007 年和 2011 年的區議會選舉中獲得好成績，不過其公眾信任度仍略遜於反對派的民主黨和公民黨。相反，隨着第二十三條立法效應的消退，自由黨的精英主義和親商界取向不斷削弱公眾對它的好感，部分核心黨員甚至於 2008 年集體退黨而成立更願意與特區政府和中央合作的名為經濟動力的新政黨。

無論是民建聯、工聯會、自由黨或經濟動力，它們在常態政治抬頭下仍未成功轉型為可以代表主流民意的政黨。儘管它們是政府的政治盟友，但它們的民望卻無法隨特區政府的民望上升而上升，反而會因特區政府民望下降而受累。主要原因是它們的主要領導人盤踞政壇已久，其依附中央的形象深入人心，因此政治包袱不輕。期望這些年齡偏大的政治人物能夠説服港人他們是新時代的弄潮兒幾乎是不可能的事。不過，在常態政治氛圍下，他們積極利用本身與中央關係良好的優勢去壯大自己，去積極處理一些社會民生問題。他們的努力也獲得了一些成效。他們雖與特區政府關係密切，但政治立場和利益卻不盡相同，而民建聯和工聯會的中下階層支持基礎與自由黨和經濟動力的精英路線也分歧甚大。就算把幾個黨派的支持者加起來，也佔不到港人的半數。

民意

在常態政治抬頭下，相對於反對派特區政府較得主流民意認同，但民眾對政府的支持並不牢固，而且在大部分時間也不算高。再者，人們也希望在行政長官還未普選產生時反對派能夠發揮一定的制衡政府的角色。港人對反對派的信任下降，只表示愈來愈多原有的該派的支持者游離了出來，但卻並不表示這批游離者會轉投愛國愛港的黨派的懷抱。現階段頂多可以説由特區政府與愛國愛港黨派組成的政治聯盟在未來比反對派更具條件去建構一個有堅實社會大多數支持的政治勢力。要達到這個目標，特區政府與支持它的政治黨派和各種社會力量需要加強整合，共同服膺一套能夠代表那愈來愈接受中央和認同祖國的主流民意的新政治主張，擴大吸收政見溫和的中產階級專業人士，培育能代表新時勢的政治人才及在中央的支持下積極參與國家的建設以推動香港的發展，以政績來鎖定港人對自己的長久支持。可以肯定的是，雖然長遠來説成功機會不錯，但這個過程必然是坎坷而且荊棘滿途的，中間更會出現逆轉的挫折。

政治形勢和主流民意的變化

香港之所以能夠逐步走出非常態政治的峽谷而蹣跚地走向常態政治的坦途，與主流民意的嬗變有莫大關係，而主流民意的嬗變，又是政治形勢出現變化的反映。主流民意的嬗變與政治形勢的轉變時刻互動，互為因果。

一直以來，即使在非常態政治的主導下，民眾的焦點其實都放在經濟、民生和生活質素等非政治課題上。但隨着常態政治的上升，這些問題已成為港人最關心的問題，而政治議題的受關注度則明顯滑落。

港人不但對政治議題興趣減少，更重要的是他們對政治議題有新的認識和體會。而新的體會又影響到人們對不同的政治勢力的看法，逐步改變了不同政治勢力的力量對比和它們的發展態勢。在非常態政治下，港人對中央尤其對中國共產黨的低度信任幾乎決定了他們對各種政治爭論的理解和重視程度。正因為港人中不少人是為了逃避國共內戰或中共的統治才跑到香港，他們對中共懷有深刻的怨恨和恐懼，這種負面態度在一定程度上影響了他們的下一代。再加上港人長期受到殖民教育和西方文化的薰陶，以及源於香港的經濟發展水平較內地為高而產生的優越感，港人對回歸中國和“一國兩制”方針信心薄弱。事實人，所謂“香港人”的身份認同的內容，相當程度上是與所謂“大陸（內地）人”作對比而確立的，是將“香港人”和“大陸人”蓄意對立起來的結果。

港人對香港和中國的前景不樂觀，擔憂回歸後中央會干預香港的內政、收窄港人的自由空間、改變香港的現狀和破壞香港的制度。所以，港人從實用角度出發，認同反對派的民主訴求，支持香港的民主發展以高速前進。對不少港人而言，港人可藉着民主改革把較多權力控制在自己手上，減少中央插手香港內政的機會，以達致反對派高舉的“民主抗共”的目標。然而，認為民主真的可以抗共的人卻其實很少。

港人既然懷有政治不安全感，自然會寄望反對派能夠發揮制衡中央的作用，當然他們不會高估反對派的政治能力，但總比“親中”人士較值得信賴。反對派因此比其政治對手（包括特區政府）享有較高的民望和更有能力奪取立法會的地方直選議席。自然地，反對派可以利用民眾的支持興風作浪。

回歸後香港面對前所未有的經濟危機和管治困難，港人對特區政府尤其是特首董建華怨毒甚深。港人更樂意支持反對派衝擊特區的執政者。即使“親中”人士也因為未受重用而對董建華深深不忿。不過，“親中”勢力也同時是反對派和大多數港人的發洩和打擊對象。港人的政治不滿和悲觀情緒不斷受到媒體和政客的激發，在 2003 年 7 月 1 日的大遊行中達到極致，但同時這些負面情緒卻又因為得到大量抒發而下降。

反對派一廂情願地認為 2003 年的大遊行是一個對他們絕對有利的轉捩點，並期望過去政治上欠積極的中產階層進一步動員和組織起來，成為新一輪香港民主運動的強大推動力量。弔詭的是，香港的政治生態卻向另外一個方向變化。自 2003 年大遊行以來，香港的主流民意出現明顯轉向的態勢。港人愈來愈務實、理性、溫和和厭倦爭鬥。人們開始把社會穩定視為最重要的渴求，緊隨其後者是經濟繁榮，而自由與民主則瞠乎其後。自上世紀八十年代初期開始綿延接近二十年的無休止政治摩擦令港人愈加珍惜安定與和諧，並主動起而發揮約束反對派的言行的作用。

新的主流民意與舊主流民意的核心部分有着根本性的分別，這就是港人對中央、內地和國家的態度發生了巨大的變化，而這些變化又帶有質變的性質。這種質變返過來又改變了人們對政治議題的認識和重視。

港人對中央和內地的態度發生了以下的變化：

(1) 對國家的未來由不樂觀轉為樂觀甚或過度樂觀，認為中國能夠廁身於世界強國之列乃指日可待的事。
(2) 對“一國兩制”方針政策增加了信心，相信中央關心和有誠意促進香港的發展、感激中央在香港有困難時慷慨出手相助、願意承認和尊重在“一國兩制”下中央的憲制權力。
(3) 對中央的信心和信任持續上升，讚賞中央的治國能力和處理香港事務的睿智。
(4) 從“抗共”心態走向與中央構築合作互信關係，較以往願意去了解、考慮和照顧中央的看法和利益。
(5) 認同香港與內地逐漸形成“經濟命運共同體”，意識到香港的經濟轉型和發展高度依賴內地的經濟增長和轉變，積極支持香港與內地深化經濟融合，並希望香港能夠在國家和平發展的過程中作出重要貢獻。
(6) 明白到香港不少的社會和民生問題（例如人口老化、貧窮、青少年吸毒）的長遠解決也建基於香港與內地在各方面的緊密合作。
(7) 對內地同胞的貶抑心態逐步收斂，對內地精英多了一份敬意，但同時擔憂來自內地的競爭，又憂慮大量內地同胞湧港對香港的價值觀、制度和做事方式的衝擊。
(8) 港人的國家觀念、民族意識和愛國情懷愈益顯著。這從2000 年港人對北京奧運聖火在西方國家傳送時受到干擾及四川大地震的激情反應中可見一斑。港人愈多以身為中國人和中華人民共和國公民引以為榮。
(9) 港人對西方世界的負面態度抬頭。港人認為西方人士在回歸後對香港缺乏善意，處處挑剔，且經常作出不盡不實的報導和批評。愈來愈多港人相信西方國家不願意看到中國走向富強之境，遂處心積慮、想方設法阻撓中國的崛起，甚至利用香港在國家中的獨特地位來為國家添煩添亂。

（10）當被問及自己的主要身份是“香港人”還是“中國人”時，雖然認同是“香港人”的人的比例仍佔多數，但重要的是“香港人”和“中國人”的內涵愈趨重疊，兩者不但並非相互對立，反而走向合流。

（11）港人對中國共產黨的態度亦轉趨正面，較前願意承認中共在國家崛起過程中功不可沒。

港人對中央、內地和國家在態度上的巨變，在很大程度上也改變了他們對香港政治的理解。港人認為香港最大的政治，是確保“一國兩制”順利落實，當中尤其重要的是建構良好的中央與特區的關係，防止反共或挑釁中央的言行的出現。[151] 其他港人政治態度的變化包括：

（1）香港的民主發展不能阻礙“一國兩制”的實施、必須按照基本法規定的方式推進、而中央與內地的利益必須得到充分的尊重和照顧。

（2）承認中央在香港政制發展上有憲制主動權和最終決定權，不能以“主權在民”幌子下予以否定。港人同意在發展香港的民主時，應該同時考慮到它對中央和內地可能

---

151 Kuan Hsin-chi and Lau Siu-kai, “Between Liberal Autocracy and Democracy: Democratic Legitimacy in Hong Kong,” *Democratization*, Vol. 9, No. 4 (Winter 2002), pp. 58-76; Lau Siu-kai, “Democratic Ambivalence,” in Lau Siu-kai et al. (eds.), *Indicators of Social Development: Hong Kong 2004* (Hong Kong: Hong Kong Institute of Asia-Pacific Studies, 2005), pp. 1-30.

造成的衝擊。

(3) 主張民主發展不能損害香港的經濟繁榮、社會穩定、良好的中央與特區關係、簡單低稅制、有限的社會福利負擔、和優越的營商環境。港人尤其是中產階層人士對民主化會否挑起反共情緒和民粹激情懷有一些疑慮。人們既然對現狀較滿意，自然會思考到民主改革會否對現狀帶來不利影響的問題。

(4) 港人不希望民主發展會令反對派有機會上台執政。在過去非常態政治主導下，港人在對現狀極度不滿時，曾經有接近一半人表示可以接受反對派領導香港，並寄望他們帶來新局面。如今在常態政治下，港人知道只有能夠得到中央信任和促進香港與內地合作的政治勢力才可以造福香港。在大部分港人眼中，反對派已經喪失了作為執政者的資格，充其量只能當稱職的反對派。由是反對派的政治價值對港人而言大幅下降。港人甚至擔心過快的民主發展步伐會否令反對派有機會奪取"過多"權力。

(5) 港人對特區政府的信任有所回升。特首曾蔭權和特區政府的民望比反對派為高，而後者的民望甚至比中央的還要低。

(6) 港人的民主訴求明顯降溫，政制發展一事愈來愈引不起公眾的興趣。人們關心一系列的經濟發展和民生改善的事項，包括香港的經濟競爭力和貧富兩極化等嚴重問題。

(7) 一直以來，不少港人傾向把民主與自由等同起來，也傾向視願意聆聽和重視民意的政府為民主政府。所以，即使行政長官和立法會不是由普選產生，不少港人仍認為

> 香港是一個民主社會，而其民主程度只是稍遜於西方而已。當港人不再以民主為“抗共”的手段，或根本無需“抗共”時，他們便開始思考加快民主步伐所會帶來的消極和負面影響。港人對民主化的態度變得複雜矛盾，這在一定程度上淡化了他們的民主訴求。

主流民意在過去三年內的急速轉變，其來有自。主要原因是中國日益強大，港人開始確信國家成為超級大國勢所必然，而香港則肯定會從中受益匪淺。港人愈來愈明白中央對奉行“一國兩制”方針的誠意和決心。中央一系列的“挺港”政策諸如內地與香港更緊密的經貿關係安排、內地居民來港個人遊、中央授權香港開辦人民幣業務和支持香港發展為全球主要的人民幣離岸中心、大型國有企業紛紛來港上市集資等，對香港經濟的復蘇發揮莫大作用。香港與內地在經濟上的日漸融合亦重塑了香港的政治生態。

隨着香港經濟的復蘇，港人對香港經濟的前景信心增加，但對香港在國家發展的過程中會否被邊緣化則略有憂色。董建華下台，曾蔭權上台，特區政府有了新的開始，從而可以發展凝聚民心，化解民怨的作用。事實上，在董建華離任前的兩年中，在痛定思痛，總結經驗的基礎上，特區政府已開始構思和推行一套較前有效的管治策略，此策略且在曾蔭權主政下進一步確立和改進，當然還遠遠沒有達到完備之境。

這套新管治策略旨在建構一條在“一國兩制”下切實可行的中間溫和施政路向。它的核心內容包括：接受中央所制訂和定義的“一國兩制”方針政策、積極建立良好的中央與特區關係、促進港人與內地同胞和感情和了解、實行“背靠內地、面向世界”的經濟發展策略、推動香港與內地的經濟融合、施政“以民為本”、重視社情民意、增加向上社會流動機會、強調減貧及提升港人的國家觀念和民族意識。這套新管治策略基本上逐步收到成效，尤其在促進經濟增長和維持社會穩定方面，然而在縮窄貧富差距方面則嚴重不足。[152] 再者，為新管治策略提供理論依據的新政治主張亦逐步形成雛形。[153]

香港經濟自2005年開始明顯復蘇、就業情況顯著改善、資產價格回升、薪金上調、市面繁盛。內地經濟高速發展，香港與內地經濟加速整合，股市和樓市活躍、市民消費意欲增加，令港人對香港經濟前景轉趨樂觀，過去因經濟危機而觸發的怨憤和不安亦一掃而空。可是，2008年爆發的全球特大金融危機卻對香港造成相當大的打擊。雖然香港的金融體系在一次顯示了它的優越性和穩定性，但實體經濟卻受到摧殘。特區政府採取了一系列鞏固金融機構、協助中小企、穩定就業和紓緩民生困頓的措施，讓香港安然度過危機。然而，世界各國採取的大幅增加貨幣供應的措施卻令大量外地（包括內地）資金流入香港進行投機炒作，使得香港的樓價快速飆升，令不少港人怨聲載道。房屋問題迅速形成為爆炸性社會議題，但它卻不是一個能夠在短期內處理好的問題。以此之故，特區政府的民望大受影響。反對派自然地戮力以民生議題攻擊政府，而部分建制派也不甘後人。雖然政府的威望受損，但港人也不認為反對派有解決問題的能力，所以反對派也沒有從中嘗到甜頭。

反對派的內憂外患大大削弱他們的政治能量。外憂包括無法

152 Lau Siu-kai, "In Search of a New Political Order, " in Yue-man Yeung (ed.), *The First Decade: The Hong Kong SAR in Retrospective and Introspective Perspectives* (Hong Kong: The Chinese University Press, 2007), pp. 139-159.

153 劉兆佳，"香港特區的管治與新政治主張的建構"，《港澳研究》，第5期，春季號，2007，頁1-9。

與民望不錯的中央恢復對話，反而嫌隙日深；港人對反對派的不信任上升，令其社會支持基礎萎縮；西方國家尤其是美国在港形象低落，對反對派所給予的支持作用有限，而事實上來自西方的支持亦有下降之勢；台灣的民主發展在港的示範作用過去一直為反對派助拳，但近年來台灣的經驗卻成為反面教材。內患包括反對派內各黨派無法團結一致，反而暗中較勁；派內大佬與後輩在形勢惡化的環境下利益爭奪愈趨激烈；派內人士不斷爆出貪污斂財的醜聞，打擊了反對派的清譽；派內頑固勢力與改革勢力紛爭不止；激進反對勢力的出現加劇反對派的內耗；招收新黨員成績不理想等。

中央在 2003 年後明顯調整了對港策略大大改變了香港的政治生態。中央摒棄了回歸初期的“不干預”政策，轉而採取了“不干預但有所作為”的策略。中央的工作重點在於協助香港走向經濟復蘇，適時地宣佈中央的立場以防止反對派有空子可鑽，推動香港與內地在各方面的交往，提升港人的愛國意識，對反對派不予打壓，但採取冷處理手法以免他們有“悲情牌”可打；協助愛國愛港力量的壯大和整合；盡力協助在外遇上困難的港人等。中央的策略有利於拉近它與港人的距離。

然而，我們也不得不清醒的看到，不少港人對中國共產黨和內地仍抱有抵觸甚至逆反情緒，因此還會因為新情況的出現而演化為政治行動和風波。新特首梁振英的上台，被部分港人視為中央“直接”管治香港的象徵。一時間各方面的“反共”意識又被調動起來，並藉着不同事件（內地人權問題和香港推行國民教育）而化為政治行動，從而非常態政治又有萌芽之勢。在 2012 年的特首選舉中，民生問題享有主導地位，但不旋踵政治議題重燃。新政府上台後恐怕在一段時間內要忙於處理一些針對中央和特區政府的課題。這便再一次說明香港走向常態政治絕對不是一帆風順的過程。

結語

香港的政治從非常態重返常態，是一個頗為顛簸曲折的過程，即在今天這個過程仍在進行之中，尚未完結，因此不少非常態政治的現象依然存在，甚至在某些時刻成為主要現象。儘管如此，隨着香港的政治從非常態走向常態，中央、特區政府和各政治黨派都正在不斷作出部署以為應對。由於中央和特區政府在轉變香港的政治生態上發揮主動，它們不但較能適應新政治局面，而且可以在一定程度上駕馭局面。相反，反對派尚在痛苦地探索前路，且內耗內訌不斷。

雖然就長遠角度而言，反對派如果不能夠改弦易轍，他們的政治前景是暗淡的，而愛國愛港力量則肯定前途光明。然而，就短期來說，由於過去近二十年來反對派是較得港人支持的政治勢力，而愛國愛港力量長期因港人的反共意識濃厚而受到壓抑，反對派所擁有的政治人才及其所享有的民望依然較愛國愛港力量為優勝。所以，縱使整體形勢發展對愛國愛港力量有利，在民意和立法會地區直選方面，反對派在中期仍佔有優勢。

展望將來，愛國愛港力量在中央和特區政府的支持下，以愛國意識為核心的新政治主張加強團結，並逐步扶植能夠代表新政治形勢的新一代政治領袖，常態政治便可以較全面地取代非常態政治。與此同時，隨着反對派中的死硬反共和親西方的領導分子的逐漸淡出，主流反對派也會漸漸蜕變為溫和改革派。他們雖然仍懷有一定的反共情緒和崇洋傾向，但會儘量避免與中央對抗，並會較多把政治活動局限在香港這個政治舞台之內。簡言之，當反對派和愛國愛港力量都得到中央的接受，又願意在"一國兩制"框架之內運作，認同基本法的政制安排及發展路向，而他們之間的主要分歧又是對經濟、社會和民生議題的不同取態時，則"一國兩制"下的常態政治便就是香港的政治生態的代名詞了。

人們一定會問，香港政治由非常態走向常態是否一個不可逆轉的過程？當然，對此沒有人能夠給予確鑿的答案。不過，即使香港日後再出現經濟危機或對中央的信任出現問題，他們恐怕也不會把希望寄託予反對派，反而會從香港是中國的一部分和港人是中國人的出發點，以務實態度而非以對抗中央的態度處理難題。香港在常態政治下仍然會有不少矛盾衝突，部分甚至頗為嚴重，但過去惡劣的非常態政治局面估計難以重現。

第七章　分歧與政策共識的剝落

二次世界大戰結束後，西方發達資本主義國家基於其不同的歷史背景、意識形態、政治體制和民眾訴求制定不同的公共政策路向。用最簡單的語言講，那些不同路向可以歸納為兩大模式。其一是以英國和美國的自由市場模式，[154] 其二是歐洲大陸的福利國家模式。英、美模式依靠自由市場進行生產和分配，政府只擔當有限（limited）的角色，主要是當市場失效時才出手糾正市場秩序和援助那些在"正常"市場運作下生存或生活有嚴重困難的人。英、美模式講求個人奮發向上（individual initiative）和平等機會（equality of opportunity）。歐洲大陸的模式雖然在頗大程度上依靠自由市場進行生產，但政府卻積極和大幅度介入分配領域，確保每一個公民都享有基本和不錯的生存、生活和發展條件。這個模式比較看重人與人之間的平等，在相當程度上追求平等的結果（equality of outcome）。

長期以來，在西方資本主義國家中，政策共識（policy consensus）的程度是蠻高的。政策共識的存在，反過來又強化人民對政治和經濟體制的擁護及對政府和政客的信任，從而保證社會和政局的穩定。不過，最近二十多年來的種種根本性和結構性的急劇變遷，激烈衝擊了這兩大政策模式，導致了政策共識的剝落，產生了明顯的政策分歧（policy dissensus）和爭議，並由此衍生出西方世界的政

154 這裏需要指出的，是英國在瑪嘉烈·柴契爾 (Margaret Thatcher) 夫人於 1979 年當選首相後通過徹底改革才使英國的政策路向與美國的看齊。在此之前，英國公共政策的社會主義色彩頗為濃厚。

治動盪、社會不安、金融危機、經濟低迷、民族摩擦和管治艱難。目前西方正陷於原有政策共識弱化，但新的政策共識尚未形成的困局之中而不能自拔。[155] 西方中產階級的不滿、焦躁和逆反心態更造成民眾對西方民主政治體制的信心下滑。[156]

當前西方的情況，也是現在香港情況的最佳寫照。打從上世紀八零年代開始，香港的政策共識剝落的現象已經隱約可見，但關注的人很少。[157] 該現象在上世紀九零年代越趨明顯，[158] 但大多數人的焦點卻因放在香港前途問題上而無暇兼顧。與此同時，由房地產泡沫製造出來的"經濟繁榮"掩蓋了香港的社會矛盾，政策共識剝落的問題更受冷待。然而，香港前途問題隨着香港於 1997 年回歸祖國而基本解決，接踵而來的金融危機、經濟困難和民生困頓讓香港社會的"深層次"和結構性矛盾充分暴露出來，並在社會上引發了熱烈的有關香港未來政策路向的討論和爭議。

155 可參考 Herbert McClosky and John Zaller, *The American Ethos: Public Attitudes toward Capitalism and Democracy* (Cambridge, MA: Harvard University Press, 1984); Toshiaki Tachibanaki, *Confronting Income Inequality in Japan: A Comparative Analysis of Causes, Consequences, and Reform* (Cambridge, MA: The MIT Press, 2005); Margarita Estévez-Abe, *Welfare and Capitalism in Postwar Japan* (Cambridge: Cambridge University Press, 2008); Jacob S. Hacker, *The Divided Welfare State: The Battle over Public and Private Social Benefits in the United States* (Cambridge: Cambridge University Press, 2002); Linda Hantrais, *Social Policy in the European Union* (New York: Palgrave Macmillan, 2007); Assaf Razin and Efraim Sadka, *The Decline of the Welfare State: Demography and Globalization* (Cambridge, MA: The MIT Press, 2005); Robert B. Reich, *I'll be Short: Essentials for a Decent Working Society* (Boston: Beacon Press, 2002); Steven Hill, *Europe's Promise: Why the Europeans Way is the Best Hope in an Insecure Age* (Berkeley and LA: University of California Press, 2010; Stephen D. King, *Losing Control: The Emerging Threats to Western Prosperity* (New Haven and London: Yale University Press, 2010).

156 Joshua Kurlantzick, *Democracy in Retreat: The Revolt of the Middle Class and the Worldwide Decline of Representative Government* (New Haven and London: Yale University Press, 2013).

157 我自己算是一個較早留意到有關情況的學者。見 Lau Siu-kai, "Social Change, Bureaucratic Rule, and Emergent Political Issues in Hong Kong," *World Politics*, Vol. 35, No. 4 (July 1983), pp. 544-562.

158 Lau Siu-kai, "Democratization and Decline of Trust in Public Institutions in Hong Kong," *Democratization*, Vol. 3, No. 2 (Summer 1996), pp. 158-180; *idem*, "The Fraying of the Socio-economic Fabric of Hong Kong," The Fraying of the Socio-economic Fabric of Hong Kong," *The Pacific Review*, Vol. 10, No. 3 (1997), pp. 426-441.

香港當前面對的問題與西方世界有不少類似之處，而產生那些問題的因素也近似。可以說，香港與西方發達資本主義國家面對着相同的艱難和挑戰。西方國家的政策共識的剝落、政策路向的爭議和將來的發展足堪香港借鑒，不過由於香港的特殊處境，主要由於它是實行“一國兩制”的中國的一個特別行政區，香港的政策共識剝落現象及往後的出路也會具有自己的特點。然而，香港與西方世界目前仍然處於舊共識受到質疑，而新共識又尚待建立的尷尬局面。誠然，回歸以來，在建立新政策共識方面若干進展是有的，但離開新共識的形成則路途依然遙遠。香港內部的嚴重政治分歧和內耗，衍生出不少情緒主義、非理性主義和意氣之爭，這些都妨礙着新政策共識的推進。

原有政策共識的內容

二次大戰結束後，直到上世紀七零年代末，香港的政策共識是存在的。關信基和本書作者論述港人思想心態的一本舊作和其他文章正好捕捉了當時的情況。[159] 當時的政策共識的核心內容可以用以下幾點概述。

第一，經濟發展至為關鍵，是政府施政的重中之重，也是考核政府工作表現的首要標準。相對與經濟發展和由此帶來的人們生活水平的提高，其他施政目標遠為次要。華人社會的思維長期以來受到傳統中國的“匱乏經濟”思想所左右，加上香港在戰後初期百

159 Lau Siu-kai and Kuan Hsin-chi, *The Ethos of the Hong Kong Chinese* (Hong Kong: The Chinese University Press, 1988).；劉兆佳、關信基，“港人對不干預政策的態度（上、下），”《明報月刊》，1989，5 月號 ，第 12-12 頁，六月號，第 57-63 頁。

廢待興，港人渴求經濟發展和生活條件改善容易理解。物質主義、金錢掛帥、享樂主義、“以財取人”等觀念瀰漫。港人的老一輩經歷了多年的戰亂、動盪、朝不保夕、顛沛流離和窮困的生活，缺乏經濟上的安全感和確定性，因此熱衷於不斷積聚財富以謀求心之所安。因此，經濟發展對大多數港人來説事關重大，不容有失。精神方面的價值和考慮，非物質性的東西則被視為可有可無的奢侈品或多餘物。事實上，戰後香港絕大部分的矛盾與衝突都和物質分配與爭奪有關。站在殖民政府的政治利益角度看，如何搞好香港的經濟乃維持殖民管治和穩定港人對“殖民地”的支持的不二法門。

第二，香港實行的是高度自由開放的資本主義市場經濟，其自由度與開放度位居世界前列，比自詡為自由經濟的典範的美國尤有過之。投資、生產、銷售、消費、分配等主要經濟領域均由市場主導。人們相信市場主導下的經濟體系是最公平的，也是合乎公義的，必須儘量減少其他因素對自由市場運作的干擾，那些因素包括政府、政治、法律法規、社會習俗、宗教迷信、特權、裙帶關係、情緒主義、民粹意識和一切非理性的東西。

大部分港人認為香港的自由市場形態雖然與古典經濟學的要求未盡相同，但已經頗為接近，起碼是世界上最接近資本主義“理想”要求的地方。[160]港人以此為榮，經常把香港的經濟體系與內地的社會主義計劃經濟體系相比而表現出優越與傲慢心態。香港的資本主義自由經濟體系也常常為人們用以界定何為“香港人”的重要準則，更是區別“香港人”與內地同胞的關鍵標準。

港人普遍覺得香港營商環境簡單、方便，企業與企業之間可

160 關於歷史上和其他地方的經驗，可參考 Vito Tanzi, *Government versus Markets: The Changing Economic Role of the State* (Cambridge: Cambridge University Press, 2011).

以在公平和公開的環境下進行競爭。公平競爭產生優勝劣敗的良性效果，汰弱留強有利於推動香港的經濟發展。香港在戰後締造的經濟奇跡與它的經濟體系密不可分。因此，任何其他經濟制度都不能切合香港的獨特情況，而香港的獨特情況包括土地面積小、自然資源匱乏、資金充足、人口眾多、平均教育水平不高、毗鄰內地、交通通訊便捷、國際聯繫緊密等。

然而，實際情況與一般港人的理解有不少的差異。殖民政府雖是小政府，但其實並不太小。在無須承擔國防與外交職能的情況下，它仍然佔有香港每年本地生產總值（GDP）的 20% 左右。在"殖民地"內，英資財團獲得特殊的照顧和權利，享有不公平的競爭優勢，尤其在公共事業範疇之中。有一段時期，香港甚至要為保衛英鎊的幣值而付出代價。

壟斷（monopoly）和寡頭壟斷（oligopoly）的例子在香港其實比比皆是，在公用事業、汽油、超級市場、房地產市場等領域尤為突出。因此，把香港視為自由經濟的典範其實有誇大之嫌。不過，當經濟高速發展，而大部分人都能從中受惠時，那些與自由經濟不盡相符的事物往往被人視而不見。

第三，香港在自由開放的資本主義體系下是一個充滿均等機會的社會（land of abundant and equal opportunities）。快速的經濟增長為港人製造和提供大量的、源源不絕的工作和發展機會。教育的普及化讓不少低下階層的子弟得到教育甚至高等教育的機會。家境一般和欠佳的人也可以通過勤奮學習進入優秀學校完成學業，並以此作為日後事業發展的敲門磚。戰後香港中產階層的快速膨脹和向上社會流動機會的增加印證了港人對香港是充滿均等機會社會的信念。不少中產人士在他們家族歷史中是首批獲得現代社會中產身份地位的人，並引以為榮。當然，我們還缺乏足夠嚴謹的學術研究去確認人們的信念有多少事實依據，我個人的觀察是香港的社會流動機會不是人們想像中那麼多，但社會上大量白手興家和勤儉致富的真實例子的不時湧現無疑強化了港人的信念。

第四，香港自由開放的資本主義社會自然不可能是平等的社會，平等的意思是每一個人都享受到差不多的生活水平。事實上，平等結果（equality of outcome）只可能在社會主義社會出現（假如真要出現的話）。對於這點，港人了然在胸。跟其他發達社會相比，港人對貧富差距或收入差距的容忍力和接受度較高。當然，這方面還有一個前提，那就是位處較低階層的人也有不錯的通過自己努力改變身份和地位的機會。即便自己改變不了，自己的下一代也要有這些機會。所謂公平社會就是每一個人都有上進機會的社會。因此，階級或等級的存在絕對不是問題，但上層階級絕對不能擁有特權或壟斷發展機會，而讓下層的人永遠困在下層。人們認為，香港的不同階級之間並不存在階級矛盾，更遑論階級鬥爭。不少人相信香港的經濟發展雖然製造了不同社會階級，而且較上層的人從中得到了較多的好處和上流機會，但香港的階級體系卻並非封閉的而是開放的。這就是說，通過"滴漏效應"（trickle-down effect）不少發展機會從上層源源不絕流向下層，讓下層的人也有機會往上爬。

第五，個人努力和拼搏乃成功之道。港人相信教育和知識乃成功的不二法門，再加上個人的拼搏精神、創新能力、甘冒風險的膽色、不屈不撓的勇氣，成功必然可期。戰後香港教育的普及化為一般人提供了通過公平競爭提升社會地位的機會。雖然大學教育仍是極少數人能夠享受得到的精英教育，但公平的考試制度讓家境困難的子弟仍然能夠憑藉個人資質和勤奮學習而獲得進入大學的門徑。接受過良好教育的人進而得到進入政府和私人機構工作和發展的機會，並從此躋身中產階層行列。

第六，貧窮與失敗屬個人的責任。既然社會已經為絕大部分人開放了上進的機會，努力上進和具有才幹的人不會被埋沒。因此，貧困或失敗的人只應該埋怨自己而不應該諉過他人，更不應該遷怒於社會或政府。當然，人們有時會以"命運不好"、"時運不濟"、"前世不修"或"祖宗不庇佑"等封建迷信觀念做解釋，但即便如此仍是用與個人有關的理由來理解貧窮與失敗，而不是用結構性、政治性、社會性、政策性或制度性的原因來解釋。因此，港人不接受以集體抗爭行動、階級鬥爭或政治衝突來改變個人的處境。

第七，社會分配公平合理。在開放的資本主義市場經濟下，市場承擔最主要的資源、收入和財富配置的功能。市場不僅是最有效運用有限資源的機制，更是最公平合理的手段。所有人應該接受市場運作的結果，政府不應該隨便干預市場的自由操作。市場運作產生的分配不均其實發揮着積極和正面的作用，因為它鼓勵和刺激人們奮發上進，對成功者予以獎勵，而對懈怠者則施加懲罰。通過物競天擇、汰弱留強，社會才可以不斷進步。

第八，香港政府是一個有限職能政府（limited government）。港人對政府職能的理解與西方古典經濟學家例如亞當・史密（Adam Smith）等的"放任主義"（laissez-faire）觀點十分吻合。外國著名學者例如密爾頓・佛利民（Milton Friedman）經常讚賞香港為自由經濟的典範。港人認為政府應該在經濟領域扮演有限的角色，主要是維護自由市場的秩序、防止市場失衡、捍衛法治、保護私有財產、提供基本建設。政府不應該參與經濟活動，不要"與民爭利"，不要用公帑資助個別行業和產業，不要搞"官商勾結"，不要搞保護主義，不要屈服於福利主義和民粹主義。當然，隨着時間的推移，政府的職能其實有所擴大。香港在戰後逐步出現的“四大福利支柱”（公共醫療、公共房屋、公共教育和福利援助）的規模可觀，涉及的財政支出不少，佔政府的總體開支一半以上。單靠政府的税收不足以應付福利開支的需要，還需要依靠出售土地或賺取其他收入來幫補。一般來說，雖然政府在經濟領域的角色主要是“中間人”、“執法者”或“仲裁者”，但它在福利範疇內卻是積極的服務、福利和設施的提供者。殖民政府後來也索性承認了它的不太有限的“有限政府”角色，以“積極不干預”（positive non-interventionism）一詞取代“放任主義”（laisser-faire）來描述其職能。不過，不少港人仍然堅持認為“積極不干預”只是“放任主義”的代名詞，是新瓶舊酒，但事實卻大謬不然。前殖民政府布政司（並曾出任署理香港總督）鍾逸傑（David Akers-Jones）曾向我表示，“積極不干預”是兩個相反意思的概念連在一起的詞語（oxymoron），它給予殖民政府頗大的靈活施政的空間。殖民政府審時度勢，因應政治需要厘定它的角色與功能。它可以“積極”介入經濟和社會事務，但它也可以採取“不干預”的立場。因此，提出“積極不干預”反映殖民政府在應對急速變遷的香港社會的需要時的策略調整，其實總體後果是擴大其職能。殖民政府的最大的政治目標是要讓港人擁護殖民管治、促進社會穩定和培植本土歸屬感，使得英國人日後與中國政府談判香港的政治前途時有更多的民意“籌碼”。

第九，簡單低税制。既然殖民政府是一個小政府，主要職能在於以超然、不偏不倚的態度確保自由市場的公平競爭，則它不能也不應該佔有社會過多的資源。所以，香港的賦税制度應該維持低稅率。為了營造良好的營商環境和提升香港的國際競爭力，稅率除了低之外還需要簡單，即是説稅種不單數量少而且容易計算。事實上，利得稅、薪俸稅和交易印花稅歷來是香港政府稅收的主要來源，而為數不多的企業和高薪一族則是主要的繳稅者，中小企業和一般"打工仔"則繳稅不多。誠然，殖民政府作為香港土地的"擁有者"可以通過拍賣土地獲得可觀的收入，並得以運用這些收入來部分資助香港的"四大福利支柱"。然而，賣地收入缺乏穩定性，而依靠賣地收入的政策無可避免會推高地價和樓價，直接增加企業的經營成本和老百姓的房屋與租金的支出，使得香港的"真實"稅率其實並不那麼低。縱然如此，香港的簡單低稅制無疑是香港的資本主義體制的標誌，更是不少港人引以為榮的東西。一直以來，社會上不時有聲音提出要引進新的稅種和擴大稅基，但真正有實質意義的稅制改革卻在回歸前從未發生。

第十，審慎理財的財政政策（prudent fiscal policy）。既然政府的收入有限而且並不穩定，但社會的需求和政府的開支卻又有不少的剛性（inelasticity），特別是公務員的薪津和退休金及社會福利和服務的支出。長期以來，殖民政府奉行審慎理財的原則，並奉之為金科玉律，不可逾越。在審慎理財哲學下，殖民政府一般不搞赤字預算，大體上只搞年度預算（annual budgeting），抗拒進行長遠財政規劃（因為無法預知未來的政府收入），不太願意開闢新的開支專案，反對舉債，盡可能累積財政儲備，主張"量入為出"。不過，雖然殖民政府反對鋪張浪費，但它對其支出的專案卻甚少認真做成本效益分析（cost-benefit analysis）。即便核數署（回歸後改名為審計署）負有核實財政資源是否用得其所的功能，但由於該署不能質疑政府的政策，因此其所做的成本效益分析也只能流於皮毛，不能將資源浪費歸咎為政府政策不當。

第十一，既然政府認為市場比政府更能有效調撥和運用有限資源，則合乎邏輯的結論必然是政府的工作儘量交付市場來做。雖然理論上很多政府擔負的職能和責任都可以轉移到市場去，但實際上由於政治上、社會上和思想上的各種阻力，政府不容易把自己的承擔"甩掉"。不過，上世紀八零年代西方發達國家流行一些"市場萬能"的理論，提倡盡可能讓市場取代政府提供公共服務，連警察和監獄的工作都可以脫離政府。為了"順應"潮流，殖民政府也積極引進市場機制，一時間"私有化"（privatization）、"公司化"（corporatization）、"外判化"（outsourcing）、"利潤驅動"（profit motive）、"私人參與"和"公私合營"等時髦詞語在社會上廣為流傳。甚至回歸後初期，這些崇尚自由市場的思想仍然強固，影響到特區政府的行為，當然有一段時間特區政府也希望賣掉部分政府資產來籌集政費。不過，對於政府施政應否遵循市場準則各方面意見分歧，而實際上各式各樣的市場化舉措的成敗得失也是言人人殊，莫衷一是。部分人則特別關注市場化會否造成"官商勾結"的惡果。

第十二，福利政策只照顧基本需要。[161] 前面我講到香港在有限政府和簡單低稅制下仍然建立了"四大福利支柱"。不過，和歐洲的福利國家比較，香港的社會福利的種類實在相差甚遠。無論在"生、老、病、死"或"'醫'、食、住、行"方面，香港還有不少不足夠的地方，比如說在退休保障、失業保險、兒女撫養、養老設施等方面。儘管社會上經常有人要求政府增加福利開支，但其實港

161 Nelson Chow, "The Making of Social Policy in Hong Kong: Social Welfare Development in the 1980s and 1990s," in Roger Goodman, Gordon White and Huck-ju Kwon (eds.), *The East Asian Welfare Model: Welfare Orientalism and the State* (London: Routledge, 1998), pp. 159-174.

人的福利觀卻不利於“福利社會”的建設。港人既然相信每一個人都應該自食其力，對自己的情況負責，則他便不應該依靠政府和社會。不過，港人還是願意對那些無力照顧自己的人或不幸的人施以援手，但只提供基本的服務和援助，而且不希望造成長期對政府或社會的依賴。對大部分港人來説，所謂福利乃社會對有實際困難的人的救濟，受助者對施予者應該心存感激。港人一般不認為福利是“權利”，是每個人與生俱來所擁有的對社會的合理要求，更不認為福利是“普及和平等”的東西。每個人所得到的福利應該與其實際需要或與其曾對社會作出的貢獻掛鈎，因此不同人所獲得的福利可以有明顯差異。港人又不同意長期性的福利供給，福利的提供應該是有時限的，就算時限過後而困難依然，福利的供給也應該停止。港人普遍認同福利不應該使受助者失去工作的意欲，反而應該是鼓勵工作的動力。在這個前提下，不願意工作的人不應該得到福利的照顧。有工作能力的人只應該藉助福利來渡過難關，而不可以長期靠福利為生。港人除了認為政府應該提供基本的福利外，他們也要求社會承擔一定的責任。他們重視慈善事業的發展，對善長仁翁懷抱敬意。社會賢達很多時候其實是樂善好施的人的代名詞。總的來説，港人的福利觀頗為“傳統”和保守，大體上不贊成“福利社會”，更甚為厭惡各式各樣的民粹主義。

第十三，作為堅決擁護自由貿易的國際商埠，香港是全球化的積極參與者，也是實實在在的既得利益者。資金、人才、貨物、資訊自由進出香港乃香港的品牌，是香港贏取世界讚譽的標記。幾乎所有貨品進入香港都享有零關税待遇，香港從來沒有實施外匯管制。當然，因為港元與美元掛鈎的緣故，港元匯率不能對美元自由浮動，香港所以失去了制定貨幣政策的權力，而其中利弊參半。財政政策也因為奉行量入為出的原則而似有實無。即便如此，香港仍然長期被美國傳統基金會（The Heritage Foundation）視為全球最自由的經濟體。一直以來，港人相信香港能夠憑藉其優越的競爭力在全球激烈競爭中屹立不倒。人們認為內地的改革開放只會為香港帶來更多的發展機遇，而內地“永遠”以較“落後”的發展身份支持及配合香港的發展，香港與內地的發展水平仍將長期維持着相當的差距。這種對香港的信心和對香港未來的無限憧憬使得港人將香港的命運與全球化和內地的改革開放有機地連接起來。

最後，不少港人雖然對西方民主有憧憬，但對於香港實行西方式普選卻不無顧慮。民主選舉無可避免會帶來公共政策的重大變化。香港的自由市場資本主義體系、有限政府、簡單低稅制、審慎理財哲學、簡約的福利制度和充裕的財政儲備能否在民主體制下繼續存在，港人不敢肯定。究竟民主政治會引領香港到哪裏，港人感到困惑。正因如此，香港過去還沒有出現大規模的、有廣泛群眾基礎的和持久的民主運動。一直以來，中產人士是民主改革的主要支持者，但香港的民主運動卻缺乏大幅度動員中產階層的能力。

導致政策共識剝落的原因

香港的政策共識的剝落並非出現在回歸之後，而是在上世紀九零年代已經隱約可見。跟美國、歐洲和日本等發達社會一樣，政策共識剝落的主要原因是越來越多人覺得二次大戰後實施了幾十年的公共政策不能夠兑現其承諾，包括維持較高的經濟增長速度、較低的失業率、不斷改善人民生活水平、逐步拉近收入差距、持續提高國際經濟競爭力等。最為矚目的，是發達地區的中產階級面對越來越多的困難和挑戰。“中產下流”、“M 型社會”、“中產哀傷”（middle-class malaise）等描繪中產苦況的名詞陸續出現。發達社會在上世紀七零年代初期的樂觀情緒一掃而空，取而代之的是憂鬱的陰霾，以至對經濟長期停滯不前甚至走向衰落的心理預期也頗為普遍。連綿不斷發生的社會與政治衝突正好是發達國家陷入發展困局的最佳寫照。

造成香港政策共識逐漸剝落的因素大體上與發達國家的相同，但也有自身的特點。不過我必須指出，政策共識的剝落不等於政策共識的毀壞或不存在。香港特區政府中央政策組過去就港人對政府施政路向和對不同具體政策的看法做了大量民意調查，基本結論是多數人仍然認同原來的政策共識，但人數比例則緩慢下降。懷疑和反對原來政策共識的人則持續增加。應該説，主流民意依然贊同原來的政府施政路線，但信心卻沒有過去那麼堅定。懷疑和否定原來政策共識的人一般提不出新的政策發展出路，即便提出也是五花八門，令人眼花繚亂。社會上不時有公共政策的討論和爭論，但流於片面與情緒化，當中涉及的個別和狹隘利益不少。學術界在這方面的研究與辯論也不多，嚴肅的政策分析屬鳳毛麟角，這明顯與學者對公共政策研究不熱衷有關。即便如此，港人對香港的整體發展和民生狀況不滿確是顯而易見的。

香港當前的處境其實與發達國家一樣，舊政策共識仍然享有主導地位，但指導政府施政的能力正在減退，新政策共識還在醞釀之中，能否形成切實可行的新共識仍是未知之數。究竟香港目前是出於從舊共識到新共識的“過渡期”還是長時間處於舊共識不斷剝落而新共識又建立不起來的艱難狀態，沒有人能夠説得準。無論是屬於那種狀態，政府施政備受干擾，社會紛爭沒完沒了，港人失落消沉則是香港社會的“常態”現象。

導致港人對原來政策共識產生疑問的原因十分明顯，其實與全球自上世紀八零年代開始出現的巨大變化有密切關係。首先，全球化以迅猛速度發展，國與國、地區與地區、人與人之間的競爭趨於白熱化。上世紀九零年代之前，社會主義國家和不少欠發達國家基本上沒有進入全球化行列。然而，隨着蘇聯解體、東歐變天、中國加快改革開放步伐並於2001年加入世界貿易組織（WTO）、落後和發展中國家紛紛開放內部市場和逐鹿國際市場，人類世界才真正實現了全球化。在這個大環境下，香港遇到前所未有的競爭壓力，競爭之激烈遠遠超乎港人的想像。與此同時，全球化又為那些擁有那些全球都需要的知識和技能的港人獲得前所未有的發家致富空間。

第二，中國的改革開放既為香港帶來莫大機遇，但同時也帶來巨大挑戰。上世紀八零年代初開始，在短短的十多年間，香港便幾乎完成了非工業化過程（de-industrialization）。大量小規模、勞動密集型、低技術含量的工業從香港轉移到內地特別是珠三角一帶，充分利用內地的廉價土地和勞動力。香港的“夕陽”工業無疑突然擺脫了被淘汰的命運，反而獲得了“再生”及擴大規模的機會。不少中、小企業東主搖身一變成為大老闆。然而，大批香港工人很快便失去了穩定和收入不錯的工作，只能投身於工作環境和待遇都差得多的低端服務行業（飲食、零售、旅遊等）。在這個過程中，部分中產人士也被波及，原因是一些低層的中產職位流向內地及其他地區。一般而言，內地的改革開放對香港不同的社會群體產生不同的影響，教育和技術水平較高的專業人士是得益者，而依靠體力勞動的人則是受害者。

第三，作為一個相當成熟的經濟體，而且經歷了戰後近三十年的高速經濟增長，香港經濟發展的步伐無可避免要放緩。香港的經濟體系能夠製造的優質工作的數量，越來越滿足不了不斷增加的受過良好教育的港人的需要，年輕人尤其首當其衝。由於這些變遷來得既急切快，不少年輕人對自己的期望和要求仍然與他們上一輩相若，但卻沒有如上一輩般得到那麼多的發展和上進機會。認為香港不是充滿機會的社會的人雖仍是少數，但卻是人數越來越多的少數。再者，隨着資訊科技的長足發展、互聯網的出現和現代管理科學創新所引發的企業和公共機構的結構重組，機構內部中層職位不斷被削減，嚴重打擊了中產階級的擴充空間，原來的類似鑽石型社會階級結構的中間部分出現萎縮之勢。

第四，財富和收入的兩極分化有越演越烈之勢。貧富懸殊的情況不斷惡化，逐漸超越了港人的容忍界限。認同香港乃不公平社會的人雖仍是少數，但卻有增加的趨勢。貧富差距擴大不但製造了大量社會怨氣，扭曲了社會生態，催生了嚴重的社會矛盾和摩擦，毒化了社會氛圍。更麻煩的是香港逐步形成了一個走向封閉的上層階級，其成員利用其龐大資源和人脈關係對社會上流機會進行壟斷，從而壓縮了其他階層的上流空間，增加了他們的挫敗感、不安全感和義憤之情。要求社會公義的呼聲清晰可聞。貧富懸殊又導致不信任香港的制度和領袖的人越來越多，連帶香港法律是否公平公正也受到質疑。[162]

第五，一直以來，社會上都有零散聲音批評香港的產業基礎

162 西方學術界對社會不公所產生的各種社會、政治和心理毛病研究甚豐，可參看 Richard Wilkinson and Kate Pickett, *The Spirit Level: Why Greater Equality Makes Societies Stronger* (New York: Bloomsbury Press, 2009); Derek Bok, *The Politics of Happiness: What Government Can Learn from the New Research on Well-being* (Princeton and Oxford: Princeton University Press, 2010).

過分狹隘，尤其是香港的工業快速消失之際。人們擔憂香港是否過分依靠金融、地產、商業、服務和旅遊等幾個“支柱”產業。回歸後香港飽受金融危機的折磨，經濟增長不如理想，有“光明前途”的工作供不應求，港人對香港的產業結構的不滿情緒亦油然而生。就算在回歸之前，殖民政府曾對推動香港產業多元化（industrial diversification）啟動思考，在社會上也引發了一些討論，但隨着“泡沫經濟”的冒起和根深蒂固的“小政府”思維的作祟，有關爭論亦戛然而止。事實上，當社會各界的危機意識仍然薄弱時，要大幅改變“行之有效”的經濟“政策”談何容易。

第六，不少中產人士陷入困境而無法自拔，中產階層由回歸前的自足自滿的穩定社會群體蛻變為回歸後的自怨自艾的不穩定的一群人。中產階層的不安不穩乃特區管治困難和政局混亂的根源。作為擁有知識並具備塑造輿論民意的社會階層，中產階層的怨氣與怒火衝擊了原來的政策共識的公眾認受性。

第七，港人越來越以新思維觀察和理解社會問題和現象。過去港人傾向從個人層面解釋諸如貧窮、失敗和收入差距等社會痼疾，鮮有從社會結構的角度出發。各項民意調查發現，不少港人多了運用宏觀和結構性因素分析社會問題，尤其是社會不公的現象。政府的政策、經濟制度、稅收體制、主流意識形態、國際格局等因素都在不同程度上被用上。結果是，貧窮、個人無法上進、貧富懸殊等現象與個人的努力和知識的關係被不斷淡化，個人也因此無須承擔過多的責任。由是政府、社會精英、全球化、香港與內地的經濟“融合”便越來越被視為罪魁禍首。社會問題的徹底解決離不開現行體制和政策的根本改變，而根本改變則需要通過集體政治行動和鬥爭來驅動，從而個人奮發努力對於改善自己的處境已經無關宏旨。

第八，人權觀念在香港日趨普及，圍繞着爭取人權的政治摩擦越來越多。人們覺得以人權為幌子來維護和實現自己的利益較能讓自己站立在道德高地上，因此有利於獲得政治優勢。在人權政治（politics of rights）方興未艾的氛圍中，社會福利更多地表現為人權的追求。過去人們認為向政府領取福利和救濟乃羞恥的事，對人難以啟齒。漸漸地，社會福利被越來越多人當成為每個人與生俱來的權利（entitlement），是每一個人都有理由向政府索取的東西，而政府則有責任向有困難的人發放福利，即使那些困難是因為個人問題所致。所以，享受社會福利並非見不得人的事。逐漸地，有意或不介意領取福利的人增加得很快，而人們又越來越傾向爭取"全民性"（universal）的福利，即是那種每一個人都可以獲得的、不帶條件的、質素和數量都差不多的福利供給。如此一來，政府承受的增加福利的壓力陡增。

第九，經濟領域中的壟斷和寡頭壟斷情況越趨嚴重，"官商勾結"的印象深入人心。全球化、內地改革開放和政府的"不干預"政策的互動為大型財團的冒起提供肥沃的土壤。大型財團數量雖少，但其涉足的行業卻甚廣，從地產、金融、電訊、醫藥、交通、運輸、公用事業、零售以至各類服務一應俱全。每個人無論在就業、居住、娛樂和生活上都或多或少受到影響，但由此怨氣卻浸浸然產生。在經濟壟斷和寡頭壟斷日益深化的環境中，不但中、小企業生存空間收窄，連帶個人創業的機會也受壓。對年輕但又接受過高深教育的人來說，香港社會對自己不公，而社會公義又受到侵蝕，因此逆反心態不輕。

第十，金融和地產兩業地位顯赫，壓縮了其他行業的發展空間。回歸之初，在董建華的領導下，特區政府曾經試圖通過改變房地產政策來壓低房價與租金，並在政府的推動下讓新興的高附加值產業得以在香港成長。然而，惡劣的政治與經濟環境，加上新政府的經驗和能力不足，因此成績有限。地產業雖然曾受亞洲金融危機的重創，但不旋踵便恢復過來。為了阻止樓價不斷下滑，特區政府被迫放棄壓抑樓價的措施，反而採取一連串穩定樓價的舉措（所謂"孫九招"），其中最關鍵的是減少土地和公營房屋的供應。特區政府的新政策頗為奏效，樓價和地價重拾升軌。2008 年爆發的全球金融海嘯促使西方國家和內地大幅增加貨幣供應。大量各地熱錢流到香港，不少向本地樓市進軍，迅速讓香港的樓價如脫韁野馬般攀升，使得有需要置業的人懊惱萬分。在地產業一枝獨秀之同時，金融全球化、大量資金湧到香港、內地企業到香港上市集資和人民幣國際化都對香港的金融業產生刺激作用。地產和金融兩業暢旺導致樓價和租金飆升，不但擠佔了其他行業的生機，也使通貨膨脹更難控制，嚴重打擊民生。香港產業結構過於單調，越來越令港人憂慮和不滿。

第十一，香港與內地經濟關係越趨緊密。長期以來，兩地的經濟互動主要由工商界人士推動，政府只擔當配合的角色，尤其在硬體供應（基本設施）方面。2003 年，特首董建華正式宣告以加強香港與內地的經濟往來與合作為香港經濟發展策略的核心，從此特區政府便積極推動兩地的合作，為此並主動向中央提出各種建議。內地居民來港"自由行"、CEPA、人民幣業務、內地企業到港融資和發展、粵港合作、深港合作、香港加入國家的五年規劃等政策和措施紛紛出台。兩地經濟合作對香港的經濟增長至為重要。在西方經濟困難深重之際，國家的崛起的確對香港的經濟起着振衰起頹的作用。當然，回歸前香港從製造業到服務業的產業結構調整在相當程度上得益於內地的改革開放、香港“近水樓台”的地緣優勢和中央對香港的扶持，但回歸後兩地的經濟合作關係更上不止一層樓，而是無論在深度、幅度和性質都在變化，不過總的來説是“互利共贏”的安排。

第十二，“發展優先”觀念受到挑戰。回歸後香港社會冒起了一些新的發展思維，當中教育水平較高者和年輕人最為趨之若鶩。這些新發展思維主要來自西方發達國家，代表人類在物質上和心理上脱離了匱乏經濟的陰影後對個人和社會的新要求。西方學者認為“後物質主義”（post-materialism）思想正在擴散，並對存在已久的“物質主義”（materialism）構成強烈挑戰。服膺“後物質主義”的人不相信“發展是硬道理”，同時認為“過度”發展已經帶來了不少苦果，並會禍延後代。這些苦果包括環境污染、全球暖化、氣候反常、地球水平線上升、能源和自然資源短缺、水資源匱乏、區域發展不平衡、國家內部的貧富差距擴大、貧窮問題、人文關懷匱乏、精神文明墮落、資源爭奪所觸發的戰爭和衝突等。越來越多的港人尤其是年輕人不甘心接受“中環價值”（物質主義和金錢掛帥）及享樂主義，要求平衡經濟發展與社會關懷、環境保護、文物保存、民主參與和社區保育。基於對現狀的不滿，加上對過去殖民管治的美化與緬懷，部分港人忘記了“殖民地”的種種不公，傾向眷戀“殖民地”時代的風物，不允許任何發展對之造成破壞或玷污。這些帶有“後物質主義”色彩的情感和訴求，與主流社會的“物質主義”格格不入。然而，“後物質主義”卻不時以社會運動、政治動員和反對派的行動具體表現出來，無論對政府的管治或對政局的穩定都構成一定的威脅。

總而言之，一系列的社會和經濟的變遷明顯增加了對原來的施政路向和政策共識的懷疑、不滿及對抗。對現行公共政策有異議的人不斷批判現狀，但迄今為止一套新的、切實可行並得到多數人認同的新政策綱領還未有出現，其中最重要的原因是舊政策共識的基本前提還獲得大多數人的支持，反映港人的政策思維尚未發生根本性的改變。此外，畢竟過去香港所取得的發展成就在港人的心中與舊政策共識分不開。認為香港必須徹底揚棄舊的一套的人其實不算多，較多人則對舊的一套有所保留，但對新的一套既缺乏認知又沒有信心。這種混亂混沌狀態衍生了不少圍繞着公共政策的爭論，但卻無助與情況的分析、政策的討論和新共識的形成。

原有政策共識的剝落

香港目前的處境堪稱為一困局，而港人則有坐困愁城之歎。情況大體上是這樣：原來的政策共識還佔主導地位，雖然地位比前有所動搖。各種各樣的新政策建議不斷湧現，並不斷衝擊現行的政策。政策的爭論往往又與實際利益矛盾糾纏在一起，反映香港的利益格局越趨複雜和多元。社會上有權威和有能力整合各方意見和建議的力量絕無僅有。特區政府作為舊政策共識的維護者和倡議者固然無法膺此重任，建制勢力也肯定是現狀的既得利益者和堅定的維護者。反對派雖以改革者自居，但卻沒有完整的改革藍圖，即使是改革者也缺乏大刀闊斧的改革胸襟、識見、膽色與謀略。學術界對公共政策研究有限，對實際情況掌握不足，而且內部分歧嚴重，實在無力帶領社會走向新共識的建構。

首先，經濟發展仍然被廣大港人視為頭等大事。正當部分港人特別是年輕人否定"發展至上"時，更多港人對香港的經濟競爭力、經濟前景和下一代的前途卻憂心忡忡。這種對香港未來的憂慮反過來強化了人們對經濟發展的渴望與訴求。他們對任何阻撓和拖慢香港經濟發展的行動都不以為然，甚至深痛惡絕。他們反對政客以任何理由通過抗爭或訴訟手段反對政府推行的發展項目。誠然，大多數人願意多投放資源在改善環境、空氣、水質上，在保育社區與文物上，或者在關愛弱勢社群和發揚公義上，但卻不同意以犧牲經濟發展為前提。事實上，老一輩對發展的越加珍惜和年青一輩對發展的越加懷疑已經引發了香港的"世代之爭"，為香港已經複雜的社會矛盾格局增添新的衝突。

自由市場和資本主義仍然是主流民意擁戴的制度。就算鼓動民粹主義和福利主義的政治勢力也沒有提出香港實行其他經濟制度的主張。大部分人依然認為以市場為機制進行生產和分配可以接受。回歸後的金融危機顯然沒有嚴重削弱港人對資本主義的信心。[163]

"背靠內地、面向世界"作為香港經濟發展的核心策略幾乎已經成為香港的新共識，而這可以說是香港回歸以來在新政策共識建構上得到的最難能可貴的成果。回歸後，金融危機和經濟滑坡促使各方面急迫地探討香港未來的經濟出路。提出來的"新"建議包括發展高新科技產業、減少對地產業的依賴、強化原有產業、強化香港的制度和政策優勢、進一步開拓香港的傳統出口市場、挖掘能夠

163 Lau Siu-kai, "Confidence in Hong Kong's Capitalist Society in the Aftermath of the Asian Financial Turmoil," *Journal of Contemporary China*, Vol. 12, No. 35, 2003, pp. 373-386.

發揮香港比較優勢的新產業等。加強與內地經濟合作作為推動香港經濟發展的動力起初甚少人提及，主要原因有二：沒有人預見到國家在上世紀九零年代後期出現的高速經濟增長及其對香港經濟的驅動作用，[164] 同時有不少人害怕香港與內地的經濟“融合”會削弱香港的高度自治。因此，當董建華在 2003 年 1 月的《施政報告》中提出香港加強與珠三角經濟合作時，社會上懷疑的聲音有之，揶揄嘲諷的言論也不少。然而，經過多年來的實踐，內地與香港的經濟合作為內地和香港都帶來了實惠，香港所獲得的實惠更大。在西方國家經濟情況欠佳的環境下，國家的經濟增長為香港的經濟發展和產業結構調整注入了動力。香港的經濟增長在一定程度上又推動了港人人心的回歸，提高了港人的國家觀念和民族意識，削弱了港人對反對勢力的支持，增加了港人對香港經濟前景的期盼。總的來説，兩地不斷加強合作締造了雙贏的局面，得到兩地同胞的歡迎。從另外一個角度看，兩地經濟合作的強化，豐富了“一國兩制”的內涵，增強了“一國兩制”的生命力，讓香港可以在國家的發展過程中擔當新的角色和發揮新的作用。

隨着兩地經濟合作帶來的實際效益接踵而來，人們的態度快速出現變化，紛紛要求特區政府積極推進兩地的經濟聯繫。多數港人甚至贊同香港應該爭取參與國家的五年規劃，好使香港能夠更好的從國家的發展中得益。過去港人一般視經濟規劃為社會主義，認為規劃與市場水火不容，但內地的驕人經濟成就卻迫使港人修訂其對規劃的看法，起碼不再視之為洪水猛獸。部分港人不但要求特區政府為香港的發展多做長遠規劃，甚至接受中央對香港的經濟發展

164 事實上，國際社會也只是在二十一世紀初才確認中國是一個不斷冒起中的經濟巨人，之前不少人還預測中國的經濟有崩潰的可能。

和產業轉型進行規劃。這些思維上的改變是回歸前難以想像的。當然這不等於説港人不再信任市場，但肯定不排除規劃作為市場的補充。

但是，我們不得不承認，經過近十年的兩地經濟合作，一些新的、亟待解決的問題陸續浮現，為兩地的進一步經濟合作造成陰霾。不妥善處理這些問題，不單會導致兩地經濟合作的倒退，更會影響到兩地同胞的關係和感情，以至激起港人對中央和特區政府的不滿，給反對勢力和外部力量予可乘之機，不利於"一國兩制"的落實，也會加劇特區管治的困難。簡言之，這些問題包括兩地經濟合作對兩地同胞的利益矛盾、香港內部的利益分歧、香港的政治格局和"一國"與"兩制"之間的關係的影響。

大量內地同胞到香港投資、購物、旅遊、就醫、就學和就業在很多方面都讓香港受惠。不過，香港的房價、地價和租金近年來的飆升，部分與內地同胞來港置業與投資有關。一些日用品比如嬰兒奶粉出現價格上漲和短缺的情況，對民生造成影響。大批內地孕婦到港分娩導致醫院牀位不足，引發香港產婦面對"生育難"的現象。個別內地遊客眾多的地區迅速轉變為內地富裕遊客的購物區，地區面貌迅速改變，為本地居民帶來了不便和不滿。公共交通工具出現擁擠的情況。香港的大學生無力面對內地優秀學生的激烈競爭。港人與內地同胞的面對面接觸的機會越來越多，因為語言、生活習慣、文化差距、社交禮儀不同和相互間存在成見而衍生出來的摩擦和衝突無日無之。在媒體的大肆渲染下，兩地同胞的矛盾和感情受到很不好的影響。

內地與香港的經濟合作所產生的經濟成果分配不均，更有部分港人成為"受害者"，導致部分港人懷疑甚至反對兩地的經濟合作。不少港人覺得，大財團、大機構、地產商、金融界、專業精英和與內地或內地同胞有生意來往的人能夠從兩地經濟合作中獲益，但其他人則受惠不多。有些人的生意或職位甚至因為兩地的經濟“融合”而丟失。在兩地經濟合作中的得益者、非得益者和受害者之間的利益矛盾越來越成為突出的社會矛盾。也有部分港人相信兩地的經濟合作是造成香港的貧富懸殊情況越趨嚴重的原因之一。每年來港定居的內地同胞被視為是引致貧富差距惡化的另一“元兇”。

特區政府和行政長官作為兩地經濟合作的積極推動者，被部分港人指責為罔顧香港的利益和港人的福祉，因此導致政府和特首的民望下滑及加深管治的困難。儘管大部分人仍然贊同兩地經濟合作對香港極為重要，也是不可或缺，但反對政府進一步推動兩地經濟合作的聲音卻不可低估。近幾年來，幾乎所有被認為會強化兩地經濟合作的政策和措施都受到一些人的激烈反對。港珠澳大橋、連接內地的香港高鐵、新界“邊界”地區的發展、自由行旅客的增加、深圳前海的建設、兩地同胞“自駕遊”等專案都受到不同程度和方式的干擾和反對。國民教育受到部分教育界人士和學生的堅決抵制。政府提出的六大優勢產業中的醫療產業和教育產業也因此而受到質疑而舉步維艱。新特首梁振英的“紅色”背景和他在競選期間大力鼓吹兩地經濟合作，更令部分港人傾向從“陰謀論”角度觀察政府的施政，使得特區政府動輒得咎，而且背上罔顧香港利益的罵名。儘管梁振英不斷強調其政府的政策以港人優先（比如說“港人港地”政策），但懷疑之聲從未間斷。

回歸以來，特別在反對勢力的竭力宣傳下，不少港人以“兩制”淩駕“一國”的思維看待“一國兩制”的安排與實踐，不太願意承認和尊重中央的權力，動輒責難中央“干預”香港事務。兩地加快經濟合作所衍生的各類問題進一步強化了香港內部的"兩制"意識。近一年多來，尤其是梁振英政府上台之後，反共、反對中央、質疑"一國兩制"、反對兩地"融合"、鼓吹兩地"隔離"、反對香港"赤化"、矮化中聯辦的權力與地位、反對"西環治港"、把新政府醜化為"港共"政權、把內地同胞醜化為"蝗蟲"、香港的"核心"價值與制度沉淪論、香港"城邦"論、"港獨"論、美化與緬懷殖民統治等聲音時有所聞，其目的與效果是把港人與中央，香港與內地、港人與內地同胞對立起來，並在香港築起有形與無形的圍牆來"抵禦"內地的"入侵"。這些不利於兩地關係的態勢反過來又為反對勢力的"雙普選"（普選行政長官和立法會）的要求帶來更多的社會支持或同情。當然，在這些聲音和言論的背後是港人心態的一些改變。過去港人對內地同胞的傲慢感和優越感雖然仍在，但一絲絲的憂患感和自卑感卻顯然可見。港人的心理不平衡復又令他們對香港本身的價值觀、制度、生活方式和做事方式在內地的"衝擊"下能否維持和繼續產生懷疑和擔憂。回歸前，不少港人對香港的東西滿懷信心，高度自豪，滿以為香港在回歸後可以成為內地的楷模。回歸後的變故導致了港人的失落和惆悵。港人的目標不再是要按照香港的模樣"改變"內地，反而是要"抗拒"內地"改變"香港。"畫地為牢"、"堡壘香港"意識的抬頭，顯然不利於香港人心的進一步回歸，不利於兩地的進一步交往、不利於"一國兩制"的進一步深化發展，甚至會"毒化"香港與內地和中央的關係，傷害兩地同胞的感情，當然更不利於香港的社會和諧與政治穩定。

然而，儘管出現這樣和那樣的問題，大多數港人仍然相信香港與內地經濟合作乃香港前途之所繫，絕對不能放棄，頂多是要在不可逆轉的前進道路上多加警惕和認真解決問題而已。

港人對政府在經濟和社會事務上的角色也出現了微妙的轉變。“小政府”的原則無疑在社會上仍有市場，在經濟學者中尤甚。然而，要求政府擴大其職能和承擔的呼聲綿綿不絕。政府被要求扶持和推動新產業的成長、抑制個別產業的擴張(比如地產業)、加大反壟斷的力度、反對政府工作向市場轉移、增加對福利的承擔(尤其在醫療和退休保障方面)、加大對勞工的保障（最低工資和標準工時)、擴闊公共房屋受惠者的範圍（年輕人和部分中產人士)、壓抑公共事業機構的加價幅度、強化各類人權保護等。特區政府在一定程度上其實也作出了回應，例如最低工資的設立。不過，港人對香港會否淪為“福利社會”卻仍然有所警惕，生怕過多福利會打擊工作意欲，助長懈怠歪風。港人仍然不願意視福利為天賦人權，對“大鍋飯”式的福利供給極為抗拒。在經濟領域，港人對政府直接參與經濟活動依然戒心忡忡，對於政府是否能夠成為成功的“企業家”毫無信心，更憂慮政府會搞“官商勾結”或偏幫個別財團與利益。因此，所謂擴大政府職能和責任應該説是一種溫和的與小心翼翼的訴求。

矛盾的是，港人雖然期望政府多做工作，但卻不願意讓政府從社會中多拿一些資源。當然，有民粹主義傾向的人提出各類增加政府收入的建議，比如拓寬税基、開徵新的税種（銷售税、資產增值税、奢侈品税)、提高公司利得税的税率，總的目標是想富人和大企業“開刀”，讓政府可以增加收入，同時又產生拉近貧富差距的效用。不過，無論是政府也好，或是普羅大眾，都對改變香港的簡單低税制不表贊同。有錢人固然不願意多交税，中產人士覺得改變税制只會加重自己的負擔。低下階層的人自然較喜歡“劫富濟貧”之舉，但態度並非強烈。各方面又顧慮税制改變會否削弱香港對投資者的吸引力，帶來弄巧成拙的結果。港人更不贊成政府進行赤字預算、大幅削減財政儲備或對外與對內舉債，認為長期下來會搞垮香港的經濟和財政紀律。有人提出把部分財政和外匯儲備挪出來成立主權基金以謀取更大的投資回報，但附和者不算多。反對者擔心政府缺乏能力成功營運主權基金，政府既不想擴大政府的經濟角色，並且擔心香港的混亂與鬥爭不絕的政治氛圍不利於主權基金的運作。不少人又憂慮主權基金會否削弱政府維繫聯繫匯率的能力，因此導致意圖不軌者伺機衝擊聯繫匯率而牟利。因此，設立主權基金的討論從來都沒有脫離萌芽狀態。至於應否放棄運行多年的港元與美元的聯繫匯率制度，社會上的爭論時有發生，但總是沒有結論，因為沒有人能夠準確計算其利弊。政府的立場則更簡單明確。官員們沒有勇氣承擔放棄聯繫匯率後所可能產生的風險和惡果的責任。所以，雖然不少人把香港一些經濟問題比如通脹和資源調配不公和不妥歸咎於聯繫匯率，但要廢除它卻難以凝聚社會共識。

加大對教育、培訓和再培訓的投入應該說是"新"政策共識，因為它們與港人的價值觀吻合，但其實也"新"不到哪裏去。的確，回歸以來政府在教育和培訓上的投放持續增加，港人的教育水平不斷提高。不過，教育政策不穩定，目標欠明確和執行又不連貫，導致成果不彰，各方面對香港的教育情況和教育改革怨聲載道。更重要的是經濟增長沒有能夠配合，沒有製造大量良好職位予教育水平越來越高的年輕人，反而引發更多的怨懟和挫敗感。

不少港人支持政府加大力度扶持具有潛質而香港又有比較競爭優勢的新產業，減少對金融和地產業的過度依賴、緩和經濟周期的波動性並讓不同才華的人有更多的發揮機會。所以，當特首曾蔭權提出政府推進六項優勢產業（教育服務、醫療服務、檢測和認證、文化創意、創新與科技和環境保護）發展的建議時，社會上反應正面。不過，特首對此的決心其實不大，而政府內部篤信“小政府”的官員仍佔主導，不願意落實特首的建議。結果是政府投入扶持新產業的資源極少，無法在短期內取得立竿見影的成績。由於政府的介入有限，而且沒有提出具體和涉及公帑的政策措施，因此社會對政府揀選和扶植新產業的支援力度有多大無從稽考。可以肯定的是，當政府真的拿出具體建議時，社會上的爭議必不會少。屆時基於經濟“教條”的攻擊、基於公平原則的批評、基於對政府的意圖和能力不信任的反對、和基於利益分歧的批判一定不絕如縷，政府要落實扶持新產業的政策一點也不容易。

結語

回歸之前已經出現的舊政策共識的剝落和新政策共識的難產，可以說是造成香港回歸後管治困難、發展乏力、政局不穩、群眾焦慮和社會內耗的重要原因之一。不少時間和精力“浪費”在無窮無盡但卻又沒有結果的政策爭拗之中。在不同的力量的拉動下，特區政府的施政路向難以保持穩定性與可預測性，因而損害了管治效能和政府的威信。

一直以來，港人引以為傲的價值觀、身份認同、對前景的樂觀態度和其對內地同胞的優越感，都在相當程度上以原來的公共政策共識為基礎。一旦這個根基動搖，引發出來的政治、經濟、社會、文化和心理的衝擊波非同小可。社會的團結和諧，人與人之間的相互尊重和信任，政府與群眾之間的互信和“契約”，甚至香港與內地的關係都受到不利的撞擊。回歸以來香港的亂局似乎印證了這個看法。

現在我們還不能夠斷定香港何時才可以建立新的公共政策共識，但情況肯定不容樂觀。香港日趨嚴重的貧富差距和無法彌縫的政治分歧為重建政策共識形成重大障礙。在這個環境下，理性的討論難以進行，互諒互讓的氣氛不存在，利益爭奪容易變成“零和遊戲”，陰謀論滿天飛。港人對舊共識的眷戀和對變遷的恐懼使他們難以棄舊迎新。基本法的宗旨是維持香港原有的制度和生活方式不變，因此要改變原來的政策共識又受到法律上的制肘。港人對來自西方的東西趨之若鶩，但西方世界卻仍處於原有共識遇到嚴峻挑戰之際，因此難以向香港提供新思維和新政策建議。港人對內地的抵觸和傲慢態度又令他們抗拒來自內地的好東西，也許因此而失去一些有參考價值的經驗。

展望將來，除非港人的危機感大為強化，否則香港在可預見的將來仍然會在原來共識剝落，新共識尚待建立的困局中痛苦掙扎，並為此付出沉重代價。

第三部分

對港式民主的思考

第八章　香港民主發展的參考意義[165]

近三十年來各國民主實踐的失敗例子屢見不鮮，當中有名實不符者、有民主變遷引發社會撕裂者、有民主選舉導致經濟下滑者、有威權管治掩藏於民主外衣者，更有因民主試驗失敗而引致強權政府回朝者，凡此種種，不一而足。[166]

自上世紀七十年代初發軔於西班牙和葡萄牙，其後不斷擴散到拉丁美洲、亞洲以至非洲的民主浪潮，被稱為近代史上的“第三波”民主運動。九十年代初出現蘇聯解體和東歐劇變，東歐各國、俄羅斯和一些前蘇聯的加盟共和國也紛紛進行各式各樣的民主改革。一時間，世界上絕大部分的國家都成為了“民主”國家，而“非民主”國家反而是鳳毛麟角。那些碩果僅存的“非民主”國家便成為了西方列強策動的“顏色革命”的“顛覆”對象。

自從蘇聯解體之後，美國及其西方盟友以贏得了二次大戰後持續了半個世紀的東西方冷戰而亢奮莫名。西方有不少人甚至幼稚地斷言人類歷史以西方尊崇並植根於個人主義的自由民主和資本主義市場經濟為終結。[167] 他們預言：發源於西方獨特歷史和宗教的

165 本文原來在 2008 年發表於《港澳研究》夏季號，在本書中文字稍有修訂。

166 可參考 Samuel P. Huntington, *The Third Wave: Democratization in the Late Twentieth Century* (Norman: University of Oklahoma Press, 1991); Andreas Schedler (ed.), *Electoral Authoritarianism: The Dynamics of Unfree Competition* (Boulder: Lynne Rienner Publishers, 2006); Frank Vibert, *The Rise of the Unelected: Democracy and the New Separation of Powers* (New York: Cambridge University Press, 2007); Frances Hagopian and Scott P. Mainwaring (eds.), *The Third Wave of Democratization in Latin America: Advances and Setbacks* (New York: Cambridge University Press, 2006); 及 Larry Diamond, *The Spirit of Democracy: The Struggle to Build Free Societies Throughout the World* (New York: Times Books, 2008).

167 Francis Fukuyama, *The End of History and the Last Man* (New York: Free Press, 1992).

西方價值觀、信仰、意識形態和制度已經成為了世界上所有人都必須崇奉的東西，而那些東西則成為了衡量各國發展水平的"普世"(universal)準則。今天的西方人跟過去的西方人一樣，以強烈的宗教狂熱和極度的傲慢和自信，甚至不惜以武力征伐和陰謀顛覆手段，竭力迫使各國人民接受西方文化及隨之而來的確認西方在世界上的支配地位。[168]

近年來失敗的民主事例的湧現、俄羅斯對西方式民主的背離，尤其是標榜奉行"中國特色社會主義"的中華人民共和國的迅速崛起，亞洲人民對其自身價值觀和發展成就的自豪感上升，和回教世界對西方世界的激烈鬥爭，令世界上愈來愈多人對"歷史終結論"和西方價值觀的"普世"性產生懷疑。

近十多年來，不少國家因經濟困頓或發生金融危機，被迫尋求西方國家或由西方國家主導的國際組織(特別是國際貨幣基金會)的財政援助，因而被強制接受它們施加的苛刻條件，執行所謂"華盛頓共識"(Washington Consensus)，結果導致民生凋敝，政局不穩，國內資產被西方企業吞噬，貧富懸殊問題惡化，但經濟卻仍然停滯不前，甚至出現經濟危機(例如阿根廷和印度尼西亞)。通常西方國家也會藉機要求陷入經濟困難的國家推行或深化西方式的民主和市場改革作為經濟援助的條件，結果是進一步加劇有關國家的政治經濟困難，從而使得西方的民主體制更不受世界人民所認同。

168 可參看 Stephen Kinzer, *Overthrow: America's Century of Regime Change From Hawaii to Iraq* (New York: Times Books, 2006); Thomas Carothers, *Aiding Democracy Abroad: The Learning Curve* (Washington, D.C.: Carnegie Endowment for International Peace, 1999); Jack Snyder, *From Voting to Violence: Democratization and Nationalist Conflict* (New York: W.W. Norton & Co., 2000); Amy Chua, *World on Fire: How Exporting Free Market Democracy Breeds Ethnic Hatred and Global Instability* (London: William Heinemann, 2003); Robert S. Litwak, *Regime Change: U.S. Strategy through the Prism of 9/11* (Baltimore: The Johns Hopkins University Press, 2007); 及 Mark MacKinnon, *The New Cold War: Revolutions, Rigged Elections, and Pipeline Politics in the Former Soviet Union* (New York: Varroll & Graf Publishers, 2007).

西方國家近年來的所作所為，充分暴露了其言行不一、雙重標準和以狹隘國家利益為依歸的偽善面目，使得其所標榜的所謂“普世”價值的可信性大為減低，也大大損害了西方國家的國際形象和影響力（即所謂“軟實力”和“話語權”）。西方國家對伊拉克的侵略、在貿易上愈趨奉行保護主義、有選擇性地在不同的國家推動民主或“顏色革命”、不尊重別國的國家主權、不尊重聯合國的地位和角色、不願意承擔改善全球環境污染問題的責任等行徑，嚴重打擊了西方價值觀尤其是民主理念對非西方世界的吸引力。

亞洲近年來的崛起明顯增強了亞洲人民的自信心和自豪感。[169] 亞洲各國人民日益對自己過去的歷史、文化、傳統和價值觀發生興趣和引以為傲，並刻意和有選擇性地把傳統文化價值與源於西方的文明糅合起來，目標在於重新建構一套植根於本土並有利於自身發展的思想價值體系，最終樹立獨立的身份認同和國家觀念。在這個文化重塑的過程中，顯而易見的目標，是要爭取與西方國家和人民平等的地位和待遇，進而催促西方國家與亞洲以及全世界人民一起建設一個平等、公義、和平與共贏的新國際秩序，並徹底廓清過去帝國主義、殖民主義、霸權主義、西方民族中心論在過去幾個世紀以來造成的種種不義與禍害。儘管亞洲各國人民在廣義上或原則上肯定“民主”價值，但他們卻傾向根據本國本民族的歷史和現實情況對它作出詮釋和理解，並按此制定自己的政治體制和民主發展模式。“純粹”的西方民主觀已經不可以主導亞洲人民對民主的想像空間。相反，亞洲人民的民主實踐經驗，日後定必會為全人類的民主進步，作出自己的貢獻。

169 Kishore Mahbubani, *The New Asian Hemisphere: The Irresistible Shift of Global Power to the East* (New York: PublicAffairs, 2008).

事實上，近數十年來民主政治在西方的發展，亦產生了不少新問題和新現象，促使不少西方有識之士對民主政治的利弊，作出了大量深入的反思，從而導致部分西方人對西方民主政制也產生一定的疑惑。這些新問題和新現象包括：金錢在政治上（特別在選舉過程中）的腐蝕作用日趨嚴重，大眾傳媒的政治影響力過度膨漲，公眾政治參與（例如選舉和參加政黨活動）的意欲和程度萎縮，抗爭性行動此起彼落，政治參與在不同階層、種族和地域間越趨不平等，民選產生的機構（尤其是立法議會）作為民主政體的核心地位和角色走向衰落，非選舉產生的司法機關勢力擴張，政黨作為人民的代表和政治仲介組織的作用下降，非民選產生的組織和人士（包括專業團體、非政府組織、智庫、國際組織、宗教組織等）的政治影響力不斷上升，民粹主義抬頭並衝擊政治理性，民意主導下政治人物與政府傾向短視與私利掛帥，政府管治效率持下降，福利開支壓力不堪負荷，政府威信不振，人民的政治疏離感嚴重，民眾對民主政制的支持度下跌，民主政體愈來愈無法協調日趨嚴重的利益矛盾，貧富懸殊問題無法通過民主政治予以紓緩，經濟增長未有因民主改革而提升，階級衝突因民主化而激化等等。西方人士正在為如何在新情況下體現民主理念而苦苦探尋。[170]

170 Fareed Zakaria, *The Future of Freedom: Illiberal Democracy at Home and Abroad* (New York: W.W. Norton & Co., 2003); James S. Fishkin, *Democracy and Deliberation: New Directions for Democratic Reform* (New Haven: Yale University Press, 1991); Amy Gutmann and Dennis Thompson, *Why Deliberative Democracy?* (Princeton: Princeton University Press, 2004); Larry M. Bartels, *Unequal Democracy: The Political Economy of the New Gilded Age* (Princeton: Princeton University Press, 2008); Joe Klein, *Politics Lost: How American Democracy Was Trivialized by People Who Think You're Stupid* (New York: Doubleday 2006); Steven Schier, *By Invitation Only: The Rise of Exclusive Politics in the United States* (Pittsburgh: University of Pittsburgh Press, 2000); Sydney Verba, *Voice and Equality: Civic Voluntarism in American Politics* (Cambridge, Mass.: Harvard University Press, 1995); 及 Stein Ringen, *What Democracy Is For: On Freedom and Moral Government* (Princeton: Princeton University Press, 2007).

香港的民主化進程

香港早在二次大戰後不久隨着經濟起飛便發展成為一個現代化社會，擁有較高教育水平的民眾、頗高的生活質素、相對成熟的法治根基、廣泛的自由、不錯的人權保障、安定的社會和高效率的公共行政管理等連一些歷史悠久的民主國家（更遑論非民主國家或其他殖民地）也缺乏的條件。然而，直至上世紀八十年代初期出現所謂"香港政治前途問題"時，香港仍然是以典型的殖民地方式管治，以總督為首的殖民政府由英皇委任，完全談不上有明顯的民主成分。

直至上世紀八十年代初期，英國人在其漫長的殖民統治歲月中，一向拒絕引入民主改革，堅持把政治權力牢牢掌握在自己的手中。事實上，在其整個殖民統治過程中，英國人從來沒有遇到要在香港推行民主政制的壓力。在只有繼續當英國的"殖民地"或重回祖國懷抱的兩種選擇的背景下，香港從來沒有出現過反殖或獨立運動，也沒有出現過要求回歸祖國的行動，因此英國在香港的殖民統治從來沒有經受過"殖民地"人民的反抗，所以它毋須以民主改革去換取港人的支持。[171] 同時，英國亦擔憂在民主選舉下，親中國政府的政治勢力會取得政治權力，成為對"殖民地"政權的威脅。中華人民共和國成立後，基於全局性的政治考慮，中國政府允許英國繼續管治香港，但任何包含"還政於民"或"獨立政治實體"意味的政制改革均不可以推行，所以直到上世紀八十年代初期中英談判香港政治前途的前夕，香港沒有經歷過有實質意義的民主變革。

171 事實上，香港作為一個"殖民地"有着獨一無二的特徵。這就是：殖民政府先於"殖民地"人民出現。到香港移居的華人，在移居前已經清楚知道他們在香港的身份是被殖民者管治的對象。

然而，在明白到殖民統治必須於 1997 年終結後，基於"光榮撤退"的考慮，同時也為了扶植親西方勢力以掌控九七後的香港特區政權，英國在中英談判尚未完結及在沒有港人強烈要求下匆匆推出"代議政制"改革計劃，目標在於在九七回歸前產生一個"植根於港人"的民選政府。英國人亦刻意鼓動港人的民主訴求和反共情緒，延攬反共民主派為其政治盟友，同時大力向中國政府和"愛國愛港"力量發動鬥爭。[172]

英國的民主改革計劃在中國政府的堅決反對和在香港缺乏廣闊和堅實的支持下舉步維艱。儘管香港最後一任總督彭定康甘冒與中國政府對抗之險而強行實施其政制改革方案，有關改革也無法過渡到回歸之後。可以說，英國的"代議政制"改革只能局部完成，但卻造成了反共民主派勢力坐大和香港內部政治分化之局。

事實上，在"一國兩制"、"港人治港"和"高度自治"等承諾的大前題下，香港在回歸後也必然要推行政制民主化以作出配合。這樣做一方面展示中國政府對港人的信任，另一方面則通過回應港人的民主訴求以增強他們對香港前景的信心和對中國政府對港政策的信任。不過，中國政府在處理香港的民主化問題時，較英國人有着更長遠和更周詳的考慮，也可以說是採取了更負責任的態度。畢竟，中國政府必須認真考慮香港的長遠繁榮和穩定，特別是要確保香港在回歸後較諸在"殖民地"時期有更佳的發展，並且能夠在國家的發展中作出貢獻。[173]

---

172 Lau Siu-kai, "Decolonization *à la* Hong Kong: Britain's Search for Governability and Exit with Glory," *The Journal of Commonwealth and Comparative Politics*, Vol. 35, No. 2 (July 1997), pp. 28-54.

173 Lau Siu-kai, "The Hong Kong Policy of the People's Republic of China 1949-1997," *Journal of Contemporary China*, Vol. 9, No. 23 (March 2000), pp. 77-93.

中國對港的政策的核心內容是以“一國兩制”為手段，維持香港原有自由放任的資本主義制度和政治權力比較集中的行政主導政制，保存和提升香港的經濟活力和對中國的價值。與此同時，鑒於香港內部存在着不少反共勢力，港人人心回歸需要頗長時間，而境外反華勢力也必然會利用香港去衝擊中國政府和中國的社會主義制度，中央因此需要在香港的政制民主化過程中保留它的憲制主動權和主導權。所以，香港的民主發展，除了必須得到中央的同意外，也一定要克服掌握香港經濟命脈的商界精英的顧慮，而民主化進程肯定需要循序漸進，不可一蹴而就。基本法所規定香港在回歸後的政制民主化模式，充分反映了中國政府視香港的政制為貫徹“一國兩制”方針政策的工具的戰略思路。

不可避免地，中國政府對香港民主發展的立場，不但與英國政府的不同，與香港的反共民主派將民主發展視為最大目標的觀點更屬南轅北轍。即使是港人主要是基於恐共情緒和對香港前景疑慮而衍生的溫和民主訴求，也不容易在基本法的政制發展方案中馬上得到滿足。回歸後的頭幾年，香港遭遇到二次大戰以來最嚴重的金融風暴和經濟滑坡，加上禽流感和非典的肆虐以及特區政府管治的失誤，港人的不滿和怨憤曾經一度演化為較強烈的民主訴求。然而，基本法所規定的民主進程，雖然受到反共民主派的屢次進攻，卻仍然屹立不倒。隨着港人對國家前景期待度的上升、對中央政府的信任增加、國家觀念和民族意識的強化、香港經濟情況的改善、特區管治水平的提高，港人的民主訴求亦隨之有所緩和。中央於 2007 年底承諾香港可以在 2017 年普選行政長官，甚至可以早到在 2012 實行立法會的普選。中央此舉進一步增加了港人對基本法政制安排的接受，大大削弱了反共民主派藉政制課題挑動港人不滿情緒的能力。總而言之，香港在回歸後的民主發展方式大體上按照基本法的規定進行，雖然香港的民主發展不斷受到反共民主派及其西方勢力支持者的竭力反對和阻撓，但卻愈來愈得到港人的理解和接受。

香港民主發展模式的特點

從比較角度而言，香港在過去二十多年來的民主發展，可以說是一個頗為成功的事例，值得其他國家和地區借鑒。[174] 香港的民主實踐，一直以來被反共民主派描述為失敗例子，甚至是香港的恥辱。香港不少有識之士，在論述香港的民主化進程時，也每每以歉疚的態度出之。他們的共通點，是認為以香港的經濟和社會發展水平，香港早就應該出現普選政府和立法機關的情況，尤其是很多發展水平遠比香港為低的地方早已具備了普選制度。這類看法的一個謬誤，在於狹隘地把民主等同於普選，既不認真分析究竟該地的普選安排是否真的能夠達到民主的目標或者反而會損害民主的真義。另一個謬誤，是把民主的形式和實質混淆不清，沒有認真對待除了普選以外其他促進人民向當權者施壓和問責的機制，例如在政府以外的其他政治制度對政府的制約、除普選之外人民可以利用的影響當權者的手段和管道(包括示威和抗爭)、法律對政府的約束、媒體的監察作用、民間組織的制衡、外部力量的左右作用、經濟發展需要對政府行為的制約（例如要維繫投資者的信心）以及國際輿

174 劉兆佳，"香港的民主化道路，"《廣角鏡》，12 月號 (1993)，頁 68-77; 及 Lau Siu-kai, "In Search of a New Political Order, " in Yue-man Yeung (ed.), *The First Decade: The Hong Kong SAR in Retrospective and Introspective Perspectives* (Hong Kong: The Chinese University Press, 2007), pp. 139-159.

論的壓力等。事實證明，不少非普選的機制比普選能夠更有效產生促進民主的效果。從另一角度看，在缺乏其他與民主政制相關的條件和要素配合下，單憑普選也難以產生民主的效果，甚至會出現反民主的惡果。

再者，這類觀點也犯了不顧歷史的謬誤。每一個國家或地區的民主化過程，雖有一些共通之處，但亦有各自的特點，絕不可一概而論。但總的來說，必須小心審視在該地的政治發展中民主含量是否持續增加，當中包括人民是否擁有愈來愈多可以影響政府行為的機會。從這個角度出發，只要民主含量不斷上升，究竟普選在民主發展過程中哪一個階段出現便變得不是那麼重要。可以這樣說，從整體民主發展的角度來說，應該在哪一個階段或時刻引入普選、引入何種形式的普選和普選本身是否應該分段落引進，必須要充分考慮有關國家或地區的具體情況和歷史背景，其他與民主政制密切相關的條件（例如政黨的成熟度、政治文化的內涵、法治的狀況、公民社會是否對民主變遷有利、民主發展有否社會共識）的發展情況，在深入調研後方宜決定，不能搞一刀切，更不能照搬西方理論。

更有一種謬誤，是以為只要經濟發展達到某一個較高水平，民主政制便必須要儘快建立，而民主試驗也必然會獲得成功。這個看法沒有科學根據。人均水平偏低的印度和菲律賓一直以來都被西方稱許為成功民主範例。二次大戰前的日本和德國在經濟發展和人民教育水平均高的情況下卻面對民主體制崩潰和軍國主義和納粹主義肆虐的敗局。亞洲四小龍（香港、台灣、南韓和新加坡）在已經締造了經濟奇跡後一段頗長時間內仍維持威權管治。

近年來政治學的實證研究發現，較高經濟發展水平只是民主化過程能否啟動的有利因素。要真的啟動民主化過程，一些政治因素往往更為重要，例如強大而具有群眾基礎的民主訴求或運動、部分建制內或建制外的重要精英分子的推動、外來勢力的介入、社會內部出現劇烈鬥爭等。中產階層的政治表態尤為重要。西方政治理論一般認為經濟發展會擴大中產階層，而中產階層則懷有民主訴求並會動員起來爭取民主改革。然而，西方研究亦發現，當中產階層依附着一個保守階層或群體（例如地主、軍人或官僚）的話，又或者他們害怕低下階層群眾的話，則他們的切身利益便反而使他們抗拒民主化。上世紀六零年代和七零年代很多拉丁美洲國家的中產階層便不是民主的改革者。中產階層對民主發展的態度，其實在相當程度上反映其所在社會的經濟發展模式、經濟結構和階級結構。在經濟滯後發展的國家、政府在經濟發展中擔當主導角色的地方、貧富懸殊情況嚴重的社會和上層階級強大的國家中的中產階層一般傾向保守。總而言之，經濟發展雖與民主化有一定聯繫，但卻不可以視民主化為經濟發展的必然結果。

總體而言，與其他國家和地區比較，香港的民主實踐是成功的。即使在尚未有政府和立法機關普選的情況下，憑着香港所擁的自由、人權、法治、民意對政府施政的影響力、立法和司法機關對政府的制衡、媒體對政府的監督、公民社會的茁壯和民眾抗爭行動的廣泛運用，香港已經是民主的社會。民意調查發現，港人認為香港的民主程度頗高，只是稍稍遜於發達國家而已。

說香港的民主發展是成功的，並非否認它亦存在着不足的地方。自從上世紀八十年代初開始，政制民主化問題的爭議一直困擾着香港、分化了港人，並且在回歸前造成了中英之間的不斷摩擦。基本法規定的政制安排雖然在回歸後正式落實，但反共民主派依然不斷藉政制問題煽動港人對中央和特區政府的不滿情緒，把中央、特區政府和擁護“一國兩制”的港人通通標籤為反民主勢力。回歸後香港遭到前的未見的金融、經濟和各類歷史上聞所未聞的傳染病的打擊，人心虛怯浮躁，反共民主派遂能利用政局不穩之機而以儘快落實普選為要求向中央和特區政府施壓，質疑按照基本法產生的行政長官的認受性，猛烈衝擊特區的管治。反共民主派同時得到西方勢力的聲援，兩者亦意圖干擾和破壞“一國兩制”的實施，並削弱港人對香港前景的信心。

然而，即使如此，香港的政制民主化仍能在爭吵不絕中按基本法的原意一步一步地進行，但卻只能部分地得到港人的接受。從上世紀八零年代初開始，直至最近兩三年左右，反共民主派基本上是主流民意的代表者。他們雖然因政制的規限而無法奪得執政的機會，也未能控制立法會的過半數議席，但他們卻以自身的高度團結性和不錯的政治手腕發散出很大的政治能量，從而使得特區政府的施政舉步維艱，基本法所欲看到的“行政主導”亦無從說起。

正因為特區政府的施政受到反共民主派的阻撓，不但做不了“善政”，更不能在香港處於水深火熱時大力推行大膽的和重大的政策舉措，為香港的長遠發展奠定堅實基礎。港人對特區政府的弱勢深以為憂，對反共民主派的所作所為微言日多。部分人認同反共民主派的主張，認為只能加快民主改革步伐才有望提升管治效能，促進香港的發展和提高香港的整體競爭力。不過，多數人始終對此半信半疑。無論如何，人們對香港的民主化持一定的懷疑態度，是以香港的民主化進程是在港人帶着一定的疑慮的氛圍中進行的。

香港的民主化進程同時是民粹主義的催化劑。港人所享有的高度和廣泛的各種自由、平等觀念的日漸深入人心、西方人權思想的擴散和貧富懸殊的惡化是民粹情緒上漲的溫牀。媒體和反共民主派的推波助瀾，更是民粹主義一發不可收拾的"元兇"。香港的民粹主義主要反映在政治和社會層面上，而較少表現在經濟層面上。資本主義思想在港人心中根深蒂固，以市場機制來分配收入和財富被普遍接受。港人較其他地方的人民能夠容忍較大的貧富差距，認為"多勞多得"方能激發人們的奮發向上的精神，推動社會的進步。港人對富人並不特別有好感，但也不視之為"階級敵人"，因此要求財富再分配的呼聲頗為微弱。相反，由於港人長期習慣了英國人的殖民管治，某種"崇洋"的意識揮之不去。回歸後由港人自己組成的政府要在短期內樹立威信並不容易。回歸後初期在重重困難下出現的施政失誤，嚴重打擊了新政府的認受性。港人對民主的認知流於片面，重權利而輕義務，揚利益而抑承擔、把尊重政治權威與促進政治平等對立起來，從而形成了一種反政治精英的意識，認為政治精英只從一己之私出發，不值得尊重和信任，更在必要處處提防其濫用權力。回歸前不少社會精英紛紛移民外地，顯示他們對香港的歸屬感薄弱，更令不少港人對其失望與鄙視。回歸後不同政見的政治和社會精英紛爭頻繁，也使港人對其反感。民粹主義以政治和社會精英為攻擊對象，其來有自，不足為奇，但民粹主義無可避免會注入不少非理性和反智成分於政體之中，不利於港人民主個性（democratic personality）的形成和走向成熟。

另外一個不足之處，是香港的民主政制在處理貧富懸殊問題上捉襟見肘，難以有太大作為。基本法下的政制着重保障香港原有的自由放任的資本主義經濟制度，賦予投資者較大的政治影響力，大大規限了特區政府在縮窄貧富差距方面所能運用的手段。自上世紀七十年代以來香港的貧富懸殊問題愈趨嚴重，惟政府卻對此一籌莫展，這無疑會令中下階層港人對民主政制失望和對當權者疏離。

不過，香港的民主發展過程縱有不盡如意之處，但仍可稱為成功，因為它仍具備一些值得肯定的特點。

首先，香港的民主化發展方式確保了“一國兩制”在港的順利落實及維護了國家和港人的利益。“一國兩制”的總目標，是延續香港的原有制度和生活方式，使香港能一如以往地為國家的現代化作出貢獻，但同時又不會衝擊國內的社會主義體制和對國家安全構成威脅。港人普遍明白，“一國兩制”安排是香港前途的最佳保證，其對港人利益的重要性遠在政制民主化之上。基本法採取的較保守的循序漸進的民主化模式，在最大程度上使原有的狀況得以保留，防止急劇的政制變遷對社會、經濟、管治方式和既有的利益結構造成過大的衝擊，從而回應了港人的維持現狀至少“五十年不變”的要求，維繫了港人對香港前途的信心和對中央的信任。簡言之，香港的民主化模式符合港人的根本利益。

第二，香港的民主化模式刻意不採納部分西方國家的三權（行政、立法、司法）分立，地位均等的政治制度，而是設立行政凌駕於立法和司法的“行政主導”體制。這與“殖民地”的“行政主導”體制若合符節，也為廣大港人所認識。“行政主導”體制的優點，除了可以提升政府的決策和行政的效率外，亦有利於回應港人對強勢政府的期盼。尤其重要的，是行政長官既是政府首長又是特區首長的雙重身份令中央可以通過行政長官確保“一國兩制”方針得以在香港準確落實。

第三，香港的民主發展過程是一個和平的過程。儘管在整個民主化過程中風雨不絕，但香港的社會依然維持高度的穩定性。香港從來沒有經歷過政府倒台、政局動盪、暴力蔓延、騷亂不安的情況。毋庸置疑，民主化的確使社會走向政治化，衍生了不少新矛盾和令新舊矛盾交織激宕的現象，而香港的政制又無法在制度內把矛盾處理好，遂使得不少矛盾在制度以外發生。即使如此，香港的社會安定和秩序亦沒有受到嚴重的損害。

第四，香港的民主發展過程的社會共識基礎愈來愈廣闊。誠然，香港的民主發展形式和步伐最終的決定權在中央的手中，而英國政府在回歸前，特別是在上世紀八十年代初中英談判香港前途期間，也有一定的影響力。港人之中，則以工商界和愛國人士的影響力較大，而一般老百姓的影響力則較小。不過，隨着時間的推移，愈來愈多港人認同循序漸進的民主化步伐，而選舉制度中特別照顧工商界和專業界人士的安排亦逐步得到港人的接受。所以，香港民主發展的社會根基愈來愈扎實。

第五，香港的民主發展是整體社會各方面均衡發展的一個組成部分。政治發展不但沒有損害社會與經濟的發展，反而在一定程度上發揮相互促進的作用。當然，反共民主派人士老是批評香港的政制發展大幅落後於經濟和社會發展，但這肯定是過甚其辭之論，香港的社會穩定正好説明問題。

第六，香港的民主化以穩健的步伐向前推進。過去三十年，在"第三波"民主化浪潮中的所有國家和地區，民主化速度都是急促的，甚至是暴風驟雨式的。這不僅造成了很大的損耗，拖低了民主政治的素質，同時也為部分國家和地區的民主實踐失敗埋下了伏線。 相反，香港的民主化策略着重穩中求勝，絕對不爭朝夕，不與時間競賽，因而可以不斷前進，不虞有民主崩塌或倒退之險。

第七，貫穿整個民主進程是一種務實主義的思想。大多數人都從實事求是角度出發，視民主政制為服務於國家和港人利益的一件工具。理想、原則、意識形態、感情等因素雖然存在，但沒有發揮主導作用。事實上，香港的情況是相當罕見的。惟其如此，香港的民主化過程便較多地集中在做好各方面利益協調的工作，而這工作較可以從理性態度處理，因此難度也相對較低。

第八，香港是在已具備了其他民主體制的重要元素後才逐步引入普選成分，從而大大增加了普選成功的機率。很多民主試驗的失敗例子，都顯示在缺乏法治、人權、自由、較高人均收入水平、較高教育水平、社會不同群體之間關係融洽、社會對公共政策和發展路向有明顯共識、人民的政治包容性強、公民社會成熟、廉潔和高效的官僚行政架構、政黨發展比較理想等條件下，單靠普選無法產生民主政治。香港在引入普選之前，大部分與民主政體密切相關的條件已經具備，為香港的民主未來打下了良好的根基。誠然，香港的政黨規模細小，且資源匱乏，又缺乏雄厚的群眾支持基礎，但在循序漸進的民主步伐下，香港在民主化的早期階段也無須馬上倚仗強大的政黨才能建立有效治理。

第九，香港的民主化不會導致社會福利開支和稅務負擔大幅上揚的後果。基本法條文中有關量入為出和維持收支平衡的內容已經使得特區政府不能搞"福利國家"來贏取民眾的支持。整個選舉安排也令鼓吹民粹主義的政黨難以有執政或控制立法會的機會。民粹主義大體上只能通過媒體或街頭政治發揮影響力，因而無法直接左右政府的施政。

最後，香港的民主發展是以維持一個職能有限的政府為前提的。特區政府的職能和工作範圍要比其他國家和地區的政府小得多，很多事情由市場和社會辦理。"大市場、小政府"和"大社會、小政府"最能描述回歸前後香港的政府的施政理念。民主政治的本質，是人民能夠通過政治參與左右政府領導人的選拔和他們的行為和決定。政府的職能愈大，則民眾可以通過民主政治擁有和行使愈多的政治權力，相反亦然。香港特區政府既然只有有限職能，則港人通過民主政治參與只能影響整個香港生活中的一個相對於其他地方而言較小的部分。再加上香港不是一個主權國家，而香港的高度自治來自中央授權，中央在香港事務上仍擁有不少重大權力。所以，既然港人通過民主政治所獲得的政治權力只能在有限的事務範圍內發揮作用，市場和社會的運作受到政府的影響又不是太大時，民主政治的實質價值和意義亦相應下降。隨着全球化的迅猛發展，香港作為一個高度開放的細小經濟體更受到外來因素的影響，以至其各項金融、貿易、財政和經濟策略的自主空間有限。所有那些策略都要確保香港能夠在世界上有經濟競爭力，和被投資者認為香港已經採納了國際公認的最佳做事方式。與此同時，基本法又詳細地對特區政府的各項政策範疇作出了規定，港人也因此難以藉民主政治參與對公共政策作重大改變。

總而言之，跟其他地方比較，港人也難以通過民主政制對香港事務發揮重大影響力。政府的工作在“小政府”情況下既然對港人的影響雖大但又不是太大，民主化與否對港人來説便不是那麼至關重要，人們便可以以從容不迫的態度來處理民主發展問題，不會視之為關乎“生死存亡”或所謂大是大非事項，從而較傾向以妥協態度解決問題。

香港民主化相對成功的原因

香港的民主化實踐之所以取得不錯的成果，絕非偶然。從比較角度來説，香港代表一個成功的事例。港人不但不應妄自菲薄，反而可以引以為慰。畢竟在一個半世紀的殖民統治中，港人從未經歷過民主的政治生活，有的頂多是所謂“開明的”獨裁統治。英國人也基本上沒有為香港過渡到民主政治作充分的準備。儘管如此，香港仍然能夠在回歸後穩步走向民主化，不可不説是一個成就。究其原因，可有下列幾個。

第一，香港是一個經濟發展水平相當高，而社會亦比較富裕。香港的民主發展因而擁有優越的物質基礎。在富裕社會中，每個人或多或少都有自己的既得利益，都有需要捍衛自己的利益。因此，大多數港人都渴望政局穩定，從而努力地確保民主改革不會成為社會動盪的根源。

第二，就民主發展而言，香港和其他國家和地區有着一個根本性的分別。其他地方一般先引入民主改革，希望藉着民主選舉產生新的執政者，然後再獲得法治、自由、人權、善政及社會與經濟的進步。可以説，民主是催生其他人們盼望得到的好東西的鑰匙。正因為民主如此重要，人們便願意不惜付出沉重代價去爭取民主。香港的情況剛好相反。英國人為了在一片荒島上建設一個商埠，所以殖民地政府一開始便要實施較開明的管治方式，以吸引人才和資金的到來。香港在未引入民主改革之前，已經具備了不少民主社會所擁有特徵和制度。在這種歷史發展背景下，香港的民主化在開始時便有了良好的基礎，其運作自然也較為暢順。

第三，香港的民主發展沒有受到外來勢力的過分干擾和破壞。當然，英國政府在回歸前竭力在港推行它屬意的以立法機關為權力核心的“代議政制”，但沒有成功。西方勢力一直以來對中國和香港施加壓力，又極力為反共民主派撐腰，試圖迫使中央在香港建立西方模式的民主政制。中央並沒有屈從於西方壓力，堅持以高瞻遠矚的戰略眼光設計香港的民主發展藍圖，而西方勢力事實上亦缺乏足夠力量去左右中央的對港政策。西方勢力明白到回歸後的香港沒有合適土壤去發動所謂“顏色革命”，深知香港的反共民主派不可能在港執政，亦沒有意圖因香港而與中國為敵，所以儘管他們不斷提出政治要求，但卻不會幹“知其不可而為之”的事。

第四，反共民主派雖享有一定的政治聲勢，尤其是當香港處於內外交困之際，但他們從來沒有雄厚的政治實力。他們藉着港人的憂慮、彷徨、不安、恐懼和憤怒而獲得政治本錢，但他們抗拒中央對港方針政策的頑固立場，從一開始便注定了他們的所作所為是違反港人的根本利益的。儘管他們可以在不算短的時間內贏得港人的支持，但最終也會失去公眾的信任。反共民主派從來未能在港發起強大和持久的民主運動，也未能把中產階層轉化為民主鬥爭的力量。隨着港人的國家觀念、民族意識、對中央的信任、對特區政府的信任和對“一國兩制”的信心持續上升，對反共民主派的信任不斷下降，反共民主化事實上已逐步走向政治邊緣化，愈來愈難以興風作浪。

最後，港人的理性務實政治態度尤其重要。港人雖有溫和民主訴求，但他們對西方式的民主政制特別是普選的效用抱有明智和“健康的”懷疑。港人不相信反共民主派宣揚的“民主抗共論”，反而愈來愈明白維持中央和特區的良好關係對自己的重要性。港人一般認為即使還未有普選，香港早已是一個民主社會，而且經濟和管治狀況不錯，因此對民主的期望不迫切。由於對現狀尚算滿意，且十分愛惜，港人反而擔憂“一國兩制”的落實、中央特區關係、投資環境、社會穩定、經濟發展、低稅制和有效管治等較民主發展更重要的東西會因為倉促推行普選而受到損害，不利於香港的發展。港人希望民主發展能夠與社會其他範疇的發展相互配合，因此溫和的民主化步伐最合他們的心意。[175]

結語

香港過去二十多年來的民主歷程，儘管不算平坦，但大體上尚算順利，而前景則可謂光明。平心而論，無論從比較角度而言，考慮到其他地方的眾多失敗例子，或是從歷史角度來説，考慮到香港在極短時間內從殖民政體向民主政體過渡，香港的民主發展可以説是成功的。反共民主派和西方人士雖然對香港的民主發展形式和步伐屢加批評，無論是基於善意或出於惡意，恐怕都不是持平之見。批評者的共通點，是認為香港應馬上進行行政長官和立法會雙普選，並預期雙普選對香港只會有百利而無一害。這個論斷毫無深入研究作基礎，只是不負責任的武斷之論。批評者對香港的民主成果視而不見，只顯示其缺乏歷史感和對民主發展規律的認識。

香港的民主發展經驗，充分反映了香港自己的獨特情況和背景，但其民主化過程對其他地方卻仍有參考價值。至低限度，香港的經驗顯示，要成功推行民主化，需要在各方面條件成熟後才引入普選，政體和選舉安排要注重照顧各階層的利益，民主化不應妨礙經濟發展，民主發展要在社會共識上推進，政府的權責愈少則抗拒

175 見 Kuan Hsin-chi and Lau Siu-kai, "The Partial Vision of Democracy in Hong Kong: A Survey of Popular Opinion, " *The China Journal,* Issue 34 (July 1995), pp. 239-264; 及 Lau Siu-kai, "Democratic Ambivalence, " in Lau Siu-kai et al. (eds.) *Indicators of Social Development: Hong Kong 2004* (Hong Kong: Hong Kong Institute of Asia-Pacific Studies, The Chinese University of Hong Kong, 2005), pp. 1-30.

民主改革的力量也會愈小，理性務實的政治文化及適度的對民主效用的懷疑，循序漸進的民主步伐都對穩步和持續建立民主制度有利，普選引進前可更多提供和利用其他管道疏導人民的參政需求以換取更多時間去為普選作好準備等等。

香港在二次大戰後締造了經濟奇跡。香港在回歸祖國後不但成功落實“一國兩制”，也有效地逐步推行了“香港特色民主”。香港的經驗顯示，民主形式不應只拘泥於西方的一套，每一個社會都應該根據它本身的情況去設計其民主政制及推行速度。在人類不懈地探索民主的各種較佳形式時，香港的例子應可作借鑒之用。

第九章　構建管治聯盟芻議

緒言

回歸十六年以來，特區管治維艱，相當程度上拖慢了香港的發展和危害到社會的穩定，這主要體現在行政主導不振，反對勢力兇猛，建制派力量未能迅速擴大並且人才匱乏和極為渙散，政治摩擦不斷和嚴重內耗等情況之上。從組織角度言之，反對勢力早在"九七回歸"問題未出現時已經開始壯大和集結起來，並隨着香港政治前途議題出現而加快組織和動員步伐，當然殖民政府的大力扶持亦發揮了必要的推波助瀾作用。相反，建制勢力走向組織化的努力滯後至少二十年，至今仍然成效不彰。在政治較量過程中，組織水平較高的一方明顯佔有優勢，這是不言而喻的。[176]

管治困難的原因主要有幾個：其一是回歸後特區政府不像殖民政府般乃唯一的可主導局面的政治力量。相反，它被不少新興的、大部分時間不友善的力量重重包圍，受到極大的制肘。這些力量包括：立法會、法院、政黨、媒體、民間組織、教會、社會運動等等。這些力量中部分是反對派的根據地，部分以監督和制衡政府

176 其他地方的情況其實也差不多，即反對勢力通常較建制勢力更早地動員和組織起來，原因是反對勢力須要憑藉以集體力量爭奪權力，並且傾向以理想和情感相砥礪。建制勢力走向組織化往往需要藉助外部勢力或在受到嚴重危機威脅出現之時。試舉兩例以說明之。上世紀五十年代中期，日本財界為了捍衛自己的利益，"迫使"建制派的自由黨和民主黨合併，成立自由民主黨，大力資助該黨在國會選舉中擊敗反對派的社會黨，並繼續令自由民主黨在日本得以長期執政。當然美國在背後的支持亦至關重要。新加坡在上世紀六十年代初走向獨立的過程中，英國人通過大力打擊馬來亞共產黨及其他偏幫和支持的方法協助李光耀領導的人民行動黨取得政權並長期執政。

為己任，部分旨在維護和伸張自身的制度性利益和功能，部分與境外勢力勾結，而部分則對特區政府而言敵友難分。

其二，雖然人心已經初步回歸，並反映在港人對中央的信任上升、港人的國家觀念抬頭、港人對"一國兩制"信心上揚之上，但不少人仍存有對中國共產黨和內地政治狀況的抵觸和疑慮情緒。不少人對殖民管治仍存緬懷之思，認為特區政府的管治能力遠遜殖民政府，並且不以港人利益為依歸。在一定程度上這種情感可以理解，畢竟特區政府只是一個新成立的和缺乏管治經驗的政府，無任何政績可資稽考，而殖民政府則在漫長的統治過程中累積了不少實績。然而，縱使如此，港人抑新揚舊的態度卻明顯忽視了殖民政府享有"一權獨大、缺乏制衡"的基本優勢。[177] 貧富懸殊情況在回歸後不斷惡化又激起民粹情緒和不平之氣的抬頭。在這些不利情況下，反對勢力至今仍然得到過半港人的支持，令反對派在政治體制內外尤其是體制外可以不斷發動攻勢衝擊特區政府，而同時又藉衝擊特區政府以表達對中央的不滿。二十多年來的經驗表明，基於意識形態和價值觀的根本分歧，以及其強固的反共和親西方取向，反對派矢志曲解"一國兩制"和基本法，企圖建立香港為獨立的政治實體，令"一國兩制"方針政策無法按照中央原來構思落實。他們亦得到境外勢力的鼓勵，試圖變香港為反共基地，從而推動國家走上"和平演變"的道路。事實證明，希望反對派改弦易轍或接受中央的統戰是不切實際的，是緣木求魚的，反對派和愛國愛港陣營之間的鴻溝是難以踰越的。即便其頭面人物願意改轅易轍，他們在社

177 其實殖民政府的另一"優勢"是它得到中國共產黨的"政治補貼"。港人明白香港不可以走向獨立，因此殖民管治結束意味着香港回歸祖國，這是他們不願意看到的情況。港人對中國共產黨的"恐懼"使得他們不願意做挑戰殖民政府的事，也不會允許其他人那樣做。所以，中共的存在便使得殖民管治安然無恙。

會上的支持者也不會答應。[178]應對反對派的唯一策略是積極與其周旋和較量，努力爭取港人的認同和支持。

其三，隨着教育程度的迅速提高、政治參與水平的持續上升、政治文化的轉變、各類政治與社會權威受信任程度愈益下降、教育水平越來越高的年青一代的成長和殖民政府的刻意鼓動，港人的政治訴求和對政府的期望日益膨脹。他們不但要求政府有更高的實質施政表現，而且期望政府在管治過程中要容納更大的公眾參與和顯示更高的程序理性和政策公正性。要滿足港人的政治期望絕非易 ，反而政府需要面對民望易跌難升的困局。

其四，回歸以來大部分時間香港都在經濟困難、金融動盪和傳染病肆虐下掙扎圖存，加上全球化與內地崛起的巨大挑戰，香港的經濟競爭優勢下降，港人特別是年青一代和眾多中產人士覺得個人上進機會愈來愈少，同時又擔憂自己及下一代有向下社會流動之險。不少港人尤其是中產階層處於不穩定、不安和缺乏安全感的心理狀態，對個人和對香港的經濟前景都不感樂觀，形成了"今非昔比"的公眾認知。在民情憂戚和躁動的氛圍下，不少怨氣無可避免會發洩到特首和政府身上，令政府在爭取公眾信任和諒解方面倍增難度。

究其實，建制勢力的偏弱、人才匱乏、不團結和並非全心全意支持特區政府才是導致特區管治困難的主因。在殖民管治時期，港英政府得到一個強大而團結的建制勢力的支持，而這個勢力原先是由殖民政府扶植起來的。回歸前夕，隨着殖民統治的結束，這個勢力亦分崩離析，群龍無首。部分原殖民建制頭面人物則在回歸前

178 鑒於香港缺乏強勢政治領袖，政治人物往往傾向緊隨群眾之後，形成群眾領導政治領袖的格局。這個現象在反對派而言尤其明顯。

後轉化為反對勢力的重要成員。回歸後用以承托特區管治的新的、龐大的和統一的建制勢力尚未產生。中央與特區政府自回歸以來一直沒有痛下決心壯大建制勢力和強化建制勢力與中央和特區政府的關係是令建制勢力無法強大起來的緣故。兩者其實互為因果。儘管反對派在社會上和民意上佔優，但基本法的政制設計（特別是選舉委員會和功能團體選舉）卻令建制勢力佔有政治主導位置（例如它主導了行政機關和在立法會內佔有過半數議席）。不過，建制勢力包含社會各階層、各方面和新與舊的各種力量，[179] 構成龐雜，組織程度低，缺乏有威望的代表人物，彼此之間利益和觀點頗為分化，而且並非在政治體制內和社會上全心全意支持特區政府，有些時候甚至反對政府，造成特區管治困難之局。因此，如何在社會上強化建制勢力、擴大其政治代表性和社會支持基礎及如何團結它作為特區管治的中流砥柱，乃實現特區有效管治的關鍵所在。解決問題的癥結厥乃令建制勢力相信它與特區政府是政治命運與利益共同體，而建制勢力與特區政府都是愛國愛港力量的主要組成部分。

基本法所設計的政治體制，一方面把管治權力同時分配予行政機關和立法會，另一方面又引入包含普選成分在內的選舉制度，導致政治權力出現多元化和分割的情況。回歸後出現的種種管治困難，相當程度與這個政制設計所形成的權力配置有關。尤其嚴重的困難，是行政機關與立法會之間的摩擦，及其所反映的政府與社會

179 舊建制力量指那些在殖民管治時期已經得到殖民政府的器重並在社會上佔有主導地位的政治精英，當中最重要的是殖民政府內位居高層的華人官員及被殖民政府委任進重要的諮詢組織的華人精英。新建制力量指那些在“殖民地”時期追隨和擁護中國共產黨的人和組織。他們在回歸前受到殖民政府和舊建制力量的排斥和打壓。香港回歸後這兩批建制勢力都同時成為特別行政區的建制勢力，但直到 2012 年舊建制勢力在特區的政治權利架構中仍佔主導位置，但 2012 年第四屆特區政府卻以新建制勢力為主要支持者。然而，兩股建制勢力之間仍然存在着眾多的隔膜、矛盾和恩怨。

之間以及社會內部的各種深層次矛盾。

另一個結構性矛盾是行政長官一方面要對中央負責，維護中央和內地的利益，但另一方面卻要爭取拒共心態明顯並傾向從香港本位角度視事的港人的擁護。特首要建立管治威信，確有困難。中央與港人的矛盾雖有紓緩，但遠未化解，亦無可能在可預見的將來化解。

再一個結構性矛盾源於一方面"一國兩制"方針鋭意保存香港自由放任、低税制、小政府的資本主義制度，但另一方面又要引入民主政治及其所衍生的對政府積極介入經濟事務和收入與財富再分配的民粹訴求。在這個矛盾的罅隙中的特區政府自然地處於困難之境。

回歸後特區管治的困難基本上來自歷史和結構性原因。經濟環境的好壞與特首及其管治班子政治能力的高低固然也是十分重要的因素。經濟繁榮和特區政府享有較高民望可以在一定程度上紓緩管治的困難，但卻不能徹底解決問題，況且任何人都沒有辦法能夠確保香港可以"永遠"經濟繁榮和特區政府"永遠"是政治高手。要達致在"一國兩制"和基本法框架下香港的長治久安，必須採取更積極和根本性的辦法。

特區政府要在行政主導原則下維持有效管治，必須要在中央的領導和支持下，按照"以我為主"的原則，組建一個有較廣闊社會支持基礎的管治聯盟，並藉此把分散的政治力量重新組織、統合並駕馭起來。該聯盟的主要特點是擁護中央並以特區政府的核心，而聯盟的成員的共同點是尊重國家的憲制架構、中央的權力和國家制定的"一國兩制"方針，遵守基本法，及承認其規定的政治體制。事實上，在過去數年，某些組建管治聯盟的工作已經開始，但卻非有意識地、有步驟地、有計劃地、制度化地和鍥而不捨地推行。在物色和培植建制派政治人才和壯大友好黨派方面雖然獲得了一些成效，但相對於現實政治需要則相差甚遠，尤其是面對2017年普選行政長官的嚴峻挑戰而言。[180]

管治聯盟的組建，必須建基於這樣的一個基本認識：中央在相當程度上是通過特首在香港落實"一國兩制"方針政策，因此賦予特首極大權力，並同時要求特首為"一國兩制"的成敗向中央負責。香港的行政主導政治體制，在極大程度上是"行政長官主導"政制，依靠行政長官來確保"一國兩制"方針政策背後的、關乎國家與香港的根本利益的重要戰略目標得以達致。香港往後的政制發展，都不能偏離行政主導原則。所以，管治聯盟必須擁護中央。它必須以特首為核心，而不能夠以社會上其他政治勢力為核心。它更不能夠使中央與特首大權旁落，出現"一國兩制"方針政策無法實施的局面。簡言之，管治聯盟的建設，一定是一個自上而下，嚴格按照中央對港政策辦事，由中央和特首共同領導和推動的過程，目標只能是為了更好地貫徹"一國兩制"方針，為港人謀福祉。

這個管治聯盟的主要成員，應有廣泛的代表性，並能夠獲得大多數港人的支持。聯盟應有共同的政治綱領和主張、來自多方面的成員、一定程度的組織和領導架構、廣闊的群眾基礎、充裕的財政資源、完善的政治人才培訓和晉升的機制、幹練的支援人員隊伍、良好的政策研究能力、有效的運作模式和英明的作戰策略，以及在政制架構內和社會上都有強大的政治活動能力和影響力。

180 即使行政長官普選因為政治體制"原地踏步"而無法在2017年舉行，香港也要面對激烈政治鬥爭和嚴重政治動盪的實際威脅。在那個嚴峻時刻，擁有戰鬥力的管治聯盟是否存在對香港的穩定和發展同樣重要。

中央的支持和配合

要成功組建一個有廣闊社會基礎的管治聯盟，並維繫其穩定性、團結性和紀律性，中央的支持和配合是必不可少的。在聯盟組建之初及往後的一段日子，中央的主動性、積極性和主導性至為關鍵。換言之，沒有中央的明顯領導和推動，在當前特區政府處於政治弱勢、建制派分裂內耗嚴重、建制派內群龍無首和“誰也不服誰”而不少建制勢力成員並不衷心擁護特首和特區政府的情況下，組建管治聯盟根本無從說起。相當部分的團體和人士，只會在中央的授意、認可或鼓勵下才願意加入該聯盟。無可否認，中央代表一股龐大和永久性的政治力量，同時擁有巨大的獎勵和懲罰能力，相對於“短暫”的和賞罰能力較小的、只有固定任期的特首所領導的特區政府而言，更能發揮團結聯盟成員和維持紀律的作用。此外，中央早已在香港形成了一個頗大的政治聯繫網路，特別是在地區層面上；這個網路作為管治聯盟的一個組成部分，會使到組建聯盟的工作可以迅速展開，並使聯盟的實力更為強大。因此，在組建管治聯盟的過程中，中央與特區政府的緊密合作是必要的。中央的積極參與、支持和配合，也有助於消除它對組建管治聯盟的顧慮。中央介入的另一好處，是令管治聯盟的組建能夠更從大局、整體和長遠角度着眼。畢竟任何一屆特區政府都會傾向照顧其當前和迫切的政治需要，從而特別倚重某些類別的管治聯盟成員而令其他成員不滿或無法發展壯大起來，令聯盟不能達到均衡成長的效果。對此中央及管治聯盟的核心成員要對特首進行密切監督。

換句話說，所謂擁護中央和以特區政府為核心的管治聯盟不能從某一屆的中央或某一屆的特區政府來理解，而是指廣義的中央政府和特區政府。因此，任何一個中央或行政長官在參與管治聯盟的組建時不能以自己的短期和狹隘利益或需要為依歸，而是要以整個管治聯盟的整體和長遠利益，以至香港的長治久安為重。

中央積極和主動推動管治聯盟的組建並不表示中央要以高姿態和公開的方式介入其事，因為恐怕會招致港人和外國勢力不必要的批評。中央的意向一定要能夠清晰表達出來，尤其是對建制派內有志從政的人士而言，但它的行動則適宜較低調地進行。

特區政府的民望

要成功組建管治聯盟的另一個條件，是特區政府要擁有和維持不錯的民望，至低限度它的民望要比反對派高，這樣才會有利於吸引精英分子來歸。要得到不錯的民眾支持，特首及其領導班子必須要施政務實、作風親民、行事審慎、態度謙虛、處事公正、包容性強和用人得當。當然，它的政策路向必須是溫和中間路線，把大多數人和不同社會階層的利益妥為協調，相容並包，立足於主流民意，尤其要維護好香港的繁榮安定和良政善政。

要成功組建管治聯盟，在選拔特區領導班子的成員時，一定要有宏觀的戰略思維，一定要同時從政治和專業角度考慮人選。應該認真考慮讓若干支持中央和特區政府的政黨和社會組織的代表人物出任主要官員和行政會議成員，條件是那些政黨和社會組織必須在立法會及在社會上全力和高調為中央和特區政府保駕護航。

組織建設和人才培育

組建一個有廣闊社會基礎、高度組織性和團結性，以及擁有強大政治能量的管治聯盟，是一件艱巨、複雜和長期性的工作。它涉及大量的和細緻的組織建設和人才培育的工作，因此不能一蹴而就，只能以循序漸進方式推進，切忌操之過急。最終的目標，當然是要建立一個強而有力的類似"執政黨"的組織，但這恐怕要十年或以上時間才有可能實現。管治聯盟可以被視為未來的類似"執政黨"的"孵化器"。在未來幾年內，首要工作是組建一個包羅各方有影響力的團體和人士，以擁護中央並以特區政府為核心和規模較小的政治支援網路，藉此提升特區政府的管治水平和駕馭複雜政治局面的能力，也為 2017 年的行政長官普選和 2020 年的立法會普選做好準備。

要組建力量龐大的管治聯盟，必須把現有建制勢力的低度組織、各自為政、領袖匱乏和政治消極性改變過來。目前的建制派政治黨派例如民建聯、自由黨、經民聯、新民黨、工聯會等都只能代表部分建制勢力，在建制勢力內的動員能力有限，更遑論在社會上大規模發動群眾。今後除了要壯大現有的建制黨派外，還要加緊組織和扶植更多的代表建制勢力的團體和代表人物尤其是民間團體和非政府組織，推動他們直接或間接投身於政治工作和建立政治事業。關鍵是要讓有志從政的人相信那會帶來豐厚的回報，包括出任全國人大代表、全國政協委員、立法會議員和特區決策官員，也包括在社會上更好的發展其他事業和工作。

迄今為止特區政府的領導班子（包括主要官員、行政會議成員以至副局長和政治助理）中大部分都屬於沒有政治組織背景的獨立專業人士。所以，嚴格來說，特區政府的領導班子仍然不是構思中的管治聯盟的核心。因此，行政會議及一些重要的法定機構和諮詢組織仍是組建管治聯盟的核心的有效管道。

對不少親政府政黨和愛國愛港人士而言，廁身政治委任官員行列乃其最希望獲得的作為與特首同甘共苦的回報。不少親政府的立法會議員及其所屬的黨派，甚至獨立議員，其實都期望有朝一日成為具決策權力的主要官員。即使他們沒有當上主要官員，他們也樂見其黨友或政治盟友能夠當上。這些期望一旦幻滅，便難以期望他們會義無反顧地支援中央和特區政府。因此，從組建管治聯盟的策略出發，特區政府和中央有需要讓管治聯盟的核心成員相信他們之中有部分人有望出任特區政府的司、局長和副司、局長。只有這樣才能維繫管治聯盟內各成員對中央和特區政府的忠誠。

管治聯盟的功能

管治聯盟的主要功能包括：

（1）在香港形成一股強大的、持久的，並能長期性地領導行政機關的管治力量，特首從管治聯盟中產生，而特區政府則在聯盟在政制內和社會上的大力支持下建立強勢政府並實施有效管治。

（2）在立法會內形成一股穩定的、可靠的和較有政治能量的支持特區政府的多數勢力。大部分立法會議員來自管治聯盟。

（3）社會上形成一股有廣泛代表性並得到多數港人認同的支持中央和特區政府的政治力量。

（4）強化行政長官此一重要職位的權威和聲望，令特首更能準確落實“一國兩制”方針政策和更好發揮領導功能。

（5）加強建制勢力與反對派較量的戰鬥力，讓建制勢力能夠主導香港的政治局面。

(6) 營造對中央和特區政府有利的輿論和民意氛圍，強化建制勢力的話語權。

(7) 在學校內和社會上推動國民與國情教育，培養愛國情懷，加快人心回歸，減少反對勢力利用港人對中央的抵觸情緒進行政治動員的空間。

(8) 在社會上和在高層公務員（包括原高層公務員）中物色和培植支持中央和特區政府的政治人才，部分人才會在日後參選立法會、出任主要官員及被任命為專長於政治工作的高層公務員。這些人也可以在其事業生涯中穿梭於政治機構和工商、智囊、學術、傳媒和民間組織之間，形成所謂“旋轉門”制度。總的目標是為有志從政者建立一個清晰而又具吸引力的政治晉升階梯，鼓勵更多人才參政和建立政治事業。政治人才的培養可通過行政任命管道和參與選舉管道來“雙軌”進行，兩者之間可以交叉往返。由於現有的建制派黨派例如民建聯、自由黨、經民聯、新民黨、工聯會和一些“獨立”立法會議員的組合加起來都不能夠代表一半港人，因此多爭取中間溫和人士加入管治聯盟或作為政治人才培植對象，擴寬聯盟的政治代表性，應列為重要戰略目標。

(9) 在立法會外營造公眾壓力，迫使立法會內反對派議員支持或不反對政府政策，以及壓縮其政治活動空間。

(10) 協調和整合社會各方面利益，減少各種分歧、矛盾和衝突。讓各方勢力和利益認識到加入一個長期存在的管治聯盟對他們有利，而它們的野心和目標只有通過互讓互諒、政治交換、互利共贏、團結合作、追求長遠利益而非短期利益等方式才能達致。讓他們意識到單打獨鬥或與反對派結盟絕非辦法。也讓它們增加政治信心和安全感，從而維繫其對管治聯盟的效忠。

（11）減少政府目前對個別政治組織和人士的依賴，提高政府在施政方面的自主性。

（12）為未來香港在逐步引入普選的情況下仍能忠實貫徹"一國兩制"方針政策、保持和中央的良好關係和達致長治久安做好準備。

（13）加強中央與香港的互信，進一步提升港人對"一國兩制"方針政策的支持、對中央的擁護和對國家的認同。

（14）建構和宣傳一套立足於愛國主義、香港與內地乃命運共同體意識、港人為建設富強祖國出力、推動良好中央與特區關係等具振奮人心、凝聚民意的價值觀和共同奮鬥目標的政治主張，令管治聯盟在與反對派較量時能夠站在道德和理想的制高點和制勝點。

組建管治聯盟的條件愈趨有利

中央對組建以各種本地政治力量為主的管治聯盟的態度日趨正面和肯定，而疑慮則不斷減少。不少具影響力的中央官員在不同的非正式場合承認組建管治聯盟乃當前急務，並且表示會作出支持和配合。

港人認定反對勢力在可預見的將來都不會執政，而且對其愈來愈不信任，也越來越厭惡其激烈言行。今天，港人普遍不認為反對勢力具備執政的資格和能力，也不能夠得到中央的支持以促進香港經濟的發展，因此較前願意把改善施政的希望寄託在特區政府的身上，從而為特區政府爭取社會各方面的支持營造有利條件。

反對派目前正處於政治困局，民望低沉，士氣不振，相互傾軋，主導公眾討論議題的能力趨弱，而當中的激進勢力則正在抬頭。反對派大體上只能在行政長官和立法會雙普選和政府施政失誤的問題上對中央和特區政府大張撻伐，並在各類選舉中對建制勢力施加壓力。

民粹主義，反權威意識和反精英心態冒起，使態度上較為保守、務實和溫和的港人憂慮，他們傾向尋求中央和特區政府的保護，並較前願意參與政治工作和活動。人們愈益重視維繫中央和香港的良好關係，並認定只有特區政府才能做好協調兩者之間關係的工作，因此更認為特區政府較諸反對派更能促進香港的利益。

香港社會在很多重大問題上的分歧已經比前有所減少，溫和務實意識正在抬頭，主流民意逐漸呈現務實傾向。

經過多年來的探索，特區政府和建制勢力已經形成了一套務實、溫和和貼近主流民意的施政理念和綱領，並且取得了一些實質成果。特區政府和建制勢力可以利用這套主張去確立它是港人根本利益的代表者地位，進而爭取意識形態的領導地位和開拓社會支持。

港人的國家觀念、民族意識、對國家前景的樂觀程度、對作為中國人的自豪感、以至對中國共產黨的信任都在不斷逐漸提高。港人對中央愈趨信任，使過去妨礙特區政府爭取港人支持的“中央與港人矛盾”這一因素大為弱化。過去特區政府因被視為“親中”而得不到港人信任，今天則不少港人認為特區政府“親中”才有條件代表港人向中央爭取更多有利於香港發展的政策。

多年來香港與內地的經濟合作對香港的經濟發展至關重要，也在港人心中逐步形成香港與內地乃“經濟命運共同體”的概念。人們越來越傾向從兩地的共同利益角度看問題，希望香港除了能夠在國家發展中得益外，也能對國家的崛起作出貢獻。

港人意識到中央對香港的政制改革擁有憲制主動權和主導權。政治發展必須兼顧中央和港人的想法和利益。港人不願意在政改問題上與中央對抗。

政治議題的相對重要性下降，和社會、經濟、民生等這些政治原則性較低的公共議題的抬頭，也增加了特區政府與社會各方面通過合作務實處理這些問題而改善關係的機會。

反對派當前置身於政治困局，感到前景渺茫，部分成員認為與中央對抗沒有前途，因此亟欲調校立場，希望與中央及特區政府改善關係。這個發展有利於特區政府尋求與部分反對派人士的合作。

管治聯盟的組成和結構

管治聯盟在建立應該是一個循序漸進的過程，初期應是一個組織較為鬆散及規模較小的組合，比較合適的是一種網絡性的形態。

管治聯盟的領導者應為中央和特首。無論如何，社會各方面精英一定要清楚知道聯盟的組建已認真地開展及中央的關鍵角色和它組建聯盟的意向和決心，從而使有意參政的人士可以容易作出抉擇。短期而言，政治網路的形式之所以較為合適，原因是中央尚未接受類似“政黨治港”或香港出現“執政黨”的安排，而港人則尚未願意接受特首出任一個“政治團體”的領袖的事實。

除了那些對抗中央和特區政府的頑固分子外，管治聯盟應儘量包容各方面的政治勢力，以求營造一個廣闊的社會支持基礎。管治聯盟的主要成員，應包括現任和前任特首、主要官員、人大代表和政協委員的代表人物、多數立法會議員、工商界翹楚、專業精英、“愛國愛港”人士、前高官、主要政治和社會組織的領導人、鄉事派頭面人物、民間組織和地方團體負責人、知名學者、民意領袖、智囊機構負責人、“友好”媒體的負責人等。聯盟應有系統地網羅一些具有政治潛質和參政志向的中年人士和年輕人作為重點培訓對象，以求儲備建制勢力的未來幾個梯隊的接班人。它也應該吸納一些願意與中央和特區政府合作的反對派人士。

所有前任特首和有意角逐特首職位，並在社會上有重要影響力的人士都應被邀請加入管治聯盟，以提升聯盟的地位、聲譽和權威。這樣做也可以減少香港出現另一個權力中心的事實或印象。

大體而言，在其他國家和地區的管治聯盟，尤其是在那些代表建制力量或擁有執政權力的管治聯盟之內，雖然大家有着繼續掌控政治權力的共同利益和目標，但成員之間不可避免地也存在着一些難以化解的矛盾。以此之故，管治聯盟的施政信念和綱領必須有相當的廣闊性、彈性和模糊性。施政綱領的內容應多樣化和能夠發揮平衡不同利益的作用。

在管治聯盟成立初期，為了吸引更多的中立和獨立人士加入，不妨讓這些人享有一定的自主政治活動空間，包括可以溫和地和理性地批評特首和特區政府。對於那些要與反對派在選舉上交鋒的人士和黨派而言，這點尤其重要。當然，在大是大非問題上他們的立場絕對不能含糊。

管治聯盟的成員之間的結合，主要由中央所促成，而特區政府的支持和配合亦十分重要。雖然反對勢力是大部分成員的共同對手，但這個共同對手對管治聯盟所發揮的團結聯盟成員的作用，畢竟是有限的和次要的，特別是當反對派的聲勢已今非昔比之際。

由於管治聯盟在初期只是一個鬆散的組織，它雖然擁有一套共同的、籠統的管治理念和施政綱領，但卻不一定具有正式的法人地位、正式的成員定義和登記制度、嚴密的組織章程、明確的規章制度、清晰的領導體制、穩定的財政來源、專屬於聯盟的經費和嚴明的紀律檢查和處分架構。當然，所有聯盟成員都應該擁護聯盟的管治理念和施政綱領、自覺維護中央和特區政府的威信、積極支持特區政府的工作、努力動員社會各方面支持中央和特區政府、積極參與聯盟的活動和避免做損害聯盟利益和團結的事情。

管治聯盟的整合和運作主要依靠中央和特區政府及其所指定的"載體"去負責。這個"載體"可以是一個民間組織，但它的成員可以包括前任特首、一些特區政府的政治任命的官員，而中央領導人、中央官員和特首在政治環境許可下可出任該組織的贊助人或顧問。重要的是，各方面人士一定要清楚認識到這個組織的權威性和政治本質，尤其是它在中央眼中的崇高地位。作為政治建制精英人才的總匯，這個"載體"必然會被標籤為香港的"執政黨"而受到高度重視，並且成為反對勢力的頭號敵人。不過，這個"載體"也不必馬上出現，最好是等待到一個頗具規模和代表性的政治網絡形成後才一步步建立起來。組織網絡工作可以"中調"地進行，重點放在物色和扶植人才上，同時避免馬上引發反對派的敵視和攻擊。不過，"載體"出現時一定要能夠收到先聲奪人的成效。

管治聯盟的核心成員大概只需要有數百人，這個人數應該不致於過大而不利操作，但這些人中的相當部分要有調動社會支援力量的能力。核心成員可包括特首、前任特首、各主要官員及行政會議的非官方成員。其他成員則為（1）支持特區政府的立法會議員及一些高層公務員，(2）港區全國人大代表和全國與地區政協委員的代表，(3）重要的諮詢和法定組織的主席和支援特區政府的區議會主席，(4）重要的諮詢和法定組織和區議會的主要成員，(5）重要的政治、社會、工商、專業、學術、智囊、地方、傳媒和非政府等組織的領導人物，(6）其他社會上具影響力的各方面人士。

由於管治聯盟內存在着利益和觀點的分歧，中央與特區政府的協調工作頗為繁重，因此必須建立一個中央與特區政府聯合領導、指揮和協調的機制。聯盟內主要的凝聚力來源，最重要的是實質權力、利益和榮譽性與象徵性的報酬，共同的價值觀或政治理想所發揮的團結作用在組建之初則屬次要。事實上，聯盟的組織和運作是建立於務實主義和互諒互讓的基礎之上的，因此成員之間存在着一定的矛盾也是正常的。

在始創階段，不少聯盟內的重要成員所擁有的政治地位和影響力早在回歸前已經擁有而並非來自中央或特區政府，所以他們對中央與特區政府的忠誠不一定很高。特區政府必須努力不懈地去物色和扶植新的政治人才和團體。這些人才和團體因為藉助中央和特區政府的支持和眷顧才得到政治上的發展，他們對中央、特區政府以至聯盟的效忠程度會較高，因此亦會是較可靠的追隨者。

管治聯盟的管治理念和施政綱領應集中在穩定、繁榮、發展、良好的營商環境、有效的民本施政、審慎理財、香港為祖國的崛起作出貢獻、香港與內地的緊密經濟合作、良好的香港與中央關係、營造美好和正面的香港的國際形象、關懷弱勢社群、穩步發展民主政制及建立有廣闊社會支持基礎的主流政治力量等主題上。

組建管治聯盟的手段

中央和特區政府所擁有的龐大政治權力和各種資源是組建管治聯盟的最重要手段，當中尤其重要的是中央和特區政府的委任權力和決策權力。物質性的和榮譽性的賞罰工具須要有目標地、大量地、策略性地和熟練地運用以贏取友好和戰勝對手。

中央和內地地方政府所有可供委任的政治職位，以及特區政府所有可供委任的行政會議、各種諮詢和法定組織的職位都是重要的吸納管治聯盟成員和培植政治人才的手段。

特首在組建管治聯盟過程中扮演關鍵角色。他應該是政治利益和恩惠的主要來源和分配者。中央應該盡可能通過特首分配來自中央的政治利益和恩惠。特區政府與中央需要保持密切的聯繫，共同擔負組建管治聯盟和協調其成員活動的工作。

由於全面普選尚未達致，政黨又處於低度發展階段，而建立政治事業的途徑又不清晰，因此香港的精英分子的參政的意欲不強。在可預見的將來，來自社會的政治人才不會太多，所以首長級公務員（特別是政務職系的公務員）仍會是政治人才的重要來源，而他們當中亦會有人有從政的志向。在高層公務員中培植政治人才的一個有效手段是鼓勵他們出任副局長或政治助理。除了公務員外，這批政治委任的官員也可以從政黨、立法會、區議會、公共機構、私營機構、智庫和民間組織中提拔。可以利用一些含有豐富政治色彩或政策研究功能的公共服務和智囊機構來培訓新政治人才，讓他們成為日後主要官員或其他政府委任的公職人員的人選。這些新政治人才是管治聯盟中的精英，肩負着輔助特首和主要官員的工作。

主要官員乃管治聯盟的核心成員，他們承擔重要的組建管治聯盟的任務，並要通過大量的政治工作去開拓社會各方面對特區政府的支援。為了擴大主要官員的政治能量，除了設立副局長和政治助理外，特區政府應為主要官員提供更充裕的資源以支持他們的工作。此外，主要官員亦應該各自建立自己的智囊班子以強化政策和政治工作的能力，同時也可藉此培訓政治人才。

為數眾多的諮詢和法定組織，尤其那些比較重要的組織，是特區政府組建管治聯盟的主要手段。這些組織的成員既然絕大多數由特區政府任命，理應是特區政府的可靠政治盟友。他們可以影響民意、傳媒及立法會。他們可以突顯理性、務實和科學態度的處事方式，藉以抗衡部分反對勢力訴諸於情緒和偏見的傾向。這些組織更可發揮種種政府智囊、招募政治盟友、動員社會各方面支持政府政策、培植支持政府的政治人才、協調和化解分歧、收集民意和精英觀點、收集社會對政府施政的反應、籠絡反對派等作用。特區政府對這些組織應給予更多的尊重和賦予它們更大的重要性。特區政府應委任更多的具有“政客”素質和技巧的人士出任這些組織的主席，並要求他們更積極有力地向公眾解釋政府的政策和爭取港人對這些政策的支持。這些組織應吸納更多的中產階層人士及年輕人，藉此注入新思維和新動力。

在組建管治聯盟的過程中，隸屬於民政事務局的多個地方民政事務處也是一個重要的手段。特區政府應該大力強化這些機構，使得政府能夠更好地與地區居民聯繫溝通、了解民情民隱、解決地區居民的問題、發掘政治人才，以及建立在地方上支援政府的網路。

事實上，由於基層居民及地區領袖較為注重實際問題，而那些問題又較容易由政府代為解決，因此這些人是一群政府較易爭取而又較可靠的政治盟友。為了更好地發展地方政治網路，民政事務總署署長及各區的民政事務專員甚至可以考慮在未來以政治任命官員出任。此外，直屬政府的地方支援網路與中央所建立起來的政治網路應該充分協作。這些地方支持力量也肯定在日後的普選中發揮重要的助選角色。特區政府應在地區上和在全港“催生”更多的各類民間組織，吸納更多的中產階層中有意從政或參與公共事務者加入，並藉此着意培訓青年領袖和政治人才。

中央與特區政府應合力鼓勵工商界人士和社會賢達向管治聯盟作政治捐獻。短期而言，中央與特區政府應有計劃地和有目的地把那些款項引導到一些個人或團體去，支援他們的工作和活動。部分款項也可以用來發展新的組織和培養政治人才。

管治聯盟應有自己的智囊機構，其職能不單是進行公共政策研究和提供政治和政策建議，也包括公開發表有理據和證據的意見、建議、評論和分析，協助特區政府爭取社會的支持和營造對政府施政有利的民意氛圍。智囊機構及其重要的研究人員同時也應積極與反對派人士展開討論和爭辯，以協助管治聯盟爭取意識形態的領導地位。智囊機構也是培訓政治人才的搖籃，並可以為從政人士提供“歇腳點”。來自社會的政治捐獻，一部分可用作這些智囊機構的運作經費。特區政府也可通過政策上的鼓勵和資源方面的調撥，強化一些民間智囊機構和部分大學內的研究單位。

傾斜性的公共政策是組建管治聯盟的有效手段。公共政策如能照顧和協調較多方面的利益，而制定公共政策過程中又允許社會各界的廣泛參與，則愈多的社會人士的利益會與特區政府的利益一致，並主動和自願地成為政府的支持者。總體而言，無論在整體政策取向、在個別政策專案，或在政策執行等方面而言，一定程度向管治聯盟成員傾斜是不可避免的。

管治聯盟的運作模式

作為管治聯盟的核心，特首及主要官員應把政治工作列為首要任務。他們，特別是特首，應採取政治高姿態，積極發揮政治領導作用，爭取和團結一切可以團結的力量，為特區政府的有效管治營造一個有利的治環境。

中央與特區政府應該擬定一份政治盟友和可能的政治盟友的名單，名單上的個人和團體應大體上是雙方都可以接受的。這份名單應不時修訂，以反映政治形勢的變化和配合管治聯盟組建工作的推展。名單上的人應儘量委任進各種中央和特區政府所領導和具影響力的機構和組織中去。中央與特區政府亦應與這些人和團體保持密切的溝通與合作。

中央與特區政府應緊密合作，並通過各自的聯絡單位，計劃和統籌各種各樣的管治聯盟成員的活動和工作，包括資訊的發佈、展開支援和配合政府施政的集體行動、公共政策研究、物色和培育政治人才、發動輿論和民意攻勢、抗衡反對力量等。所有的政治行動都應有統一的領導及明確的目標和策略。

管治聯盟中的主要成員應定期與特首及主要官員接觸，藉此了解中央和特區政府的意向和計劃，也藉此加強彼此之間的互信、團結和共識。

香港的工商界目前不甚團結，缺乏各方尊重的領導人物，且經常出現各種矛盾，使這股巨大的經濟力量不能轉化為一股可靠的支持特區政府和維護工商界自身利益的力量。中央和特區政府應大力鼓勵工商界人士在政治上動員和組織起來、選拔自己的代言人和政治代表及進行一致性的行動。事實上，沒有中央和特區政府的介入，工商界亦難以凝聚成一股龐大的政治勢力。作為一股政治力量，工商界可以扮演更大的塑造民意和輿論的角色，特別是在推廣資本主義、自由經濟、公平競爭、審慎理財、有限職能政府等理念和價值觀方面。通過他們的經濟和財政力量，工商界也可以積極爭取傳媒對他們的立場的支持。一股強大、團結、積極參與政治，以及緊密配合和支持中央與特區政府的工商界勢力，是管治聯盟內的重要成員之一。中央、特區政府與工商界如能結合成一個政治“鐵三角”，則香港的有效管治和政局穩定便更有保障。

工商業機構、辦公室、工廠、店舖及其他人們工作的場所都是管治聯盟可以藉以動員和組織群眾的“天然”基地。特區政府可以在工商界的協助下，通過這些組織去接觸、爭取和動員港人。這個做法是外國的親工商界政黨經常採取的，用以抗衡左翼政黨的群眾優勢和廣泛聯繫群眾。這個做法可以配合和強化管治聯盟在“街頭”的行動和通過媒體爭奪民意支持的工作。

特區政府有需要大大加強與傳媒的關係。特首、主要官員和其他官員須要更多地與新聞界接觸，努力做他們的工作，並儘量爭取在傳媒上的曝光機會。特區政府應竭力利用電子媒體，並藉助香港電台準確報導政府施政和協助政府直接與市民溝通。強化與友好媒體關係，爭取不友好媒體改轅易轍。中央、特區政府及工商界應共同執行一套對管治聯盟有利的傳媒策略。

特區政府與社會上各種民間團體、專業團體和非政府組織維持緊密溝通接觸，讓它們了解政府施政意向，並在適當時間動員它們支持政府政策。社會力量的動員，對爭取輿論、民意和立法會的支持，有關鍵的作用。

管治聯盟與反對勢力的關係

中央與特區政府對待管治聯盟的成員和反對派人士的態度和手段，應有明顯的不同。忠誠的聯盟成員應該獲得有利於己的政策、重要的公職委任、物質利益和榮譽獎賞作為回報。過去政府一直被其支持者批評為賞罰不分，甚至是賞"敵"而罰友，致使反對力量日益驕鶩跋扈，難以駕馭，而政府的支持者亦感到沮喪和不滿，部分甚至走向政府和特首的對立面。這種情況必須迅速矯正過來。畢竟，即使能夠成功招攬若干反對派人士進入特區政治建制之內，這些人也會馬上被反對派貶斥為叛降者而被唾棄，無法發揮統戰反對派的作用。過去的經驗顯示，拉攏若干反對派人士對提升特區政府民望的效用既輕微亦短暫。

不過，中央與特區政府仍應對反對派人士以禮相待，與他們保持溝通對話，並在求同存異的基礎上儘量促使他們轉變態度。這個做法可避免過分激化反對派人士的抗爭行動，亦同時有利於管治聯盟爭取港人的好感和支持。

少量的公職職位也應該保留予反對派人士，藉以釋放善意、改善施政、爭取人心、促進政策的落實和促使反對派也須要承擔部分政府施政成敗得失的責任，從而紓緩他們對政府的反對力度。

各方面的可能反應

組建一個有着明顯中央"身影"的管治聯盟肯定是香港自回歸以來的一項重大政治舉措。各方面對此必然會議論紛紛，而國際社會亦肯定會表示"關注"。種種陰謀論肯定會出台，而反對的聲音一定不少。中央與特區政府必須具備堅強的政治意志和決心。

港人的反應很可能是複雜矛盾和言人人殊，莫衷一是。一方面港人會擔憂中央會操控香港事務，但另一方面他們也會憧憬回歸後管治混亂情況的終結和強勢管治的開始。當然，港人也會擔心反對派和各式各樣的反共勢力會負隅頑抗，造成政治衝突升溫。不過，從另一角度看，一直以來，港人其實清楚明白中央在落實"一國兩制"方針上的責任、中央在香港事務上的影響力和香港對中央的倚重，但這卻沒有打擊港人對中央的信任和對"一國兩制"的信心。不少人相信中央關愛香港，所做的事對香港有利。因此，儘管港人對組建管治聯盟有一定疑慮，但會用"走着瞧"甚或正面的態度對待，看看它會否帶來良好的效果。

輿論的反應肯定按照不同媒體的政治立場而作出。香港的媒體多以"第四權力"自詡，它們的初期反應估計會較多傾向負面。然而，不少新聞界人士也對回歸後的政局和管治情況不滿。他們也不相信加快民主發展步伐可以解決問題。對於建構管治聯盟一事，他們中不少人會持觀望態度。

反對派基本上會強烈反對管治聯盟的組建，並肯定會利用這個機會夥同西方反華勢力肆意攻擊中央和貶斥特區政府和愛國愛港人士。小部分反對派人士會認為既然所有親政府力量都集結起來，所謂隱蔽的"親共人士"便會無所遁形，反對派便會有更清晰的問責和打擊對象，並認為這會對反對派有利。然而，總的來説，不少反對派人士會認為在形勢比人強的愈趨惡劣的政治環境下，他們的政治生存空間會愈來愈狹小，其內部矛盾分化的情況亦只會愈來愈嚴重，而部分反對勢力會更走極端。

建制派的黨派和人士會歡迎管治聯盟的組建，因為他們相信這會為他們帶來巨大的政治回報，也為他們的政治事業帶來明確和光明的前景。一些人甚至會更堅定以從政為長遠或終身事業的志向。而親建制傾向的獨立人士尤其是"獨立"立法會議員則會樂意加入管治聯盟為自己的政治將來鋪路，但同時憂慮會否喪失"獨立"身份而不利於選舉。無論如何，很自然地，建制派人士在爭奪政治利益過程中一定會展開激烈的爭鬥，務求在管治聯盟內爭得較高的位置。

特區政府內部對建構管治聯盟亦會有不同意見。一方面，官員們包括高層公務員對於政府可以在立法會內得到較為穩定可靠的大多數支援感到欣慰。另一方面，他們對於要與更多人分享政治權力會感到不快。高層公務員對於將來會有更多政治人物加入政府高層成為自己的領導會感到不是味道。部分高層公務員會抗拒中央更多介入香港事務。不過，總體而言，無論喜歡與否，大多數政府官員都會承認組建管治聯盟是大勢所趨、也是較為徹底應對回歸後香港管治困難的釜底抽薪辦法。

無論如何，管治聯盟的組建，不管是以清晰和周詳的計劃方式實行，還是以較為淩亂的手法推進，必然是香港回歸祖國後的一項極為重要的政治部署。事實上，這項工作的不同部分已經在"悄然"進行，作為中央、特區政府和愛國愛港力量應對回歸後的各種政治挑戰的回應。往後的發展只不過在原有基礎上更有意識、誠意、目標和計劃地把這項重要工作繼續下去而已。

第十章　關於香港的新政治主張[181]

自一九九七年回歸以來，香港特別行政區的管治面對着不少的困難和挑戰。有關的原因多種多樣，諸如港人對"一國兩制"和對中央缺乏信心、港人對前景困惑、亞洲金融風暴的肆虐、傳染疾病的進襲、管治勢力內部分化且欠缺廣闊社會支援基礎、行政機關與立法會的傾軋、階級矛盾的激化、中產階級的不穩等。但其中一個十分重要但卻又未受到應有重視的因素，是回歸後的香港缺乏可以促進中央與港人的互信、凝聚社會各界、促進各方面和平共處、協調各方利益、推動經濟社會發展和能夠激勵人心的新政治主張。當社會各方面的思想看法分歧甚大，而又各持己見，彼此摩擦時，不單有效管治無從說起，社會穩定必受威脅，而經濟發展亦停滯不前。更甚者是"一國兩制"方針亦無法落實，嚴重威脅到國家和香港的利益。香港回歸祖國，代表着幾方面的巨大變動。首先是政治地位的根本改變，從被英國侵佔並實行殖民統治的一個地區變為中華人民共和國的一個特別行政區，直轄於中央人民政府，實行"一國兩制"、"港人治港"、"高度自治"。其次，經濟全球化和內地的改革開放，加上回歸後馬上爆發的經濟危機，迫使原來香港的經濟體系加快轉型，向服務型和知識型經濟過渡，否則繁榮堪虞，而香港在國家之內的獨特角色和作用亦會喪失。第三，香港的社會矛盾

181 本文初著於 2006 年 5 月，作為澳門大學舉辦的"21 世紀的政策挑戰：第二屆兩岸四地公共管理學術研討會"之嘉賓發言稿。2007 年 3 月進行部分補充修正，並在 2007 年刊登於《港澳研究》春季號。在本書中文字略有修訂。

在回歸後迅速惡化，尤其是貧富對立上升和港人對現行社會制度的公平性和實用性產生懷疑，加大了特區政府的管治難度。第四，香港人在回歸後面對着艱難的身份認同的改變，在認同和抗拒認同中國和接受和抗拒接受"中國人"身份上掙扎。身份認同的差異無可避免地又同時衍生出人與人之間的衝突，從而增加了管治的困難。最後，"九七回歸"和英國人的刻意扶植又導致了反共和抗拒"一國兩制"的反對勢力的出現和壯大，並在回歸後長時間在意識型態上處於優勢，使特區政府陷於被動和捱打狀態。

在殖民統治時期，香港依稀出現了一套部分源於華人社會的傳統價值觀，部分來自西方信念，部分基於實際經驗，而部分則來自港英殖民政府刻意建構的政治主張。這套政治主張為港英殖民政府的管治提供了堅實基礎，也是港英殖民統治下香港社會得以維持頗長時間穩定的依據。而這套政治主張又在回歸前後為反對勢力所繼承，並刻意注入"民主抗共"成分和增強香港本位主義元素，藉以加強其政治吸引力和其作為反對勢力爭奪政治權力的理論依據。這套政治主張的內容包羅廣泛，其中的重要內容包括："拒共/恐共"意識、經濟不干預政策、個人主義、自由競爭、"諮詢式民主"概念[182]、香港本位心態、對西方的依附和仰慕等等。這套政治主張雖然對團結社會沒有大幫助，反而形成了政府與民眾之間的隔膜，但它卻也有利於各方面相安無事。戰後香港的經濟奇跡，儘管與這套政治主張只有部分關係，但香港人卻在對香港戰後的經濟奇跡引以自豪的同時，對這套政治主張亦奉為金科玉律，深信不疑。而在另一方面，這套政治主張亦為港人適應回歸後的新局面造成

182 即一個願意諮詢和採納民意的政府已經是一種民主政治形式的體現。

障礙。

在經歷了回歸後的巨變後，港人對香港的前景惶惑不安。他們一方面仍然相信這套政治主張在新的和在不斷變動的內外環境中的有效性，抗拒新主張的形成，卻又同時對它產生質疑，不敢完全相信它能解決香港當前的困難和為香港開創新局面。不過，港人亦缺乏信心摒棄原有的政治主張，下定決心進行深刻反思和改革。在原有的政治主張已經磨損而新的政治主張又未出現的困局下，港人的思想出現頗為混亂的情況，而情緒亦變得焦慮不安。他們對政府的要求和期望亦變得多變、短視和急迫，從而加劇了政府的管治困難。

過去兩三年來，特區政府開始與認同"一國兩制"的力量一起，嘗試在總結經驗、分析客觀事態的發展和參考民意變化的基礎上建構一套新的有利於"一國兩制"方針的貫徹和香港長期繁榮穩定和有效管治的新政治主張，並逐步反映在其施政路向上，而且已經取得一定成效。新的政治主張目前尚在發展之中，還未形成一套嚴密的思想系統，也沒有通過權威性的言論或著作予以闡述。但它的中心思路是明確的，而且可以從特區政府領導人和那些擁護"一國兩制"的人士的言論中看到。

建構新主張的過程並不是一個有明確計劃和有組織和領導統領的過程，而是各方面進行互動和各自提出觀點和觀察的過程。基本點是充分明白到這樣的一個事實：在沒有一套能夠得到港人廣泛認同而又與"一國兩制"方針相呼應的主流思想的情況下，香港的管治力量無法駕馭特區的政治局面。這套新的政治主張雖然還在具體化和不斷調校和豐富之中，而且尚未獲得主導地位，但它的雛形已經呈現，而其核心內容在原則上又已經得到香港主流民意的認同。無論如何，近一兩年來特區管治的明顯進步、政府的施政路向和主要發展策略大體上可以穩定下來和得到港人認同、政府民望的提升和反對派的處境日蹙，都與這套新的政治主張的逐漸冒起和反對勢力的政治主張日漸失去吸引力有關。

在建構這套新的政治主張時，特區政府及認同"一國兩制"的人士有以下的考慮和內容：

1、新的政治主張乃香港特區管治聯盟的主導思想，其政治認受性的泉源，其政治領導地位的依據，及其得以立足於思想和道德高地的理由。

2、新的政治主張必須能夠將管治聯盟與反對派的主張區別開來，而且要較它對港人而言更具吸引力、可行性、理想性和道德價值。

3、新的政治主張確認"一國兩制"是對香港前途最有利的安排，沒有更好的安排存在。這個最好的安排只可能出現在 20 世紀 80 年代初的一個歷史時刻。當時，領導中國的中國共產黨正把工作重點從政治鬥爭轉向經濟現代化，香港的政治前途問題剛好出現，而中央又亟需香港在中國社會主義現代化建設中出力。在這個稍縱即逝的歷史時刻中，國家對香港有高度的倚重，因而給予香港極優惠的待遇。可以說，"一國兩制"的安排，體現了香港與國家的共同利益。今天，情況已經出現了翻天覆地的變化。香港絕不可能如反對派人士所言，港人現在還可以通過群眾壓力逼使中央給予港人更多的優惠，特別是中央在政制改革問題上的退讓。任何來自香港的單方面試圖改變"一國兩制"安排的行動，不但徒勞無功，更會嚴重損害香港與中央和內地的良好關係，肯定不符合香港的根本利益。

4、新的政治主張要為香港在國家和平發展過程中作出清晰和適當的定位，而這個定位又要符合香港的實際情況和世界的發展趨勢。

5、新的政治主張可以引導各方面重新理解香港的“殖民地”歷史，以理性的態度認識過去，特別是香港的過去成就和內地形勢變化的密切關係，做到以史為鑒，並減少以古貶今和揚西（方）抑中（國）的情況。

6、新的政治主張必須立足於“一國兩制”方針、港人樸素的民族意識和國家觀念、港人的主流價值、部分西方觀念和部分當代和傳統華人社會的價值。

7、新的政治主張無可避免必須對香港過去、現在和未來的形勢作出分析，明確指出香港所面對的機遇和挑戰，在港人當中一方面營造憂患感和迫切感，而另一方面則煥發自信心和使命感。

8、新的政治主張力求把港人心中已經存在的危機感轉化為奮發圖強的力量。港人普遍擔心香港的競爭力下降、經濟走下坡和國內與國際地位不保。港人感到無論在社會上、政治上和經濟上都存在着不少需要處理的重大問題。港人憂慮長時間的政治爭拗和內耗會傷害香港的生機。港人厭倦爭鬥，渴求穩定和諧，要求恢復資本主義社會所應有的理性與務實精神，並強烈要求強勢政治權威。

9、新政治主張提出發展路向，樹立共同奮鬥目標，以培育希望、光榮感、自豪感和團結感，達致激昂士氣，振奮人心和凝聚社會的效果。

10、新的政治主張指出不單香港過去的經濟成就與國家的變遷和對港政策息息相關，其未來發展的出路尤其在於藉助國家的發展以推動自身的提升。它同時強調機遇與挑戰並存，香港人只有通過精誠團結，不懈努力，付出代價，並在一個能夠得到中央信任和支持的特區政府的領導下，方有成功機會。香港作為一個重要的國際都會取決於它能否保持它的獨特競爭優勢，發揮在國家發展中的獨特角色，擔當國家與國際接軌的橋樑。與此同時，沒有強大的祖國作為後盾，香港的國際地位和重要性也將不保，而港人亦難以通過國家的支援去參與國際事務，發揮個人所長和香港的廣泛國際聯繫的優勢。[183]

11、新的政治主張突出香港仍然擁有不少不可取代的優勢和條件，為建設富強的中國和復興中華民族作出貢獻。但要求港人不要忘記，這些優勢和條件，隨着內地大城市的崛起，正在快速消失，必須努力鞏固和加強，各方面應以此為當前急務。

12、新政治主張指出：香港的繁榮和穩定取決於能否持續配合國家的發展。在全球化競爭和內地改革開放的大趨勢下，在香港必須向知識經濟轉型的情況下，並在世界未來可能愈多面對來自西方國家的貿易保護主義威脅下，香港將無可避免地更倚靠內地的發展作為自身持續發展的前提。

13、新政治主張認為：維持香港的自由、人權和法治即是維持香港的競爭優勢。快速推行民主改革無助於保障這些優勢，反而會對它們造成損害。香港過去的歷史表明，與其他國家和地區不一樣，在民主政制出現之前，香港已經擁有了高度的人權、自由與法治。香港的自由、人權和法治是受到很多的政制以外的因素所保障的，而與民主政制比較，這些因素更具保障效力。這些因素包括：香港必須吸引各方資金和人才、必須爭取國際社會的好感和支援、

183 港人陳馮富珍在中國政府的大力支持下，成功當選世界衛生組織總幹事一職，此事可以說明問題。

必須恪守基本法、國家的不斷進步及愈來愈認真地履行國際責任和義務、港人法治觀念已經根深蒂固、香港的精英分子如果其利益不獲保障會大批離開等。相反，在條件未成熟的情況下過急推行民主改革，反而會對人權、自由法治以至繁榮穩定和香港與中央的良好關係造成不利影響。

14、新的政治主張強調：發展香港，必須建立良好的香港與中央和內地的關係，關鍵在於香港要切實認識和認真維護中央與內地的利益。首要之義是積極維護國家的安全，以及主權和領土的完整。要港人明白國家的和平發展不會是一帆風順的，中國必然會受到西方列強的阻撓與挑戰。香港回歸之後，已經被西方列強視為中國的一部分，利益與西方不一致，因此隨時會受到西方的不友善對待，造成發展上的困難。

15、新政治主張忠告，香港不可允許西方或境外勢力利用它作為反華反共基地。良好的中央與特區關係乃香港經濟、社會和政制能否發展的前提和條件。沒有中央的信任和支持，這些發展都無從談起。所以，港人必須確保"一國兩制"方針的落實和恪守基本法，不要試圖單方面改變和扭曲基本法和"一國兩制"的內容，否則只會自招損失，後悔莫及。

16、新政治主張強調中央與香港都有維護"一國兩制"在香港準確貫徹落實的責任，包括採取措施糾正香港在實施"一國兩制"過程中出現的偏差和錯誤，確保香港的發展不會偏離中央對港的既定方針政策。具體而言，各方面必須接受人大常委會解釋基本法是糾偏和匡正的重要法律手段，是國家和香港法律體制的完整部分，絕非如反對派人士所言人大釋法乃損害香港法治的"不正當"行為。

17、香港必須推動符合“一國兩制”原則和目標和符合中央與內地利益的政制發展模式，並承認中央對香港的政制發展有憲制主導權和主動權。罔顧香港實際環境和中央與內地利益的民主改革，只會犧牲香港的繁榮穩定，侵蝕香港的競爭優勢，最終亦會動搖“一國兩制”的根基。

18、新的政治主張意圖樹立全局觀、長遠觀和集體利益觀。它強調港人必須團結一致、同心同德、奮發圖強，與內地同胞一起，為國家的發展和中華民族的復興而努力。樹立這個偉大和長遠的目標，大大有利於提升全體中國人的團結，和增加港人的凝聚。

19、新的政治主張亦重視一些有利於社會穩定和經濟發展價值觀，例如家庭觀念、誠信、與人為善、樂善好施、理性務實、尊重他人、社會責任、尊重知識、包容共濟等。這些價值觀在香港早已存在，新的政治主張把它們聯繫到香港的未來發展，以突顯其與港人實質利益的關係，並增加新政治主張的理想和道德內涵。

20、雖然新政治主張重視經濟發展，但卻同時強調在不損害經濟發展和政府財政穩健的前提下，採取積極措施，並推動政府與民間合作，讓所有港人都享受經濟增長的成果的重要性，而港人的自強不息、自求多福和平等機會的價值觀必須得到尊重。在新政治主張下，發展經濟、改善民生乃重中之重的任務。

目前，新的政治主張與原有的政治主張同時並存，且為不同的政治勢力所擁護，彼此之間不時摩擦在所難免。不過，無論是主觀因素或客觀因素都對新的政治主張逐步取得主導地位有利。主觀因素包括港人對“一國兩制”、國家前景和香港前景信心的增加，對中央政府和特區政府信任的提升，和港人的民族意識和國家觀念的強化。[184] 客觀因素則包括中央的殷切關懷和大力支持，特區政府的經濟發展策略已經初步取得成效，而特區政府的"強政勵治、福為民開"的管治方針亦有利於政治穩定和施政有效。目前，反對勢力正處於內外交困，民心流失的局面，港人已認定了在不能與中央建立良好互信的關係的情況下，反對勢力無法推動香港的經濟和其他方面的發展，因此亦喪失了成為管治者的資格。事實上，一些反對派人士正在急切思考其日後出路的問題，因此不排除新政治主張將來會為部分反對派人士接納的可能性。

展望將來，隨着新的政治主張在香港逐漸普及，一套新的、有利於"一國兩制"方針在香港落實和有利於香港的長治久安、經濟發展和社會和諧的新社會共識將會出現。它的出現必然會壯大擁護"一國兩制"和支持中央的政治力量，並使這股力量長期掌握管治權力。在新社會共識的主導下，香港會變得更加團結，港人會更加奮鬥不懈，各方面的利益會更加容易協調，公共政策會更加穩定有效，政府的施政會更為暢順。尤其重要的，是港人與中央的關係會建築在更為互信和互相尊重的基礎之上，而過去二十多年來長期困擾着國家和香港的所謂"九七回歸"問題以及由之而衍生的眾多的矛盾衝突亦將得到根本性的處理。

---

184 我在這裏打算引述香港特區政府中央政策組所做的一些民意調查的結果，藉以反映"人心回歸"的情況。在 2006 年 4 月 27-30 日進行的調查中，我們發現 75 % 的港人表示會以身為中國人為榮，62 % 表示會以身為中華人民共和國公民為榮，65 % 同意説是因為有中國今天的國際地位，中國人才可以吐氣揚眉，76 % 同意説香港人需要加強愛國教育，42 % 認為與三年多前比較自己愛國多了。又根據中央政策組在 2006 年 12 月 15-17 日的調查，有 51 % 的人表示滿意"一國兩制"在香港的實行情況，64 % 同意説"一國兩制"是對香港有利的安排，62 % 同意説中央政府有誠意照顧香港的利益，66 % 認為香港和內地有很多共同利益，62 % 則覺得香港人與中央政府有很多共同利益。（調查樣本的人數大概 1,200 左右。）這些調查數字所反映的香港居民的對國家、對內地和對中央的態度，與回歸初期比較，不啻天壤之別，顯示新的政治主張的主要內容已經得到不少港人的認同。